接続

SETSUZOKU

2003

vol. 3

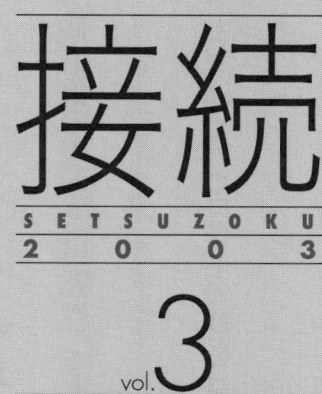

表紙写真撮影▼荒川健一

『接続』のために

『接続』は「開かれた場」です。関心を持つ領域は参加者によってまちまちですが、各人がそれぞれの視点、すなわち専門の異なる視点から、同じテーマについて議論を進めてゆきます。いわば、異なる「知の領域」を接続する試みです。

『接続』の試みは〈特集〉〈交差点《クロスロード》〉〈はじめての接続〉の三つの場で行われます。

異なる立場から議論を重ね、互いに接続しあった結果は、〈特集〉〈交差点《クロスロード》〉に収められた「論考」と、それとの「ダイアローグ（対話）」をとおして報告されます。

〈特集〉のテーマは最初から設定したものではありません。それぞれの視点に沿って、連歌のように少しずつテーマをずらしながら議論する中で、到達した現在の地点に過ぎません。少し異なる方向に進んだ議論には〈交差点《クロスロード》〉で出会うことになるでしょう。

『接続２００３』では、激しく変貌しつつある都市の姿に参加者の関心が集まりました。それぞれの参加者が、都市の成り立ちや、現在の都市が抱える問題を論じ、対話する中で明らかになってきたのは、都市がさまざまな面で、これまであった境界を越え始めていること、そして、その越境の様相がきわめて複雑なことでした。特集のタイトル「越境する都市」は、そうした議論の過程から生まれました。

近代の都市が、ある時代の枠組みの中で形成され、発展してきたとするなら、そして今、その枠組みが崩れようとする現場に立ち会っているとするなら、今回の特集は前号の「つくられた子ども」と接続しているとも言えるでしょう。

また、今号は上海と香港から寄稿を得ました。そこからは、市場経済のうねりの中で激動する大陸の都市と、植民地から回復したポストコロニアルな都市の越境の姿がかいま見られるはずです。それは、日本のわたしたちが目にしている越境と「接続」することを目指す新たな「対話」にほかなりません。

『接続』は「大学」と「社会」、「教員」と「学生」、「世代」と「世代」を接続する試みでもあります。それぞれの論考は、学術研究フォーラム*での発表・討論や、教室での学生とのやりとり、講演・留学・学会発表など、いろいろな場所での、いろいろな人との接続からヒントを得ています。〈はじめての接続〉では、まだ見ぬ、より若い世代との接続を目指します。

そして何より、『接続』は読者のみなさんとわたしたちを接続する試みです。ダイアローグは、みなさんとわたしたちの間に開かれています。この試みに興味をお持ちの方は、ホームページにアクセスして、ぜひ議論に参加していただきたいと思います。

わたしたちの試みが、人と人、心と心、知と知の「接続」を、少しでも広げることを願って。

二〇〇三年十一月

『接続』刊行会

* 学術研究フォーラム――教員・学生・社会人を問わず、領域を越えて知見を交換し、議論する場。担当者の発表と、自由討論からなる。現在は一～二ヶ月に一度、明星大学日野キャンパスで開かれている。

I

【特集】

越境する都市

Border-Crossing Cities

都市論の現在と可能性

〝都市再生〟下の東京を中心に

渡戸一郎

はじめに——都市論の不在？

二〇〇三年の新年を期に、東京では「江戸開府四〇〇年」と染め抜かれた紅の旗がまちの随所を彩るようになった。これを記念して、「大江戸八百八町展」（江戸東京博物館）を筆頭に、千代田区など都心区では江戸のまちに因んだ歴史文化イベントが計画、展開されている。しかし、それらを通じて江戸東京の四〇〇年を今日的に捉え直そうとする意図は、全体としてきわめて希薄であるようにみえる。むしろ今日の東京では、対照的に、その歴史的連続性／非連続性を問い直す都市論が〝不在〟のままに、政府の〝都市再生〟のかけ声のもと、都市空間に関わる規制が大幅に緩和され、それによって超高層オフィスビルが乱立するなど、既存のまちが破壊されて「都市空間の商品化」がいっそう進展しているのが現実だといえよう。不良債権処理を急ぐ政府は、あるべき都市の姿やアーバンデザインといった論議をまったく視野の外に放置したまま、ひたすら地域的文脈抜きの都市再開発を推進し、それに伴う建設需要を喚起する

1▼ 当時の主要な作品群を振り返ると、磯田光一『思想としての東京——近代文学史論ノート』（七八年）、川添登『東京の原風景——都市と田園との交流』、小木新造『東京庶民生活史研究』（以上七九年）、同『東京時代——江戸と東京の間で』、槇文彦他『見えかくれする都市——江戸から東京へ』（以上八〇年）、初田亨『都市の明治——路上からの建築史』（八一年）、藤森照信『明治の都市計画』、前田愛『都市空間のなかの文学』（以上八二年）、藤原新也『東京漂流』、海野弘『モダン都市東京——日本の1920年代』、雑誌『現代思想／特

ことだけを目指しているようにみえる。
なぜ二一世紀初頭の今日、都市論、あるいは東京論が〝不在〟なのか。むろん、この間、都市論がまったく不在であったわけではない。それは必ずしも以前のような〝ブーム〟をなしてはいないが、都市論の再構築に向けたいくつかの試みは展開されてきた。しかし、そもそもグローバル化や情報経済化が高度に進展する現在、都市論はどのような形で新たな時代を切り拓くような有効性をもちうるのか。もしくは、都市を語ることでどれだけ世界や時代を見通すことが可能なのか――。この困難な問いに挑戦することは、今日でもけっして無駄な作業ではないと思われる。

顧みれば、都市論あるいは東京論がひとつの〝ブーム〟をなったのは、二度のオイルショックを経て、大都市の〝衰退〟が懸念されていた一九七〇年代末から八〇年代前期にかけてであった。そこでは、文学、歴史学、人類学、建築・都市計画などの分野から「都市社会史」「都市文化」「都市空間」「都市景観」などをめぐる新たな視角が提起され[1]、日本の近代都市、とりわけ大都市の時間・空間的な連続/非連続面を問い直す論議が活発に展開された。しかし、それらはおおむね「近代国民国家」の形成と変容の時空間、あるいはそれらを継承する「戦後的」時空間の枠組に収斂する〝ナショナルな〟性格を帯びたものであったといえよう[2]。

一方、八〇年代中期から九〇年代にかけてのバブル期を契機に、大都市を中心とする日本の都市社会のありようは大きな変貌を遂げていく。情報通信技術の革新を背景とする経済のグローバル化を牽引車に、ヒト、カネ、モノ、情報の越境が常態化し、都市論の射程は一気に国民国家を超える。グローバル化のもとでの新たなローカル化のひとつの焦点として、「世界都市」がニューヨークやロンドンなどと並んで東京でも都市論のキーワードとなり、社会科学では世界システム論に連接する形で「世界都市」論が浮上すると同時に、「空間―場所論」が提起さ

集・隠喩としての都市』(以上八三年)、山口昌男『祝祭都市――象徴人類学的アプローチ』、川本三郎『都市の感受性』、松山巌『乱歩と東京』、本間義人・五十嵐敬喜編『近代都市から人間都市へ』、御厨貴『首都計画の政治――形成期明治国家の実像』(以上八四年)、磯崎新『いま見えない都市』、陣内秀信『東京の空間人類学』、雑誌『ジュリスト/総合特集・これからの大都市』、雑誌『アクロス/特集・情報モノポリーTOKYO』(以上八五年)などが挙げられる。これらは東京を初めとする近代都市の存立構造を歴史的に確証し直すという意味で一定の積極面をもったが、他方で知的ファッションに終わった面も否定できない。むしろ八〇年代中期からはバブル経済を追い風に、東京など大都市の乱開発が一気に進行する。
なお、八〇年代後期には小木新造ほか編『江戸東京学事典』(八七年)が刊行され、江戸東京学が提起されたが、この系譜は九〇年代にも引き継がれ、例えば『江戸東京学への招待』の3巻(文化誌編・都市誌編・生

れた。また、外国人・移民など〝越境する人びと〟が新たに創出するマルチエスニックな空間や文化が埋め込まれ、アイデンティティの揺らぎや複数化、新しいローカル・シティズンシップなどを無視した都市論は不可能となった。さらに、こうした都市の内包の変化とともに、今日の都市の外延は、移動する主体のみならず、各種のメディアなどを通して国境を超え、都市じたいをますます「フロー」化させ、「溶解」し、〝不可視〟の存在に変容させてもいる。[3]

本稿では、以上のような問題意識を念頭に、八〇年代中期以降の都市の変容と都市論のレビューを通じて、〝都市論の現在とその可能性〟を問い直す。七〇年代半ばまでの伝統的な都市論は、個別都市を人口学的な独立変数を軸に都市内部社会の変容や地形学的な表象に彩られた「閉鎖系システム」として扱う方法（都市化の社会学や人文的な都市地理学）が主要であり、都市の「外部」としてはナショナルな空間（全国市場や国民国家）との関係が問われることが多かった。八〇年代前半の都市論ブームはこうした系譜の上に、都市社会や都市空間の歴史的・文化的な意味を問い直すという一定の積極面を内包していたが、全体としては七〇年代までの都市論のパラダイムを超えるものではなかったといえよう。しかし実は、七〇年代後期、とりわけ八〇年代以降の都市論は、よりグローバルな空間とのダイナミックな関係性や、情報化のインパクトを抜きに語れなくなっていた。このことは八〇年代後期に入るといっそう明白になり、グローバル化や情報経済化を織り込んだ新たな都市論が登場してくることになる。

しかしここでは、八〇年代後期以降の都市論のレビューに取りかかる前に、まずは話を、騒然としたバブル期から長期不況下の今日までの政府や自治体の政策過程の検証から始めることにしよう。

活誌編、一九九五〜九六年）が刊行されている。

2▼ この点に関連して、中筋直哉は、八〇年代的な都市像・東京像の失墜に表れた「断層」として、①昭和天皇の死去にともなう既存の政治学的視線の無力化、②阪神大震災を契機とする、戦後的都市「論」の事実からの剝離とその自閉化、③地下鉄サリン事件をみられるような、われわれの生活世界への事実の生々しい帰還と体系的観念の退場、の三点を指摘し、「八〇年代の都市論・東京論は、あらゆる精緻化と戦線拡張の努力にもかかわらず、次第に事実に触れなくなる、その困難という点においてこそ、いまあらためて読み直すことができるではなかろうか」と指摘している（中筋、一九九八）。

3▼ たとえば、主として東京で生産されるアニメ作品などのポピュラー文化は、東アジアを中心として広く世界に、東京のサブカルチャーや都市風景を浸透させている（石井編、二〇〇〇）。

1 「計画／政策」のなかの東京のリストラクチャリング

（1）政府と東京都の計画／政策

八〇年代は東京における〝新たな集中の時代〟であったと言われる。たとえば、四全総フォローアップ作業の『国土審議会政策部会報告』（国土庁、一九九二）では、「東京一極集中の持続」という項目で、東京の大都市問題がより深刻化していることを次のように指摘していた。

「昭和五〇年代半ばから始まった東京圏への高次都市機能の一極集中とそれに伴う人口再集中は依然として進行している。すなわち、東京が世界都市としての役割を引き続き高めていること等により、中枢管理機能、金融・情報等の高次都市機能等の東京圏への集中が依然として進行している。（略）こうした東京圏への一極集中は、住宅、通勤等の居住環境、都市環境の一層の悪化を招いているばかりでなく、廃棄物の排出等の地域的集中にも現れているような国土利用の不均衡、地震、水害など災害に対する脆弱性の増大、水需給の逼迫等の国土構造上の問題を惹起している」（傍点は筆者加筆）。

一方、東京都では、八〇年代以降の「東京一極集中問題」を、①東京自体の過密や過大に伴う問題、②東京と地方の格差や地方の活力低下の問題、そして③日本の社会・経済システム全体の安全性や安定性の問題、の三つのレベルに分節して論じていた（東京都市計画局　一九九〇）。とりわけ①は、区部におけるオフィスパーク化（法人企業都市化）、地価の急騰（中曽根内閣の「アーバン・ルネサンス」政策による都市開発の規制緩和による）、住・職の不均衡の拡大（都心の空洞化と住宅地の遠郊化）、東京の限界性の顕在化（鉄道・道路・廃棄物処理・大気汚染などの都市基盤・都市環境のキャパシティの限界化）を内容とし、東京都政にとってきわめて深刻な問題群として把握されていたが、②と③からは、同時に、東京一極集中問題がひとり東京のみでは解決できない、ナショナルな水準での「構造」的問題だと認識されていたことがわかる。

こうした東京再集中問題のひとつの解決の方向として当時強調されたのが、都市の「成長管理」政策であった（矢作・大野、一九九〇）。すなわち、七〇年代以降のアメリカでは「都市成長が生活の質の向上をもたらす」という思想が問い直され、「生活の質の向上は、ある時にはむしろ成長を制限することによって達成される」という考え方に変化してきている。そして郊外都市のみならず、サンフランシスコ、ボストン、シアトルなどの大都市に成長管理政策が採択されているという報告のもと、[4]▼日本の大都市政策にもその導入が訴えられたのである。東京都の委員会でも、区部オフィス開発を減速する必要性が唱われ、オフィス供給の制限、オフィス需要の抑制などを軸とする成長管理政策の導入と、都心における居住機能の回復が提言された（東京都計画局、一九九一）。一方、政府レベルではすでに八六年策定の「第四次首都圏基本計画」で、東京都区部の一極依存構造を是正するため、業務核都市を中心に自立都市圏を形成し、「多核多圏域型の地域構造への再編」が方向づけられていた。九〇年には首都機能移転問題への国会決議が行われ、九二年に「国会等の移転に関する法律」が公布・施行されたことも、こうした政策転換の追い風となったことは記憶に新しい。

しかしこうした東京都の都市成長管理政策は、バブル崩壊後の都市経済・都市機能の停滞・衰退の危機が深刻化するなかで、〝大きな転換〟を示すことになる。すなわち九六年の『区部中心部整備方針（中間報告）』で都心空洞化に対する危機意識が初めて示され、翌年の確定版『区部中心部整備方針』では、国内外における東京「都心の地位低下」に対して「都心の質的更新と再編」が唱われた。これは石原都政による『危機突破・戦略プラン』（東京都、一九九

4▼ 都市の成長管理（growth management）とは、「自然環境、自治体財政、経済開発、居住環境など幅広い観点からコミュニティをとらえ、長期の時間軸のなかで持続的成長を維持していこうとする考え方」だが、八〇年代後半以降のアメリカでは、「市民の統治機能を基本としながら、市場の弊害を抑制し、しかも不動産市場としてある程度独立した広域を対象として、環境、社会、経済、文化の各観点からサステイナブルな、そしてコンパクトな都市圏形態を作り出そうという政府や各主体による諸種の試み」が広がってきており、近年では「スマートグロース」との表現も用いられているという（小泉・西浦編、二〇〇三）。

九）に引き継がれて、都心「再生」が最重要課題に位置づけられるに至る。[5] また同プランでは、東京が日本の「首都」であるとともに「アジアを代表するグローバルプレイヤー」としても本来の力を発揮していく重要性が強調される。九〇年代当初における「東京＝日本全体の問題の元凶」という問題設定の構図は、こうして、わずか十年たらずのうちに放棄され、「日本の縮図、牽引車としての首都東京」（同プラン）という、東京再集中を正当化する論理（トリクルダウンの論理）に転換されてゆく。[6] さらに『東京構想二〇〇〇』（東京都、二〇〇〇）で打ち出された「環状メガロポリス構造」ビジョンでは、山手線の内側全体を新しい都心とするセンターコアが「東京再生の起爆剤、あるいは日本経済を牽引するエンジンとする」と位置づけられ（図1）、「都心からの業務の分散」という表現が完全に影をひそめてしまうのである。これは明らかに、これまでの「業務分散路線の明らかな否定」であり、「国の首都圏計画などとの矛盾」を大きく孕むものと言ってよい（矢作、二〇〇二）。

折しも小泉内閣は二〇〇一年五月、内閣直属の都市再生本部を立ち上げ、翌年四月「都市再生特別措置法」を成立させる。そして同年七月には景気対策を主眼とする「都市再生基本方針」を策定し、それに基づいて「都市再生緊急整備地域の地域整備方針[7]」を定めている。こうして、あたかも東京都の政策転換を中央政府が追認する形となっているが、実はこの政策転換の背後では「政官業複合体による成長マシーン」の働きかけが行われ、[8] 都市再生本部の「都市再生プロジェクトに関する基本的考え方」に反映された経緯があることは注目されてよい（矢作、二〇〇二）。まさに八〇年代後期と同型の市場原理主導の「都市空間の食いつぶし」が政治によってより〝むき出し〟の形で推進されているのが、今日の東京の現状だと言える。[9]

5▼ 佐々木信夫は、バブル期に将来の都市ビジョンをめぐる議論が活発化し、「東京論ブーム」を引き起こしたのに比べ、今回の小泉内閣にはじまる都市再生論は、「形だけで都市像の提示はあるものの、役人の作文に過ぎず熱意は伝わってこない」とし、「ビジョンなき都市再生」だと指摘している（佐々木、二〇〇三）。

6▼ 東京都前副知事の『東京都市論——進化する都市で暮らすということ』（青山、二〇〇三）は、首都圏、とりわけ東京への公共事業投資を重点化すべきだと訴え、「日本は（成長拠点としての）東京の活力を最大限生かすべきだ」（カッコ内は筆者加筆）という言葉で締めくくられている。

7▼ 「都市再生緊急整備地域」の第一次指定としては、東京都では「東京駅有楽町周辺地域」「環状二号線新橋駅周辺・赤坂六本木地域」「秋葉原神田地域」「東京臨海地域」「新宿駅周辺地域」「環状四号線新宿富久沿道地域」

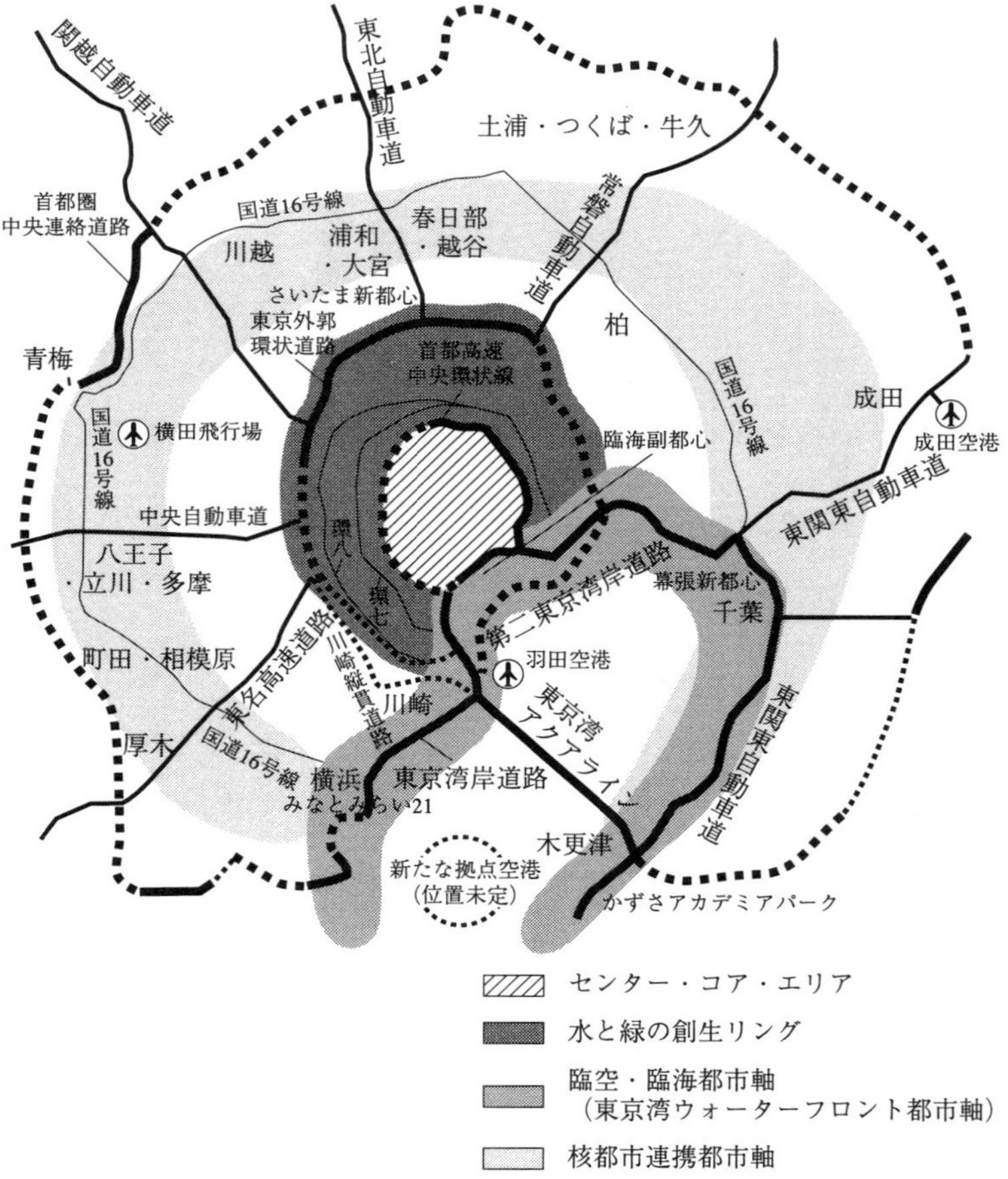

図1　東京圏の骨格的な都市構造（「環状メガロポリス構造」）

（出典）『東京構想 2000』p. 48

(2) 都心区の政策動向

では実際に、東京の中心部、とりわけ都心空間はどのように変化しつつあるのだろうか。『東京都市白書二〇〇二』(東京都都市計画局、二〇〇二)では、東京からの転出人口の減少傾向と、区部を中心とした人口の定着傾向を反映して、東京都の常住人口が二〇〇〇年に初めて一千二百万人を突破したこと、活発なマンション供給によって子育て世代を含めた「人口の都心回帰」が近年の傾向として指摘されている(ちなみに都心三区では七〇年の四〇万人から九五年には二四万人まで減少したが、二〇〇〇年には二万四千人が増加)。これは区部全体の人口の復調と同じく、転出人口の減少傾向に拠っており、同白書は「人口の定着傾向」と捉えている(但し、昼間人口は区部、都心三区とも九〇年以降減少しており、多摩地域等の周辺部への業務機能の分散が反映しているとされている)。

こうしたなかで、都心区自治体の政策対応を見ると、一様に人口回復に対応した行政サービスの見直し、都心居住の推進、都心型コミュニティの形成等に重点を置き出していることがわかる。

【千代田区】 千代田区では、「バブル経済下のオフィス需要の高まりにより、一層の業務地化が進行し、定住人口がさらに大幅に減少」した結果、「地域コミュニティの衰退のみならず、自治体の存立基盤そのものまでが憂慮される状況」に立ち至ったが、バブル崩壊後は、「地価の大幅な下落、景気低迷の長期化による事務所需要の減退、都心居住の機運の高まりなどを背景に」、二〇〇〇年国勢調査で四五年ぶりに定住人口が増加に転じた(一九九五年・三万四七八〇人→二〇〇〇年・三万六〇三五人)。こうした事態を受けて二〇〇一年一〇月に策定された「千代田区第三次基本構想」では、〝都心の魅力にあふれ、文化と伝統が息づくまち千代田〟を将来像とし

「大崎駅周辺地域」が指定されているが、横浜市、名古屋市、大阪市など政令指定都市でも指定されており、大都市中心部の再開発プロジェクトを主体としている。これらはいずれも「大都市中心部の、すでに不動産業者・民間デベロッパーが開発事業をねらっている地域」(石田、二〇〇二)である。

8▼ 日本プロジェクト産業協会による『大都市圏の都市構造再編に向けて優先的に実施すべきプロジェクトの提言』が二〇〇一年三月、都市再生本部に提出されている。同協会は、七〇年代末に当時不況にあえいでいた重厚長大産業やゼネコン、金融機関などが集まって結成され、八〇年代の大型都市開発プロジェクトを次々に提案した経緯がある。

9▼ 都市社会学者・町村敬志は、今回の「ビジョン不在の都市再生」の特徴について、「イデオロギーやシンボルによる正当化の試みすら伴っていない都市開発戦略がむき出しのまま実現されようとしている」、その「不

気味さ」にあるとしている（町村、二〇〇二a）。

て、「都心居住の推進」を通して二十年後の目標人口を五万人に設定している。また、「千代田区に住み、働き、学び、集う百万人の人びとが地域において交流、協働できる千代田区ならではのコミュニティの形成」を図るとしている。同区では、人口減少と町会衰退化の現実を踏まえて、二〇〇一年度から地域の在住・在勤者の発想・提案によるコミュニティ・イベントを支援する「地域コミュニティ活性化事業」を推進している。

【中央区】　中央区では九八年に基本構想を改訂し、〝生涯躍動へ　都心再生――個性がいきるひととまち〟を将来像に掲げた。そこでの「基本方向」とされたのは①百万人が住み、働き、楽しめるまち、②世界に誇れる風格あるまち、③個性豊かなまち、④都心コミュニティが息づくまち、の四本柱である。また同区では、二〇〇二年六月から「都心再生会議」を立ち上げたが、そこでの課題には、①定住人口増加に伴う公共サービスの充実（多様な手法による公共サービスの充実）、②都心の活力とにぎわいの向上（昼間人口の減少、地場産業の低迷のなかでの地域経済の活性化）、③風格あるまちづくりの推進（ワンルームマンション、ウィークリーマンション等の増加への対応と都市再生の動きの中での国や都への働きかけ）が掲げられている。

【港区】　二〇〇二年末策定の「港区基本構想」では、将来像〝やすらぎある世界都心・ＭＩＮＡＴＯ〟のもとに、最重要課題を「新しい社会に対応した新たなコミュニティ」の形成に置いている。具体的には、「地域の課題を自ら解決できるコミュニティをつくる」ために、「まちづくりを進めるコミュニティを形成する」「多様なコミュニティの構築を支援する」「コミュニティ活動のための多様な場と機会を確保する」「コミュニティの形成を進める人材や組織の育成を支援する」「地域活動情報を共有化する」をその内容としている。同年夏には、六本木の廃校舎を丸ごと活用する形で「ＮＰＯハウス」を立ち上げ、民間ＮＰＯとの協働を模索し始めている。

こうした都心居住に対応したコミュニティがいかなる内実をもって形成されていくかはいまだ不透明であるが、次々に建設される超高層マンションの場合、一種の〝ゲイテッド・コミュニティ〟を創出すると同時に、居住層が景気変動とともに容易に入れ替わる可能性も否定できない。[10] また、都心周辺区でも、工場跡地などにマンションを中心とする大規模開発が虫食い状に進められ、地元自治体の行政計画に混乱を招いている現実も広がりつつある（たとえば、二〇〇二年一一月の朝日新聞第二東京版は、江東区臨海部のマンション急増による過大校問題や、大田区下丸子の工場跡地にキヤノン「世界本社」のオフィスビルが出現、また三つの高層マンションが建設中と報じている）。

東京の都市空間（新宿副都心）

2 都市論の動向

さて、東京の都市空間は七〇年代以降、中心部と郊外周辺部に大きく分極化していき、中心部では欧米都市のインナーシティ問題の深刻化を参照しつつ、その衰退・空洞化現象の顕在が取り沙汰された（高橋編、一九九二：奥田、一九九九）。八〇年代後期に入ると、例えばマーケティング戦略を軸にポップな都市論を展開したことで知られるアクロス編集部は、『いま揺

10▼ 東京・汐留に建設された東京ツインパークス（47階建て）は、都心にもっとも近い立地と東京湾の眺望が人気を集め、二〇〇〇年秋の発売と同時に完売したが、居住者は「三十代やDINKS（共働きで子どものいない夫婦）、子育てを終えた五〇代以上の高所得者」が中心であり、必ずしも永住意思がある層ではないようである。とくに若い年齢層の場合、資産としての投資という考え方もうかがえる。朝日新聞、二〇〇二年一一月三日朝刊、「東京 to Tokyo 汐留編①」参照。

れ動く東京』（八六年）で「東京は情報都市と生活都市に分裂する」と指摘し、『「東京」の侵略』（八七年）では郊外型新中間層の「第四山の手」（多摩市・町田市・横浜市にまたがる多摩丘陵を軸に、北は所沢、南は藤沢にまで至る広大な新興住宅地ゾーン）の成立をうたった。一方、中心部では、都心の急激なオフィスパーク化による既存の地域社会の崩壊や、都心周辺のインナーエリアへの業務機能の侵入によるコミュニティの解体化現象を受けて、「地域からの都市論」があらためて求められたが、[11]分極化する都市空間の変容を十分に踏まえた議論が全体としては展開できないでいた。むしろ、八〇年代後期以降、都心ではグローバルな中枢機能への再編に、そしてインナーエリアではアジア系を中心とするマルチ・エスニックな地域社会変容の新実態に、都市論の焦点が移行していったのが実状と言えよう。そして、こうした事態を受けて、都市空間変容を説明するものとして提起されたのが、都市空間論、世界都市論、そして都市エスニシティ論であった。以下、東京の都市的変容に引きつけて、これらの諸論の展開を辿り直してみたい。

（1）　都市空間論の展開――「フローの空間」と場所、アイデンティティ

われわれは今日、その人口の圧倒的多数が都市部に居住し、都市的生活様式を営んでいるという意味で、「都市型社会」に生活している。しかし地表のある地点に住む定住者としての生活実感から「都市」の全体像を把握しようとすると、とたんに「見えない都市」に突き当たる。その理由は、今日の大都市が過大化しているだけではなく、急速に「フロー化」していることにあると言える。とりわけグローバル化する巨大都市《メガシティ》・東京に、このことは当てはまる。東京はいまや、「人口や機関の一大集積地」とか「地域社会の一類型としての大都市」といった伝統的定義を大きく超える存在に変容してきている。

11▼ 奥田道大は九〇年代前半の時点で、都心居住者の生活空間の実態調査から、昼間、都心の店舗へ家族で通う「ネットワーク型居住」ともいうべき居住形態を見出し、従来の「住民」「定住」概念の再定義を試みている。また、これまでの町内会などの組織に代わるものとして、拡がりと重層性ある地域の結節点として「まちづくりセンター」を提案した（奥田　一九九三：一二二-一二三）が、例えば当時、人口減少を前提とした学校統廃合政策を進めていた千代田区はまったく聞く耳をもたなかった。

「フロー化する都市」とは、第一に、「情報・資本の流動するネットワーク」としての都市である。マニュエル・カステルは七〇年代以降の科学技術革命、とくに情報技術革命が「情報経済」を成立させ、経済空間を「フローの空間」に変化させつつあることを強調している（カステル、一九九〇）。しかし第二に、フロー化しているのは経済空間ばかりではない。それに相即して〝移動する人びと（people on the move）〟が地球規模で増大し、「ディアスポラ（離散）」が一般化しつつあるのである。そこでは、移民ネットワークによる国境を超えた都市と都市の新たな結びつきが形成され（ゴットマン、一九九三）、都市社会を急速に「混成化」させてきている。こうして、情報経済化による「フロー化」と移民の増大による「混成化」が進展する今日の都市は、その「アイデンティティや場所、社会の同一性をめぐるパラダイム」を大きく変容させつつある。そこでは「外部がすでに内部にあり、内部は外部に開かれており、異質性のなかに複合的なアイデンティティが絶えず生起していくような場」として、「場所とアイデンティティ、空間、都市の概念を脱構築していくこと」が展望されている（姜・吉見、二〇〇一）。

こうしたパースペクティブの背後には、モダニズムの社会理論に特有の「没空間の時間論的偏向」に対する、八〇年代以降の「時間―空間の社会分析」による異議申し立てがある（吉原、二〇〇二）。そこでは、アンリ・ルフェーブルやデヴィッド・ハーヴェイを嚆矢として、同質的時間（客観的時間）と空間の〈絶対性〉に底礎する近代の「啓蒙の時間―空間認識」が相対化されてきた。ルフェーブル（一九七四＝二〇〇〇）は、空間が社会的に生産されるものであり、空間の生産とは「社会秩序の空間形成」であることを指摘しつつ、国家官僚や科学者による〈空間の論理的・認識論的な空間理論〉である《空間の表象》と、都市住民の〈生きられる経験に基づく空間形成〉である《表象の空間》との対抗関係を含むものとして、《空間の実践》を位置づけた（斉藤、二〇〇〇）。また、ハーヴェイは、資本による「時間―空間の圧縮（time-space compression）」によって空間的障壁が克服されると同時に、「場所の差異化」が生じる。すなわち、「空間的境界が重要でなくなるにつれ、空間内における場所のヴァリエーションに対して資本はより敏感になるとともに、資本を引きつけるように場所の差異をつくりだそうとする誘因が高まる」と指摘している（ハーヴェイ、一九九〇＝一九九九）。一方、こうした議論を受けて近年、都市社会学では「住まうこと」と関連させて「場所論」の可能性が課題として提起されてくる。[12] この点は、ルフェーブルの言う《表象の空間》とも深く関連しよう。モダニズムの社会理論の批判的克服を試みる空間論は、このようにして、フロー化し複合化する今日の都市的実態を解き明かすひとつの有力なアプローチとなってきている。

（２）世界都市論[13]

八〇年代から九〇年代にかけて大きな脚光を浴びた都市論として、「世界都市（global city）」をめぐる議論がある。資本による「生産と労働のグローバルな再配置」の進展を背景に、グローバル経済の結節点として急成長を遂げた世界的中枢都市（多国籍企業の総司令部）を「世界都市」と位置づけ、その社会経済学的な実態と意味を明らかにしようとする一連の研究である。八六年に「世界都市仮説」を提唱したジョン・フリードマンは、九五年の時点でその間に展開された世界都市をめぐる論議や研究を、次のように総括している（フリードマン、一九九七）。すなわち、世界都市によって、地域、国家、国際の各経済がグローバルな経済へと分節＝連接される。その結果、世界都市は世界的な経済システムの組織上の結節点としての機能を担うことになる。世界都市とは、このような高次の社会経済的相互行為を実現する大都市空間であり、空間的な階層構造と社会階層の分極化を生み出す可能性が高い、と。

12▼
吉原直樹は、次のように指摘している。「重要なことは、「場所性」を規定するさまざまな要素、すなわちヒト、モノ、コトが自然を媒介にして対抗しながらも、お互いに補いあっている関係をしっかりと押さえ、そこから立ちあらわれてくる力関係の分析を通して、一つのメディア（媒介）としての「場所性」の可能性を引き出すことである。（中略）「住まうこと」が上記の「場所性」のもつ可能性（を引き出す努力）と結びつくには、場に足を下ろし、各々の生の軌跡を描くことによって人と人とのあいだに共通のルールを形成し、自発的に割り振られた（権力を伴わない）役割を担い、自己決定の領域を広げてゆくコモンズの空間（皆が持ち寄り管理・調整していく空間）の拡大が求められねばならない」（吉原、二〇〇二）。

13▼
この項は渡戸、一九九九aを一部改変したものを含んでいる。また、渡戸、一九九九bも参照されたい。

世界都市化が当該都市の空間構造の再編成と同時に社会階層の分極化を招くという命題は、サスキア・サッセンによって精力的に実証研究が行われた。彼女は、ニューヨークとロスアンジェルスの分析を通じて、グローバル化（分散化）した生産過程と労働の統御・管理・調達を行うための中枢機構が拡大するとともに、それを支える生産者サービス（高度に専門化された法人企業サービス）が急成長していることに注目した。後者は金融関連、法律・会計サービス、広告業、情報処理業などから構成される「グローバル管理能力（global control capability）」と定義され、「世界都市」の主要な指標として位置づけられた。また、これらを支える国際金融・資本市場、交通通信面での技術革新や新国際分業体系も重視された（サッセン、一九八八＝一九九二及び Sassen, 1991）。

こうした都市経済基盤のグローバル化は、都市内部の労働力の新たな編成をもたらす。とくに生産者サービスにおいては、情報経済化に適応した高技術・高所得の職種とそれに適応できない低技術・低所得の職種の両者の増加という事態を生み、階層的分極化を招来している、とサッセンは指摘した。前者は管理・専門・研究・技術職であるが、後者にはデータ入力、複写などの事務サービス、ホテル、レストラン、ビル・メンテナンスなどの従事者が含まれ、新たな移民労働者の参入の受け皿となった。こうした職業—階層分極化の進展は、世界システムを特徴づける〈中心〉—〈周辺〉的構造の世界都市内部での再現という意味で、「〈中心〉のなかの〈周辺〉の再生産」と言うこともできる。

一方、こうした議論を受けて東京の世界都市化に関する研究も日本の社会学者によって進められた。九四年に『「世界都市」東京の構造転換』を著した町村敬志は、東京でもバブル期に世界都市化が目指された段階で階層分極化の傾向が顕在化したが、ポスト・バブル期への転換にともなってその傾向に歯止めがかかった、その意味で「世界都市仮説」の部分的妥当性は証明された、と述べている（町村、一九九八）。しかし、それとともに明らかにされたのは、例えばサッセンのように、ニューヨークやロンドンと並んで東京を世界都市の代表的事例として一律に論じようとする試みが必ずしも妥当性をもたないということである。

この点は、パリと東京の世界都市化を検証したJ・W・ホワイトの議論と重なる（ホワイト、一九九八＝一九九九）。ホワイトは、世界都市モデルがグローバル化の帰結としての分極化もしくはデュアリズムを強調しすぎており、また、両都市の政治的変数（国家の影響）をあまり強調していない点を批判する。すなわち、パリの場合、グローバル化と分極化を緩和する要因として、反パリ主義、文化的遺産の優位、強力な国家による統制（社会的連帯の強調）が存在しているのに対して、東京は、輸出センターではあるが、国際的な司令センターではないし、市場に対して国家が優位に立っている。また、グローバル化時代にあって、東京は「大規模プロジェクトによってひどく破壊されているにもかかわらず、インナーシティは衰退していない」という意味で、東京のグローバル化は「分極化なきグローバリズム」と言える、というのがホワイトの総括であった。

しかし、こうしたホワイトの説明は、町村が明らかにしたようなこの間の分極化傾向の増大と縮小を説明するものになってはいない。その度合いは異なるせよ、東京においてもグローバル化の圧力のもとで分極化の傾向（〝兆し〟）は顕在化しているのであり、その点に注意を払いつづけることが重要であろう。問題は都市のダイナミックな変化の方向をどう読むかということであり、東京がホワイトの言うような静的モデルとしての「世界都市」であるか否かということではない（園部、二〇〇一）。

（3） 都市エスニシティの増殖と「エスノスケープ」

ところで、多国籍企業本部の集積とそれを支えるグローバル管理能力が集中する世界都市化は都心空間（CBD）の再編に大きく関わるが、「グローバルな回路への新たな節合」が都市空間全域を覆い尽くすわけではない。むしろそれは「都市内部の非接合」と共在している。「都市が国境横断的な交渉を支える拠点となるに応じて生産されていく、都市的なものに照準した新たな空間性は、二重の意味において不完全である。というのも、そうした空間性は都市で発生する出来事や都市が関与している対象のごく一部しか説明できないことにあわせて、都市空間という言葉でわれわれが考えている空間のごく一部にしか対応していないからである」（サッセン、二〇〇二b）。

これとは別の視角からアルジュン・アパデュライは、「今日のグローバル経済が複合的なのは、経済、文化そして政治のあいだに存在している根源的な離接構造（disjuncture）と関わって」おり、その離接構造を探求する基本的な枠組として、グローバルな文化フローの五つの次元の関係に視野を広げるべきだと言う（アパデュライ、一九九六＝二〇〇二）。「エスノスケープ」「メディアスケープ」「テクノスケープ」「ファンナイススケープ」「イデオスケープ」という彼が掲げる五つのスケープ（scape）は、ともにグローバル化した個人や集団がもつ歴史的に状況づけられた想像力を構成する多様な世界を意味しており、「事実上、地球上の多くの者がいまや、こうした想像の世界で生活を営んでおり、したがって、公共的な精神や企業家の心性がつくりだした想像の世界に取り巻かれていても、それに異議を差し挟むことも、そして転覆することさえ可能である」ことが強調されている。また、それぞれのスケープは他の四つのスケープと離接していると同時に、それらの変動を制約することも媒介することもある。「現在のグローバルフローは、五つのランドスケープのあいだに存在している離接性が増大していくことのなかで／を通して（in and through）生み出されている」のである。このうち

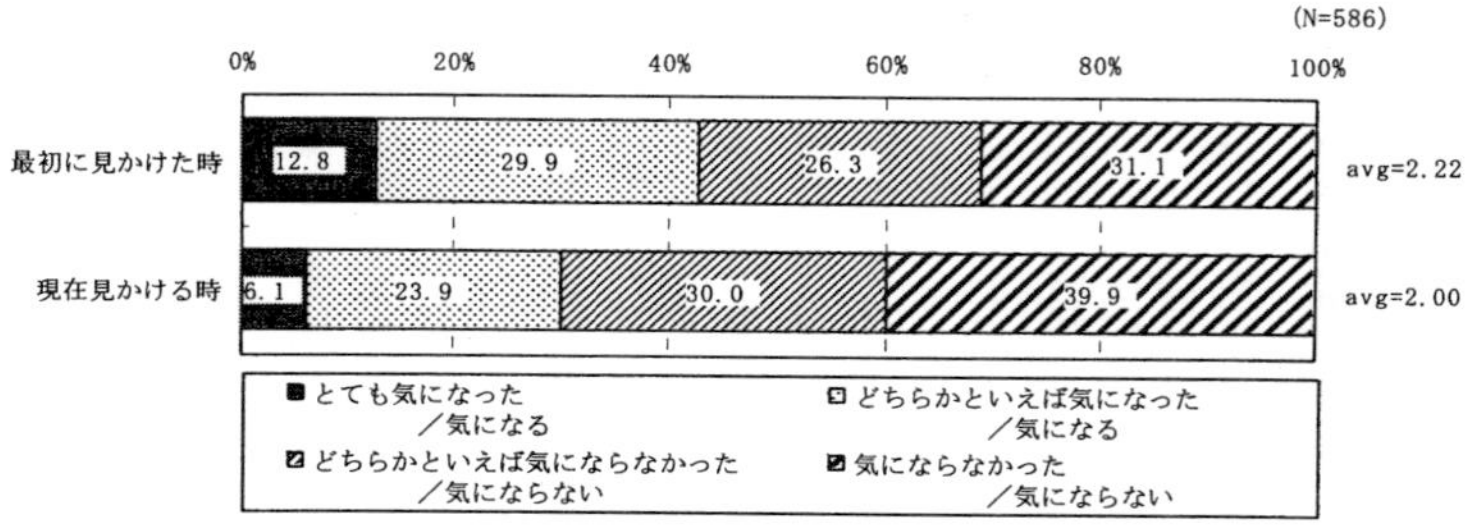

注1）「とても気になった／気になる」を4点、「どちらかといえば気になった／気になる」を3点、「どちらかといえば気にならなかった／気にならならない」を2点、「気にならなかった／気にならならない」を1点としてスコア化した。

地域で外国人を見かけた時の意識の変化

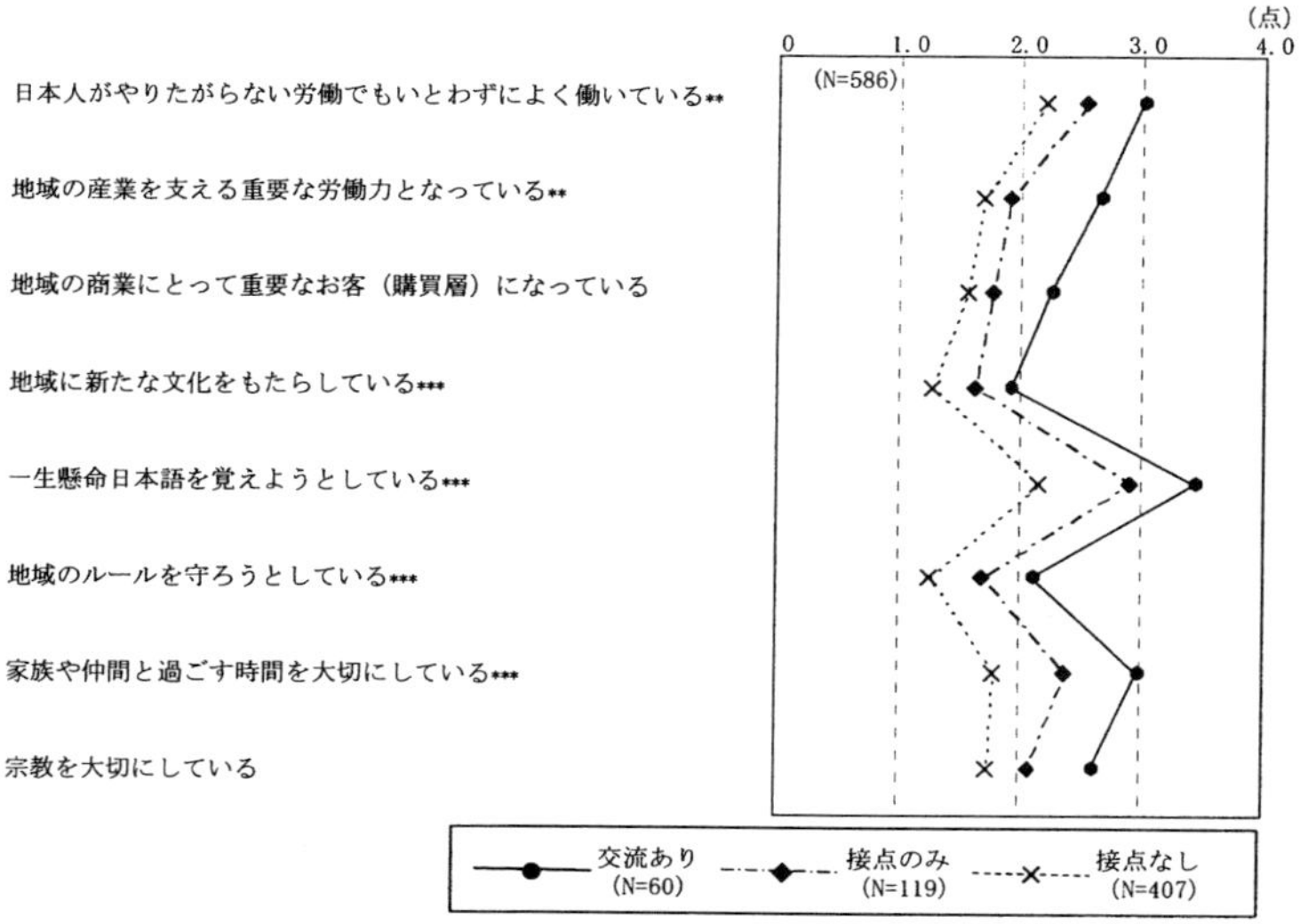

X^2検定値：***p＜0.001、**p＜0.01、ただし、期待度数5未満のセルあり

注1）各項目に対して「そう思う」を4点、「まあそう思う」を3点、「あまりそう思わない」を2点、「まったくそう思わない」を1点、「わからない」を0点としてスコア化し、その平均点を表示した。

地域の外国人とのつきあいの程度と地域の外国人の印象

（出典） 図表はいずれも鈴木・渡戸，2002 より。

「エスノスケープ」とは、今日の変転する世界を構成している移動する諸個人のランドスケープを指しているが、われわれはここで、こうした「エスノスケープ」を支える社会的現実として、都市エスニシティの増殖を見ておく必要があろう。

八〇年代後半以降、日本都市でもニューカマーズ外国人の急増を受けて、都市エスニシティの調査研究が進められてきたが、そこで次第に明らかになってきたことは、ホスト社会からは見えにくい、移住者の出身社会と移住先社会とをつなぐ「トランスナショナル・コミュニティ」の形成と存立構造である。M・P・スミスら（Smith and Guarnizo eds., 1998 ; Smith, 2001）の研究を引照しつつ、広田康生はそれを、「移住者による経済的・社会的〝仕送り〟がやりとりされ、そこに、国境を越えた往来が可能になる条件が整ったとき、〝越境する社会空間〟が形成され、とりわけ濃密な人間関係が出来上がり、生活様式の共有がなされる」としている（広田、二〇〇三）[14]。こうした意味での「トランスナショナル・コミュニティ」の形成は、流入する外国人移住者を受けとめるホスト社会側の新たなコミュニティ形成と交差しまたは交差せず、重層化しているが、それは移住者の出身社会とともにホスト社会にも社会経済的な影響を確実に及ぼしていると考えることができる（渡戸、二〇〇三）。ホスト社会への影響という点に関連して筆者らが行った外国人集住地域の住民意識調査[15]は、トランスナショナルでマルチエスニックな社会空間の構築が住民レベルの「異質結合」を促進し、相互の接触と交流を通じた「個人化（personalization）」の進展がひとつの重要な契機となって、ホスト住民の意識や態度に一定の影響を与えていることを示している（鈴木・渡戸、二〇〇二）。そこには「場所」の意味と「アイデンティティ」の定義をめぐる〝揺らぎ〟や〝変容〟の問題も集約的に表出されている。

14▼ 従来、日本の都市で形成されつつある「エスニック・コミュニティ」としての外国人集住地域は、「セグリゲーション」ではなく、「ネットワーク型」ではないかという指摘がなされてきたが、「ネットワーク型」という見方も、移住先社会における広域的なエスニック・ネットワークの形成という側面と同時に、国境を超えたネットワークの形成という二重性において措定される必要がある（田嶋、一九九八）。とりわけ後者には「移住システム」（インフォーマルな相互扶助型、移住斡旋会社による市場媒介型）が大きく関わっている（樋口、二〇〇二）。

15▼ この調査は、首都圏の大都市中心部（東京都豊島区）、郊外部（神奈川県大和市）、および外郭工業都市（群馬県伊勢崎市）に居住する日本人（日本国籍）住民各五百人を対象として、二〇〇一年一月に実施したものである（三地域の外国人比率はそれぞれ六・三〇％、二・五三％、六・二四％であった）。調査結果には地域ごとの差異が

3 都市論の不可能性と可能性

以上、きわめて簡単であるが、この間の都市空間論、世界都市論及び都市エスニシティ論の展開をみてきた。それらから浮かび上がってくるのは、従来のような一国主義的な「都市化」論や「都市構造」論、さらには都市化を前提とした「都市的パーソナリティ」論や「都市コミュニティ」論が自明視されていた幸福な時代が、とっくに過ぎ去ったという認識だろう。都市を抽象的な「容器」として措定していた都市論は、すでに過去のものとなりつつある。[16] 都市はグローバリゼーションや情報経済化のただ中にあって、まさに急速に〝変異＝変貌（mutation)〟してきているのである（TNプローブ編、二〇〇二)。

こうした〝都市の変異〟のなかで都市空間論、世界都市論及び都市エスニシティ論などは、都市あるいは都市的な「場所」の重要性を新たな視野から解読しようとしてきた。それらは不協和音を響かせつつ、新たな都市的諸現実から社会理論のゆたかな可能性を策出しようとしているようにみえる。しかしこうした作業は多くの困難を伴わざるを得ないであろうし、またそこからどのような都市像が見えてくるのか、いまだ定かであるとは言えない。

都市空間デザインに関わる建築・都市計画分野の深刻な〝行き詰まり〟の状況もまた、それを例証している。たとえば、被災都市・神戸の現実を前に、平山洋介は以下のように述べている。

「現代のプランニングは新たな〝目標〟の設置とコンセンサスへの到達に成功したわけではない。むしろ都市の再編が進むにつれて、そのなかに拡散し、共通の語法を失っていく傾向を強めている。空間への資本投資の膨張は、プランニングの市場への従属を促した。消費社会の

存在するが、共通のファインディングスとしては、（一）外国人流入初期に比べ、日本人住民に外国人居住者に対する一定の「慣れ」が生じており、外国人への抵抗感や特別視が薄れるとともに、ホスト住民にとって外国人の「個人化」の過程が進展しつつある。「個人化」された外国人に対する意識はより現実的となり、両義的となる。（二）外国人の増加は全体として地域における日本人住民と外国人との接点や交流をもたらすが、職場や学校等ではその比率が高くなる。（三）ホスト住民の外国人に対する意識をみると、外国人とのつきあいの程度に影響を受けており、つきあいの進展は外国人に対する意識におおむね肯定的に働いている、などが指摘できる。

16▼ この間の都市コミュニティ論の展開としては、フラグメンテーション化の進む都市的世界における新たなコミュニティ像の提示を試みた奥田道大『越境する知』としての都市コミュニティ」（渡戸・広田・田嶋編、二〇〇三、前掲書）を参照された

地域イベントに参加する外国人居住者たち

浸透のもとで、建築は記号化して差異表示に没頭するようになった。歴史の引用は表層装飾を過去の社会関係から切り離し、技巧的に幻影化していった。伝統への関心を示すデザインは〝ノスタルジー〟の編集と同義になった。グローバリゼーションは場所の意味を消去してフロー化するように働きかける。中産階級の縮小、階層分解の進行、エスニシティ、ジェンダーへの注視の高まりはプランニングの立脚点を散在化した。リアリティの喪失、混迷と不安、歴史感覚の希薄化、過度の相対主義、価値判断の停止などが時代の空気を特徴づけようとしている」（平山、一九九九）。

ここに表明されているのは、近代主義的な建築・都市計画の〝目標〟が喪失されたものの、それに代替する新たな〝目標〟や〝都市像〟が不在のままに置き去りにされている現状である。過去の成長主義から脱却し、〝持続可能な都市〟への再構築が叫ばれる一方で、現実の空間デザインは〝不安と混迷〟を深めているのである。[17]

こうしたなかで、都市空間論などとともに注目されているのが「都市ガバナンス」論である。吉原直樹の簡潔な要約を用いれば、「国民国家装置の空洞化」が進む一方で、「インターメスティック（インターナショナル＋ドメスティック）かつインターローカルでトランスナショナル」な政策レジームが発展するなかで、地方横断的もしくは境界横断的な連携が生まれ、中央政府主導の集権的・統制的な「ガバメント」が見直され、より分散した統治様式（ガバナンス）の可能性が注目されているのである（吉原、二〇〇二）。もはや詳述する紙幅はないが、地方自治体と並んでNPO・NGOなどの自己組織的な組織間ネットワークの成長が、ガバメントの補完的位置を超えてどれほどの現実的な力をもちうるかが、新たな都市ガバナンスのメルクマールとなることは間違いないだろう（渡戸、二〇〇一）。ここには多様な形で〝周縁化〟される人びとのローカル・シティズンシップの問題も、必然的に含まれている。[18] さまざまな次

い。また、東京のコミュニティ政策の転換については、地縁的コミュニティの弱化・変容を受けて、NPO等のボランタリーな市民活動との連接が課題とされていることを、筆者が指摘している（渡戸、一九九八b）。

17▼ これには、戦後の日本都市において「既成市街地の将来像」が欠如したままであるという、日本の特殊な事情も伏在している（小林・山本、一九九九）。

18▼ ローカルガバナンスの問題は今日、国家＝自治体財政の危機下における福祉国家の再編、地方分権と市町村合併、規制緩和による公共セクターと市場セクターおよび市民セクターの関係の再編などの文脈で重要性を増している。とくに合併問題では合併後の旧町村の「内部団体」化が提言されているが、併せて現行の市町村内部における下層自治単位（コミュニティ自治）をどう構想し直すかという点も大きな論点とされるべきである。また、この間、住民投票条例がさまざまな形で広がりつつあるが、この点は永住外国人や十八

元の差異を交響させつつ、人びとの生活世界（＝場所）から〝都市的世界〟のリアリティを積み上げ、新たな都市像を構築していくこと。その過程においてこそ、都市ガバナンスの内実と構想力が問われている。

歳以上の住民に投票権を拡大する試みなど、まさにローカル・シティズンシップの問題にも関わっている。なお、外国人居住者のローカル・シティズンシップの課題としては、外国人の地方参政権や公務就任権、外国人学校の「一条校」化などがあるが、当面の自治体レベルでの政治参加方式として、川崎市や神奈川県などの外国人会議の設置も重要である（宮島編、二〇〇〇：駒井・渡戸編、一九九七）。

［参考文献］

青山佾『東京都市論——進化する都市で暮らすということ』かんき出版、二〇〇三。

アクロス編集部『いま揺れ動く東京——新東京論』ＰＡＲＣＯ出版、一九八六。

——『「東京」の侵略——首都改造計画は何を生むのか』ＰＡＲＣＯ出版、一九八七。

アパデュライ、Ａ．（門田健一訳）「グローバル文化経済における乖離構造と差異」『思想』九三三、岩波書店、一九九六＝二〇〇二。

石井健一編『東アジアの日本大衆文化』蒼蒼社、二〇〇〇。

石田頼房「いま都市に求められているもの」『市民政策』二三号（特集・都市再生特別措置法）、市民がつくる政策調査会、二〇〇二。

奥田道大『都市と地域の文脈を求めて』有信堂、一九九三。

——編『講座社会学　四　都市』東京大学出版会、一九九九。

——「『越境する知』としての都市コミュニティ」渡戸一郎・広田康生・田嶋淳子編『都市的世界／コミュニティ／エスニシティ』明石書店、二〇〇三。

カステル、Ｍ．（大澤善信訳）『都市、情報、グローバル経済』青木書店、一九九九。

姜尚中・吉見俊哉『グローバル化の遠近法——新しい公共空間を求めて』岩波書店、二〇〇一。

小泉秀樹・西浦定継編『スマートグロース——アメリカのサスティナブルな都市圏政策』学芸出版社、二〇〇三。

国土庁『国土審議会政策部会報告——一九九〇年代における国土政策の新たな展開』、一九九一。

——『国会等移転調査会報告』、一九九五。

——『第五次首都圏基本計画』、一九九九。

——『平成一二年版　首都圏白書』、二〇〇〇。

ゴットマン、Ｊ．「メガロポリスを超えて」地域社会研究所創設30周年記念国際シンポジウム「20世紀のコミュニティの未来像」への提出論文、一九九三。

小林重敬・山本正堯編『既成市街地の再構築と都市計画』（新時代の都市計画3）、ぎょうせい、一九九九。

駒井洋・渡戸一郎編『自治体の外国人政策――内なる国際化への取り組み』明石書店、一九九七。

斉藤日出治「《空間の生産》の問題圏」ルフェーブル（斉藤日出治訳）『空間の生産』青木書店、二〇〇〇。

佐々木信夫『東京都政――明日への検証』岩波書店、二〇〇三。

サッセン、S.（森田桐郎ほか訳）『資本と労働の国際移動――世界都市と移民労働者』岩波書店、一九八八＝一九九二。

――「都市――『地形が示すもの』と『空間と化した力』」TNプローブ編『都市の変異』NTT出版、二〇〇二a。

――「グローバルな中心性のゆくえ――インターシティ地理学の編成」青木保ほか編『アジア新世紀1　空間』岩波書店、二〇〇二b。

塩崎賢明・安藤元夫・児玉善郎編『現代都市再開発の検証』日本経済評論社、二〇〇二。

鈴木江理子・渡戸一郎『地域における多文化共生に関する基礎調査――日本における多文化主義の実現に向けて』フジタ未来経営研究所、二〇〇二。

園部雅久『現代大都市論――分裂する都市？』東信堂、二〇〇一。

高橋勇悦編『大都市のリストラクチャリング――東京のインナーシティ問題』日本評論社、一九九二。

田嶋淳子『世界都市・東京のアジア系移住者』学文社、一九九八。

千代田区『千代田区第三次基本構想』、二〇〇一。

中央区『中央区基本構想』、一九九八。

――「都心再生会議――中間のまとめ」、二〇〇二。

TNプローブ編『都市の変異』NTT出版、二〇〇二。

東京都都市計画局『東京集中問題調査委員会報告――中間報告』、一九九〇。

――『東京集中問題調査委員会報告――均衡のとれた東京の成長をめざして』、一九九一。

――『東京都市白書2002』、二〇〇二。

東京都『危機突破・戦略プラン――21世紀への第一ステップ』、一九九九。

――『東京構想2000――千客万来の世界都市をめざして』、二〇〇〇。

東京都立大学都市研究センター『東京・成長と計画――1868-1988』、一九八八。

中筋直哉「東京論の断層――『見えない都市』の十有余年」『10＋1』12（特集・東京新論）、INAX出版、一九九八。

ハーヴェイ、D.（吉原直樹監訳）『ポストモダニティの条件』青木書店、一九九〇＝一九九九。

樋口直人「国際移民の組織的基盤――移住システム論の意義と課題」『ソシオロゴス』四七―二、二〇〇二。

平山洋介「被災都市と現代プランニング」奥田道大編、前掲書、一九九九。

広田康生『エスニシティと都市』有信堂、一九九七。

――「越境する知と都市エスノグラフィ編集――トランスナショナリズム論の展開と都市的世界」渡戸一郎・広田康生・田嶋淳子編、前掲書、二〇〇三。

藤田弘夫「都市社会学の多系的発展――都市社会学100年史」『慶應義塾大学大学院社会学研究科紀要』54、二〇〇二。

フリードマン、J.「世界都市研究の到達点：この一〇年間の展望」P・L・ノックス、P・J・テイラー編（藤田直晴訳編）『世界都市の論理』鹿島出版会、一九九七。

ホワイト、J.W.（渡戸一郎訳）「古い酒とひび割れたボトル？――東京、パリ、そして世界都市仮説」『明星大学社会学研究紀要』19、一九九八＝一九九九。

町村敬志『「世界都市」東京の構造転換』東京大学出版会、一九九四。

――「バブル期以降における都市階層変動――東京を事例に」倉沢進先生退官記念論集刊行会編『都市の社会的世界』UTP制作センター、一九九八。

――「再加熱イデオロギーとしてのグローバリゼーション――『世界都市』東京の動機づけ危機」『現代思想』二八-一一、青土社、二〇〇〇。

――「ビジョンなき『都市再生』の行方」『月刊東京』二三九号、東京自治問題研究所、二〇〇二a。

――「『世界都市』を都市・地域に埋め戻す――グローバル・パースペクティブの歴史的意味」『日本都市社会学会年報』20、二〇〇二b。

港区『港区基本構想』、二〇〇二。

宮島喬編『外国人市民と政治参加』有信堂、二〇〇〇。

矢作弘・大野輝之『日本の都市は救えるか――アメリカの「成長管理政策」に学ぶ』開文社出版、一九九〇。

矢作弘「東京のリストラクチャリングと『世界都市』の夢再び」大阪市立大学経済研究所・小玉徹編『大都市圏再編への構想』東京大学出版会、二〇〇二。

吉原直樹「解説」ハーヴェイ『ポストモダニティの条件』青木書店、一九九九。

――『都市とモダニティの理論』東京大学出版会、二〇〇二。

吉見俊哉「グローバル化と脱-配置される空間」『思想』九三三、岩波書店、二〇〇二。

ルフェーブル（斉藤日出治訳）『空間の生産』青木書店、一九七四＝二〇〇〇。

渡戸一郎「『世界都市』東京論の都市社会学的視座」『明星大学社会学研究紀要』11、一九九一。

――「グローバル化と都市コミュニティの変容」『明星大学社会学研究紀要』15、一九九五。

——「グローバル化による新たなローカル化の位相と意味——都市コミュニティ論からの中間総括の試み」地域社会学会編『シティズンシップと再生する地域社会』ハーベスト社、一九九八a。

——「九〇年代後期東京におけるコミュニティ施策の転換——『コミュニティ』と『市民活動』の交錯を越えて」『都市問題』八九-六、東京市政調査会、一九九八b。

——「グローバル化する東京と自治体の政策的視点——『世界都市』から『移民都市』『多文化都市』へ」『国際社会と都市』東京都職員研修所、一九九九a。

——「グローバリゼーションと都市社会の変動——多文化共生社会は可能か」藤田弘夫・吉原直樹編『都市社会学』有斐閣、一九九九b。

——「ローカルガバナンスとVNPO」『月刊自治研』四三-五〇二、自治研中央推進委員会事務局、二〇〇一。

——「現代アメリカ大都市における都市エスニシティの諸相——ニューヨーク、シカゴを中心に」『明星大学社会学研究紀要』22、二〇〇二。

——「結合か分離か——外国人集住地域における住民意識調査から」『地域社会学会会報』一一七、二〇〇三。

Sassen, S., 1991, *The Global City : New York, London, Tokyo*, Princeton University Press.

Smith, A. P. and Guarnizo, L. E., eds. 1998, *Transnationalism From Below*, Transaction Publishers.

Smith, M. P., 2001, *Transnational Urbanism : Locating Globalization*, Blackwell Publishers.

ダイアローグ

都市論のブレークスルー

◉菊地滋夫

渡戸一郎の「都市論の現在と可能性」は、ほぼ全体を通して重く暗い印象を残す論考である。そのなかでも言及されているが、一九七〇年代末から一九八〇年代前半にかけて多数現れた都市論・東京論に溢れていた饒舌を、ある種の虚しさや気恥ずかしさとともに記憶にとどめている者は、とりわけそうした印象を持つのではないだろうか。

なにしろ、のっけから語られるのは「都市論の不在?」である。それが「まったく不在であったわけではない」こともすぐに示されるのだが、それが容易なものではなかったことを読者はあらかじめ感じずにはいられない。これに続くのも、東京をめぐる都市政策の混迷についての淡々とした記述であり、そこにも読者をワクワクさせるようなレトリックの類は微塵も見られない。

だが、それを踏まえて展開される一九八〇年代後半以降の都市論のレビューを通して、やはり困難のなかからではあるが、渡戸は仄かな可能性を見出そうとしている。

＊＊＊＊＊

都市空間論は語っている。情報・資本・人などが地球規模で流動する今日、急速にへテロ化する都市にあっては、すでにその外部に対する内部の安定を保証し得なくなっていることを。それとともに、各都市のアイデンティティもまた、複合的かつ流動的なものとならざるをえないことも。さらには、〈都市〉という概念自体も、その自明性をとっくに維持できなくなってしまっていることも。渡戸の記述全体を覆う重さと暗さは、ここに見られるような、もはや単純明快には語り得なくなった都市認識と無縁ではないだろう。

しかし、ごく控え目にではあるが、そこには都市論の希望の所在もまた示されている。渡戸は、「社会的に生産されるもの」として新たに対象化されることになった都市空間をめぐって、都市計画者（官僚）や都市研究者（科学者）らが住民の経験の外部に立って形成・表象しようとする空間と、住民の経験そのものが形成・表象してゆく空間が、対抗関係を含みつつ存在していることが指摘されていることを踏まえたうえで、とくに後者に関連して、人々が「住まうこと」を通して、その場所の可能性が様々に引き出されてゆく場面が注目されるに至ったことにも言及している。

政策や計画といった視点や枠組みでしか都市空間を捉えない限り、どのみち「混迷」や「失敗」を語ることに落ち着くことになる。少なくとも近代以降、あるいははるか昔から、混迷も失敗もない完璧な都市政策や都市計画はそれほど一般的ではなかっただろうから。だが、都市を構成するもうひとつの空間、つまり都市住民によって生きられる空間とは、そのような政策や計画に一方的に拘束されるだけのものではけっしてない。「対抗関係」を含む両者の複雑な関係のなかに分け入ろうとするとき、延々と再生産される「混迷」や「失敗」の物語に終止符を打つ可能性が見えてくるのである。

ここで渡戸は論じてはいないが、わたしが想起せずにはいられないのは、あの懐かしい饒舌とともに一九九〇年代に流行した郊外論・ニュータウン論である。それらの議論は、郊外やニュータウン計画の思想的背景を暴き、その計画の失敗や問題を指摘することには熱心だったが、その一方で、郊外やニュータウンの住民が、経験の外部から空間を形成・表象する力に抗いつつ、新たな空間を紡ぎ出してゆくしたたかな実践への想像力は決定的に乏しかったし、それゆえ住民の実践に寄り添うようなフィールドワークが行われることもほとんどなかった。そのような郊外論・ニュータウン論は、たとえば、多摩ニュータウンにある文化施設「パルテノン多摩」(東京都多摩市)で行われた連続講演の記録集『「郊外」と現代社会』(若林・三浦・山田・小田・内田　一九九九)に見ることができる。その特徴は、表紙に謳われた「現代社会の抱える問題群を浮き彫りにする」という文言にも現れている。

だが、浮き彫りになっているのは、それだけではなかった。この記録集には、講師と聴衆の間に交わされた質疑応答と、聴衆の短い感想文が収録されており(発言や記述の内容から、聴衆の多くは多摩ニュータウンの住民であると推測される)、大方の「とても面白かった」「大変有意義であった」といった賛辞に混じって、「もっと住んでいる人の内に立ち入って研究してほしい」とか「住民の方の実際の話もあればよかった」などといった批判的な声も随所に記録されているのである。ここではからずも浮き彫りになっているのは、おそらくは先の「対抗関係」であり、その意味において、この記録集は他の類似する郊外論・ニュータウン論と一線を画すものとして意義深い。

＊＊＊＊＊

さて、渡戸によるレビューに戻ると、グローバル化する経済の結節点としての「世界都市」

をめぐっては、都市空間の再編成や社会階層の新たな分極化、あるいは国家の影響などが、東京も含めて、世界都市と呼びうる諸都市の間でどの程度共通しているのか、そしてそれらの行方は今後どうなのか、といった問題が検討されてきたという。

また、これと関連して見逃せないのが、地球規模での人の移動によって形成される都市エスニシティに注目する研究である。地道なフィールドワークを通して渡戸自身も深く関わってきたこのテーマでは、仕送りや実際の往来によって結ばれた移住者の出身社会と移住先社会にまたがるトランスナショナル・コミュニティが、ホスト社会側に与える影響が吟味された。そうしたマルチエスニックな社会では、異質な住民が結合し（「異質結合」）、ホスト社会側から見て、移住者たちがひとかたまりの異質な「外国人」としてではなく、一人ひとり個性を持った人格として認識されるようになる（「個人化」）といった影響が確認できるという。そしてこのことは、都市のアイデンティティの複雑さや流動性、あるいはその自明性の喪失といった事態にも再びつながっているのである。

このようなレビューに基づいて、今後どのような都市像が描かれうるのだろうか。渡戸はここでも慎重な姿勢を崩さず「いまだ定かであるとは言えない」としながらも、中央政府主導の集権的・統制的な統治としての「ガバメント」に対置される概念であり、より分散的で自己組織的な統治様式である「ガバナンス」に注目することの重要性を説いている。それは、フィールドワーカーとしてのみならず、超過滞在外国人への支援活動を通して彼自身が「異質結合」を実践してきた外国人移住者たちのローカル・シティズンシップ問題とも深く関わっている（駒井・渡戸・山脇編　二〇〇〇）。

渡戸は論考をつぎのように結んでいる。「さまざまな次元の差異を交響させつつ、人びとの生活世界（=場所）から〝都市的世界〟のリアリティを積み上げ、新たな都市像を構築していくこと。その過程にこそ、都市ガバナンスの実質的な力が問われているのである。」都市像そのものが定かではないとしても、それが「人びとの生活世界(=場所)」から描かれなくてはならないことについては、渡戸は確信しているのである。そして、フィールドワークを駆使した都市エスノグラフィ集を世に問うことで(渡戸・広田・田嶋編　二〇〇三)、その確信に基づく都市像はすでに多様な姿を現しつつある。

＊＊＊＊＊

大学生だった一九八〇年代後半からアフリカの都市人類学に関心を抱き、一九九〇年代にはその研究プロジェクトに参加する機会に恵まれたわたしは、渡戸が見出す都市論の可能性と方向性が、アフリカの都市人類学のそれと、ほとんど一致しているという事実に改めて驚かざるをえない。その点に的を絞る形で、アフリカの都市人類学の展開をごく手短にまとめてみよう。

「文字を持たず」「都市や国家を持たない」「小規模で閉鎖的な」「未開の」人々を研究する学問領域として、制度的には一九世紀に確立された人類学においては、多くの場合、都市は研究対象からあらかじめ除外されていた。そのため、都市人類学の成立は、二〇世紀初頭には形を整えつつあった都市社会学や都市地理学に比べて、概して後れをとっていた。それでも、二〇世紀の半ば頃から、都市をフィールドとした人類学的研究は次第に蓄積を見せ、さらに二〇世紀後半以降から今日に至るまで、ますます発展している。

アフリカをフィールドとした都市人類学的研究には、つぎのような背景があった。一九世紀後半以降、イギリスやフランスをはじめとするヨーロッパ列強によって植民地支配を受けたアフリカ各地には、植民地建設の拠点となる都市や鉱山都市がいくつも建設された。それらの都市には、言語や世界観や行動様式の異なる人々が、出稼ぎ労働者として急激に流入していった。当然、そこにはマルチエスニックな社会が出現することになり、そうした社会環境にあって、様々な文化や民族的なアイデンティティはどのような影響を受けるのかが重要な研究の焦点になっていった。つまり、アフリカ都市人類学においては、都市エスニシティは、比較的早い段階から主要な研究テーマとして位置づけられていたのである。

研究が進むに連れて、都市では、人々は「伝統的」で「部族的な」フレームワークを脱して「個人」になるとか（「脱-部族化」論）、その逆に、都市の苦しい経済的・政治的環境にあってかえって「部族的な」結束を強め、「伝統」に回帰するといった議論（「再-部族化」論）が登場した。しかし、さすがに一九八〇年代以降になると、「部族」（伝統）か「個人」（近代）か、といったあまりに単純な問題設定自体が説得力を失い、都市出稼ぎ民の生活における様々な実践が、彼らを取り巻く過酷な政治的・経済的環境をどう打開し、再編してゆくのかをテーマとした研究が登場するようになった。

具体的な対象としては、都市出稼ぎ民たちが生活の必要のために組織した様々なボランタリー・アソシエーションが注目された。そこでは、政治や経済の状況に臨機応変に対応するボランタリー・アソシエーションの活動を通して、正式な統計資料上はほとんど表面に現れてこないような出稼ぎ民たちの創造性がいきいきと描き出された。描き出されたのは「伝統」の新たな創造であり、あるいは異質な民族間の様々な結合であった。そうした視点は、一九九〇年代以降盛んになった都市部のインフォーマル・セクター——都市の困難な状況をしたたかに生き抜くために、政府の規制の網の目をかいくぐって行われる諸々の経済活動（路上の物売りや修理屋など）——を対象とした研究へと受け継がれた。

ボランタリー・アソシエーションであれ、インフォーマル・セクターであれ、いずれも中央政府主導の集権的・統制的な統治としての「ガバメント」とは対置されるものであり、より分散的で自己組織的な統治様式であるという意味では「ガバナンス」に近い。わたしが知る範囲では、「ガバナンス」という用語がアフリカ都市人類学において頻繁に用いられることはなかったと思われるが、それが、都市住民の経験そのものが形成・表象してゆく空間に関わり、人々が「住まうこと」を通してその場所の可能性を引き出してゆくような地平へとつながる概念である限りにおいて、それはまさに一九八〇年代以降のアフリカ都市人類学が、都市に暮らす人々に寄り添いながら明らかにしようと努めてきたものでもあった。

＊＊＊＊＊

それにしてもつくづく不思議に思うことがある。それは、このようにほとんど同じ問題意識を共有していると思われる都市社会学と都市人類学の間で、不幸なことに、対話や交流があまり活発とは言えないということである。そのためか、両者の間では、用いられるタームに違いも目立つ（それが悪いといっているわけではないが）。「未開と文明」という近代ヨーロッパ的な世界の分類に基づいて百数十年も前にできあがったディシプリン間の分業体制が、今もなお両者の対話を阻み、呪縛し続けているというのだろうか。そして、都市社会学と都市人類学の「異質結合」は、いつ頃、どのような形で実現されるのだろうか。

というよりも、少なくともわたしには今のところ両者が異質であるのか否かさえも断言できないというのが実感である。両者は互いに異質なようでいて、実は案外中身は同じようなものかもしれないし、その逆に、思った以上に認識の隔たりがあるという可能性も捨てきれない。

いずれにしても、境界横断的な対話としてのガバナンスが問われているのは、様々な立場から都市研究に関心を寄せるわたしたち自身であるのかもしれない。

［参考文献］

駒井洋・渡戸一郎・山脇啓造編、『超過滞在外国人と在留特別許可――岐路に立つ日本の出入国管理政策――』明石書店、二〇〇〇年。

嶋田義仁・松田素二・和崎春日編、『アフリカの都市的世界』世界思想社、二〇〇一年。

渡戸一郎・広田康生・田嶋淳子編著、『都市的世界／コミュニティ／エスニシティ――ポストメトロポリス期の都市エスノグラフィ集成――』明石書店、二〇〇三年。

若林幹夫・三浦展・山田昌弘・小田光雄・内田隆三、『「郊外」と現代社会』（パルテノン多摩連続講演記録集ｖｏｌ．２）パルテノン多摩、一九九九年。

上海はイデオロギーの夢を見るか？

王安憶の小説創作の変化から

王　暁明（千野拓政・中村みどり 訳）

1　『富萍《フーピン》』の世界——淮海路《ホアイハイルー》から梅家橋《メイチアチャオ》へ

ふだん慎重な男がとつぜん大胆になり、物事に拘泥しなくなる。作家が書き続けるうちに、とつじょ筆遣いを変え、作品のその部分がそれまでと明らかに違ったものになる。そうしたことに出くわしたら、きっと足を止めてしげしげと彼を見つめたり、本を閉じて考え込んだりするだろう。「彼はなぜそうしたのか」と。王安憶《ワンアンイー》[1]が二〇〇〇年初春に書き上げた長編小説『富《フー》萍《ピン》』（湖南文芸出版社、二〇〇〇年九月）を読み終えたとき、わたしはちょうどそんな気持ちになった。

『富萍』は長大な作品ではない。わずか十七万字の、農家の娘が上海に出て暮らしを立ててゆく物語である。娘の名は「富萍」、「揚州《ヤンヂョウ》の田舎」から来た、よく働く、丈夫な、それでいて頭の悪くない娘だ。王安憶の小説世界では、この種の人物はすでに少なからず登場してい

1▼ 現代中国の作家（一九五四〜）。女、南京に生まれ、翌年から上海に移り住む。現在は中国作家協会上海分会主席。

る。富萍が新しい顔ぶれというわけではない。

富萍の上海での第一歩は、家政婦をしている「お祖母さん」に身を寄せるところから始まる。「お祖母さん」の雇い主の家は淮海路《ホアイハイ》▼2にある。富萍はここで、「上流」階級が住む弄堂《ロンタン》▼3に入り、さまざまな人物と知り合っていく。これもまた、王安憶の小説では馴染み深い光景だ。彼女の描く幾人もの人物たちが、これまでこうした弄堂をくぐり抜けてきた。

富萍は次に、蘇州河《スーヂョウ》▼4のゴミ運搬船上で働く叔父を訪ねあてる。そして、河岸の船上労働者居住区へ越していき、田舎の生活習慣を今もおおむね守っている住民たちとたちまち親しくなる。王安憶はかつて淮北《ホアイベイ》▼5の農村に三年間「下放」▼6したことがある。青年時代の記憶は本質的なものだ。上海へ戻っても、王安憶は二十年間ずっと、淮北の農民、あるいは彼らに似た人物を小説に登場させてきた。富萍が叔父の家で出会う光景も、王安憶の読者はつとに見慣れている。

小説の舞台だけでなく、作家の姿勢もいつものものだ。上海西部の弄堂で生まれ育っただけあって、王安憶はつねに弄堂の生活に親近感を寄せる。その一方で、ほとんど天性といってもよい、鋭く緻密な切り込みも見られ、両者が入り交じって、王安憶の独特な姿勢を作り上げている。

例えば、いつも好意的に登場人物を描きながら、折にふれて欠点をあげつらう。弄堂の奥のひんやりとした静けさを愛情たっぷりに讃えながら、もうひと筆、裏窓の油汚れやドブの傍の腐った野菜クズまで描き込む。上海の弄堂の生活を描いたこれまでの王安憶の小説には、ほとんどすべて、こうした賛美と批判の入り交じった筆致が見出せるはずだ。

賛美があるからこそ、誰にも真似ようのない詩情が描き出せる。また、批判があるからこそ、細部の叙述が、いくら描いても上滑りせず、一定の深さを保っていられる。王安憶の作品

2▼ 上海市内を東西に走る目抜き通り。霞飛路《ジョッフル》と呼ばれた旧フランス租界時代から欧風の高級住宅や商店が建ち並び、今も高級デパート、マンション、カフェが集中している。

3▼ 上海独特の集合住宅、またはその中の路地のこと。大通りに面した門の奥にいくつもの路地が伸び、その左右に、二階建て、もしくは三階建てのアパートが連なっている。

4▼ 蘇州河は上海市内を流れる河。黄浦江に注ぐ。一八八〇年代に蘇州河と河南路《ホーナン》が交差する場所にゴミ処理所・ゴミ運搬機関が設置された。現在もここが上海市のゴミ処理機関となっている。本誌表紙は、河口付近の蘇州河を撮影したものである。

5▼ 河南省に発し、安徽省、江蘇省を流れる淮河の北側の地域。

6▼ 一九六〇年代から七〇年代前半まで行われた、都市部の労働者、青年を大量に農村部へ移住させる運動。食料危機を乗り切

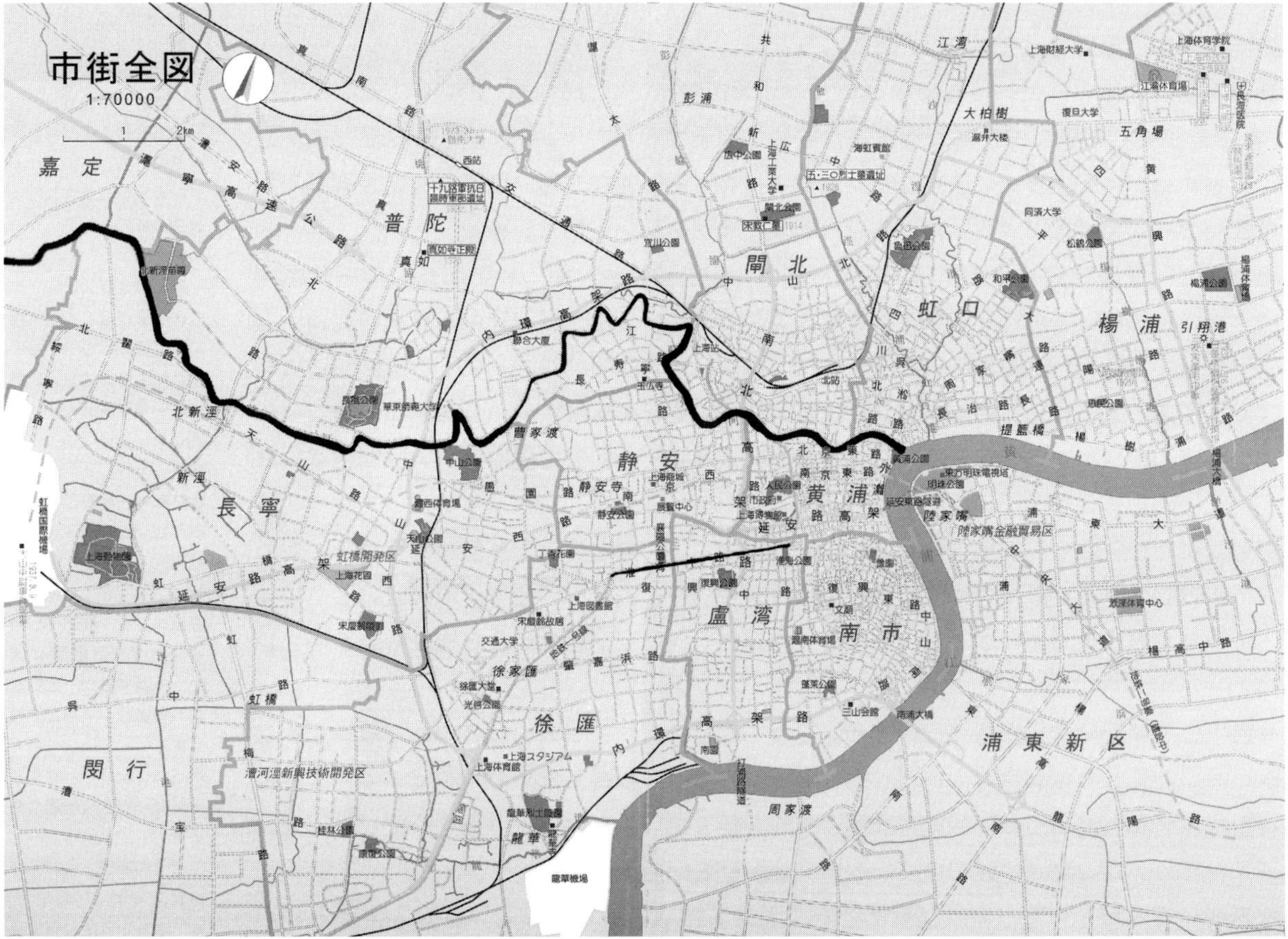

現在の上海市街図（『上海歴史ガイドマップ』木ノ内誠，大修館書店，1999 年より）
図中に黒く示してあるのが蘇州河と淮海路。

の最も精彩ある部分は、多くがこうした両面合わさった叙述から成り立っているように、わたしは思う。

『富萍』でも、それは明らかだ。小説の冒頭で「お祖母さん」が紹介され、彼女がどのように奉公先を選択するかが、きわめて詳細に描かれる。閑過ぎる家はダメ、夫婦関係のいい加減な家もダメ。「お祖母さん」の勤勉さと誇りが、こうした叙述からくっきりと浮かび上がってくる。

だが、この一節を読んだとき、その勤勉さと自尊の裏に、狭量と自虐が潜んでいるのを感じないだろうか。「彼女も人に合わせないわけではない。しかし、自尊心が強くて、あんまり傲慢な人の相手は勤まらない」。必ず二つの面を一緒に語る、これが王安憶なのだ。

富萍に関する描写もそうだ。年若い娘だけに作家も肩入れして、なるたけ美しく描こうとしている。だが、作家が自分の思いを語るのは、灯りが消え、部屋が真っ暗になってからだ。「富萍の顔は生気が溢れ、微かに輝いていた。横たわり、頭をもたせかけた彼女は、髪を耳の後ろになでつけていて、あごの線がくっきりと見えた。少しも汚れがなかった」。

太陽の下に出ると、その筆遣いはたちまち変化する。富萍の「愛らしさ」を強調しながら、同時に彼女の「一重まぶたの小さな目」のことを描き、歯に衣を着せず「少し鈍感だ」と言ったりもする。

富萍の叔父やゴミ運搬船の労働者の子どもたちを描き、その純朴さと温かさの表現に力を入れているときも、作家は、もっと不幸な境遇の子どもの視点から、彼らの自分でも気づいていない傲慢さに光を当てることを忘れない。

「労働防災用の安全靴を穿いた子どもたちは」、布靴の同級生たちを見下している。なぜなら、行く末は「保証されて」おり、勉強ができなくても両親のように船上労働者として、国家

るために始まり、当初は自発的な志願によっていたが、しだいに、都市部の知識人を再教育するため、半強制的に行われるようになった。

王安憶は、一九七〇年から七二年まで、安徽省五河県の農村に下放していた。

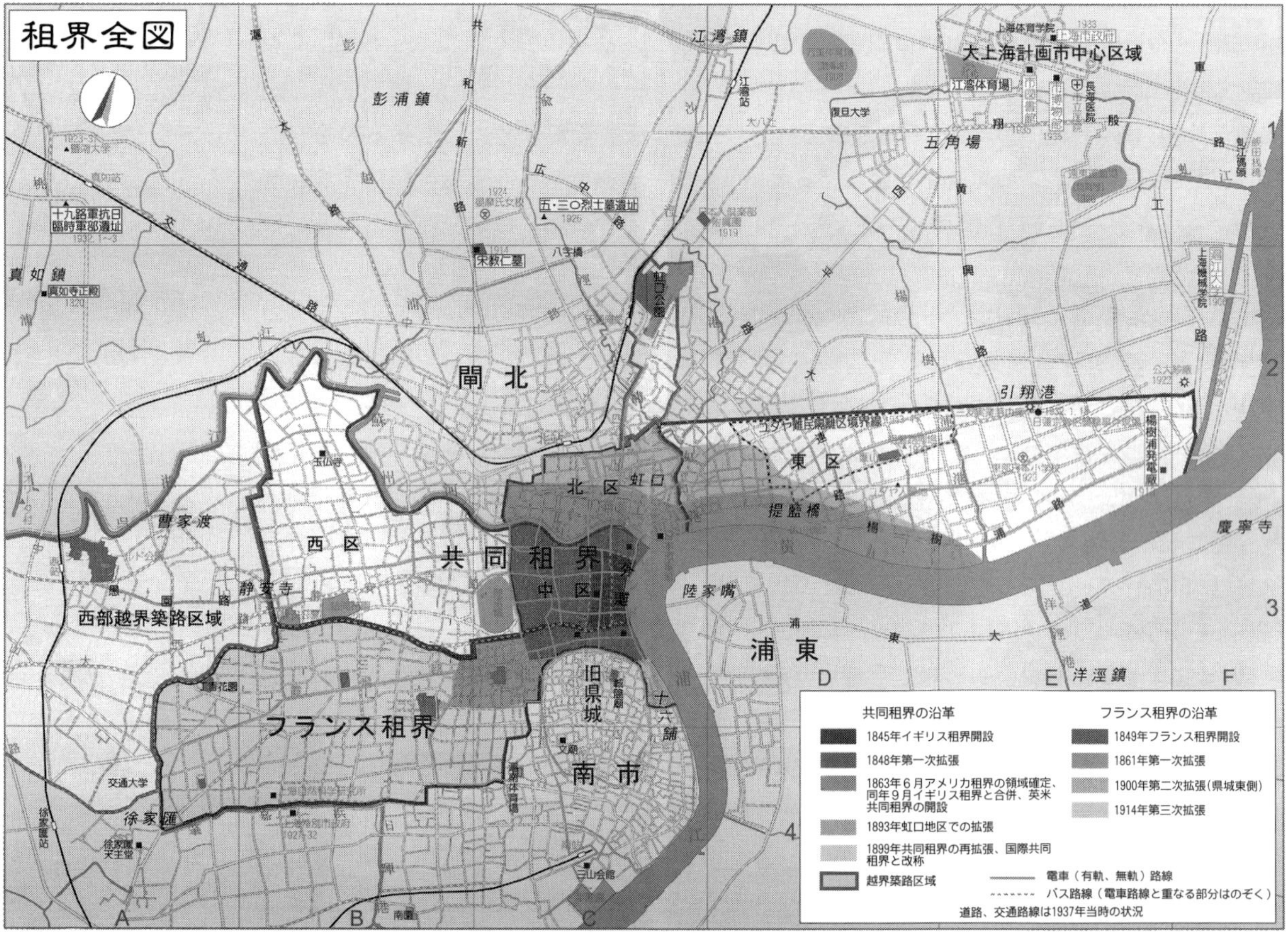

租界時代の上海市街図（同前掲書）

蘇州河は租界の境界。淮海路はフランス租界にあった。

編制の一員になれるからだ。

そこには、単に鋭いというより、どこか人の心を見透かしているような切れ味さえある。自分の気持ちに対する作家の抑制、というか作家の気持ち自身の複雑さが、ここにも現れている。

しかし、小説の第十七章から、わたしたちの見慣れないものが登場する。富萍は叔父の家にいつかず、別の新しい場所、梅家橋《メイチアチャオ》へと入っていく。ゴミ捨て場の上に建てられた、さらにみすぼらしい掘っ立て小屋の集落である。住民たちの仕事も卑俗で、以前はクズ拾いをしていたが、今は刃物を研いだり、屋台で食べ物を売ったり、紙銭[7]を作ったりしている。もちろん、クズ屋を続けている者もいる。

例えば、富萍がここで知り合った一家は、母子家庭で、息子の片足に障害まであり、じめじめしたぼろ家に住んで、紙箱の糊づけをなりわいにしている。王安憶の小説世界で、このような場所に出会うのは始めてのことだ。

驚いたことに、富萍はここで「心に安らぎを覚える」。そして「いち早く紙箱の糊づけを覚え」、まもなくこの家庭の新しい一員になる。揚州の田舎から出てきた浮き草は、上海西部と蘇州河畔を行ったり来たりしたあげく、ついに梅家橋の小さな掘建て小屋に根を降ろすのである。

上海に出てくるまで、富萍は誰かと結婚し、大家族の日常をきりもりして、田舎で生涯を終えるはずだった。のちに帰郷を拒否したときも、富萍にはまだ二つの道が残されていた。「お祖母さん」のように使用人として、繁華な上海市内に落ち着くか、それとも叔母のようにゴムのベストを身につけ、蘇州河の船上労働者の仲間になるか。どちらの道を選んでも、今よりはその時の富萍の気持にかなっていたはずだ。

7▼
死者や鬼神を祭る時に燃やす、お金に模した紙の供え物。

村人と変わらぬ貧しい生活への嫌悪にせよ、新しい世界への憧れにせよ、王安憶は最初からこの少女の心を見通しており、小説の読者にもすべてが明かされていた。それなのに、なぜ最後に富萍を梅家橋に入り込ませ、「さらにひどい」境遇の母子の生活に加わらせたのだろう。

それ以上に重要な変化がある。作家の叙述の姿勢である。梅家橋に話がおよんだだけで、無邪気になってしまうらしいのだ。

王安憶は「母と子」という一章を設けて、障害者の青年の過去を説明している。実在のモデルがいるのか、多少のいわく因縁を持たせるためなのか、作家は青年の人生の出発点を、上海西部のとある銀行の宿舎に置く。そして、日除けのついた乳母車に乗せられ、母親に公園まで押してもらったようすまで詳細に描く。

出発点はそうでも、最後に梅家橋へ辿り着いた以上、その間の道のりは悲惨だったに違いない。だが王安憶は、いろいろ不幸な出来事を描きはしても、叙述の力点を明らかに別のところに置いている。

父親が病死した後、もと同僚たちがお金を集めて母子を援助すれば、古くからの用務員も長期にわたって母子の面倒を見る。母親が試練に遭うごとに強くなれば、息子はさらに聡明で、学んだことを何でも身につけていく。夫の兄弟の嫁たちの薄情さに多少は触れても、すぐさま、彼女たちは「結局、それぞれの夫に抑えつけられ、いじめも度を越すことはなかった」とつけ加える。さらに、父親の霊が友人に子どもを託すエピソードまで入れて、用務員たちの義理人情を誇張する。

母子が梅家橋に移ったあと、叙述の偏りはいっそう顕著になる。息子が杖をついて道を行けば、「とつぜん手が伸びてきて、うむを言わせず抱え上げ、杖ごと荷車や三輪車に載せて」目的地まで送ってくれる。彼が学校に上がると、隣近所の人たちはクズ拾いで集めた本を「届けて選ばせ」、「金を出して買わなくても済むようにする」。母親が年老いて重労働が出来なくなると、またもや「近所の人が紙箱工場の出来高払いの仕事をゆずって」、暮らしが立つようにする……。なぜ、梅家橋に足を踏み入れたあと、この母子が出会うのは、こんなに温かな出来事ばかりなのだろう。

それだけではない。王安憶は富萍にも同様の温もりを享受させる。はじめて梅家橋に行ったとき、富萍はここの人が彼女に「親しげだ」と感じる。それに続けて王安憶はこう論じる。

ここの人は「よそ者に対して謙虚な態度を取る。だが、それは卑下しているということではない。そこにはある種の自己愛がある」。クズを拾い、肉体労働をしている彼らは、「どうしても不浄な印象を与える」。だが、ほんとうに彼らのことを知れば、「少しも不浄ではないことが分かるはずだ。彼らはまじめに働いて、衣食を得ている。汗水を流さずに得た金はない。だから、この雑然とした暮らしの奥には、堅実さと、健康と、独立自尊のエネルギーが潜んでいる」。

「不浄」とは、汚く、不潔なことをいう。しかし、見てのとおり、梅家橋の人が「不浄ではない」ことを証明しようとするこうした言葉は、本来の意味での「不浄」から完全にずれている。それが少々肩入れしすぎであることに、作家が気づかないはずはないのに。

王安憶は賞賛を続ける。

梅家橋の人びとが「人情に厚く」、零落した主人にも親切なのはもちろん、新たに住み着いた者たちも「慎み深く」、「節度をわきまえ」ている。こうして行き来し、お互いを助け合ううちに、ある種の生活の雰囲気が生まれ、それが障害のある青年に「弱者の誇り」を「自ずと育んでいく」。そのような雰囲気が、たちまち富萍を惹きつけたのだろうか。

もちろん、富萍が加わったことで、ぼろ家にもいっそうの活気が生まれる。作家はここでも光線によって、その詩情を浮き彫りにしている。

「部屋は静かだった。かまどの鍋で料理が煮られ、ときどき蓋の縁から『シューッ』と音がする。富萍は近づいて、鍋を少し傾け、ゆっくりと回した。部屋の中は暗くなっていたが、外はまだ明るい。富萍の姿はその光の中に浮かんでいた」。

確かに心に残るシーンだが、依然としてわたしの心には疑問が残る。なぜ、梅家橋の人に向き合うと、王安憶は淮海路を描く時の鋭さと洞察力を引っ込めてしまうのだろう。『富萍』は全部で二十章あるが、梅家橋の話が始まるのは最後の三章である。なぜ、作家は小説の大部分を占めてきた叙述の姿勢を変えようとしたのだろう。なぜ、多様な描写から単一な描写へ、厚みのある描写から薄っぺらな描写へと、簡単に移ったのだろう。この狭くみすぼらしい梅家橋の何が、王安憶にそうさせるのだろう。

そうした疑問を胸に、わたしはもう一度『富萍』を開いてみた。すると奇妙なことに、上海の生活を語った小説でありながら、照明はほとんどその周縁部に当てられている。

田舎から出てきた娘、蘇州河の船上労働者、浦東《プートン》[8]から来ている住宅管理所の修理屋……。中心人物の「お祖母さん」や呂鳳仙《リューフォンシエン》ちもみな家政婦で、裏の部屋に住み、勝手口から出入りする。上海の物語を書いている多くの作家たちのように、あるいは六年前自分が『長恨歌《チャンヘンゴー》』[9]を書いた時のように、再び読者を、マンションや、ダンスホールや、庭園のある洋館の応接間に案内するのが、王安憶はいやなのだろうか。

もちろん『富萍』にもところどころに、マンションや洋館の一角が登場する。「お祖母さん」の身の上が紹介される場面では、お抱えの医者が描かれる。「出勤は自動車の送り迎え」。いかめしい顔つきで、使用人の「お祖母さん」とはけっして言葉を交わさず、「食事を共にしたこともない」。

8▼
上海の前を流れる黄浦江の東岸の地域。今日では、金融、貿易、情報センターが並び、新国際空港が置かれるなど、中国経済を牽引する開発区となっているが、一九九〇年に開発が着手される以前は農村地帯だった。

9▼
一九四〇年代から八〇年代までの上海を舞台にした、王安憶の長編小説、一九九六年刊。質素な家庭に育ちながら、ミス上海となったことをきっかけに、時代や恋愛に翻弄される少女の波瀾の半生を描いて、ベストセラーとなった。

第七章「嘘つき少女」では、より細かい筆致で、ほとんど孤児といってもよい、貧民出の女子学生陶雪萍《タオシュエピン》が、マンションに足を踏み入れた時の思いが描かれる。

「大理石の階段を上っていくと、高い丸天井に自分の足音がこだまし、厳かな空気が彼女を包み込んだ」。家の主人が帰ってきた。「金縁の眼鏡をかけ……彼女の脇を通っても、目もくれない。陶雪萍は思わず身をすくめた。マンションを管理している老人の彼女を見る目も冷たく、あれこれ言葉を交わす気になれなかった」。「この家の老夫人だけが彼女に親切だった。しかし、態度はころころ変わった。今は彼女といろいろお喋りをしていても、次には会ったこともないように振る舞うのだ……」。

しかし見てのとおり、マンションを描いていても、作家が真に注意を向けているのはマンションの住人ではない。「お祖母さん」たちに対する彼らの態度や、「お祖母さん」たちの目に映る彼らの姿だ。だから、この部分で最後に強調されるのは、やはり「お祖母さん」たちが住む裏の部屋や、そこにある窓や、窓から外をのぞく視線であり、その視線を遮るものや、「お祖母さん」たちが視線を戻した時に感じる冷たさと厳かさなのだ。

『富萍』の他の部分でも、裏の部屋とは異なる世界の一角を目にすることができる。第二章「主家」では、「お祖母さん」の奉公先——人民解放軍から転職した幹部——の生活が詳細に描かれる。

彼らの生活は簡素で、細かいことにこだわらず、食欲旺盛だが味にはうとい。食事に訪れる客も同様で、「入ってくるとすぐに『獅子頭《シーズトウ》（訳注——肉まんじゅうの一種、簡素な料理）』はあるかね、と尋ねる。……そしてコートと帽子を脱いで、戦に臨むようないきおいでテーブルに着く」。

「お祖母さん」がこの家で尊重されていることを、作家はことさら顕示する。「彼らは心から彼女を家の一員として遇した！」客たちも「ほとんどが人民解放軍にいた人たちで……平等の観念を持っており、彼女を召使い扱いしなかった」。

　糊の利いた服を着るマンションの主人の冷たい眼差しとは、きわめて対照的である。

　面白いのは、作家がわざわざ次のように説明していることだ。この顧い主は人民解放軍にいたが、「原籍は江蘇省《チアンスー》・浙江省《ヂャーチアン》一帯なので、山東省《シャントン》から南下してきた幹部とはいささか違う。上海の生活になじみ、「お祖母さん」のような家政婦に教えられて、彼らの生活習慣はいち早く上海市民と寸分変わらないものになった」。

　では、「山東省から南下してきた幹部」の生活空間とはどのようなものか。

　山東省のことばを話す家などでは「働かない」――「お祖母さん」はそう心に決めている。彼女は虹口《ホンコウ》[10]区の解放軍司令官の家に行ったことがある。部屋は会議室みたいで、厳しい階級があり、一家はいくつかの食堂に分かれて食事を取っている。庭に誰もいないだけでなく、高い塀の外の道も人通りがなく、「軍用車が一台通り過ぎると、辺り一面砂ぼこりが舞いあがった」。

　もちろんこれは「お祖母さん」個人の感じ方だが、それがこのように生き生きと描かれていることに、作家の共感のほどが現れている。顧い主の家のようすと比べると、この虹口の屋敷の厳めしく型にはまった雰囲気は、「南下してきた幹部」たちが上海に持ち込んだ新しい生活文化を端的に示している。それはマンションの生活とはまったく違うが、「お祖母さん」や富萍たちの感覚からすれば、同様に遠い、自分たちを高みから見下ろしている別世界にほかならない。小説がこの世界の輪郭をおおざっぱに描くだけで、それ以上触れないのも無理はない。

　考えてみれば、これはなかなか興味深いことだ。上海はもともと植民地式の租界が核になっている都市である。一九四九年五月に解放軍が占領して以降、共産党新政府がそれを自分たち

10▼ 上海市の行政区の一つ。蘇州河の北側に位置する。

の理想に基づいて改造し始めた。そして『富萍』に描かれる五〇年代になると、上海の混成化はすでに顕著になっていた。

ラジオでは訛りのない標準語で党機関紙の社説が読上げられ、街角ではりりしい顔の製鉄労働者が宣伝画の中から通行人を見下ろしている。ほとんどの商店の看板に「公私合弁」と書き添えられ、小学生の首にも革命の象徴の赤いスカーフが巻かれている。

だが、旧租界の弄堂の奥や、淮海路や南京路《ナンチン》11▼の洋服屋やカフェでは、外国人居留地の遺風が依然として色濃く残っている。「南下してきた幹部」さえ、時には役所のダンスパーティーで、ワルツのリズムにあわせて不器用に身体をくねらせる。そして、『富萍』に登場する若いゴミ運びの光明《クアンミン》が好きなのも、「糊の利いたズボン」を穿き、「髪をリーゼントにした」、「オールド上海のチンピラ」そっくりの格好だ。

五〇年代の上海の人びとの日常は、新旧が交錯し、内外が混じり合う場のようなものだ。植民地の遺風と「社会主義」の風潮が、その中でせめぎ合っている。

しかし、『富萍』で、五〇年代の上海の生活空間を再現するに当たって、王安憶はこれら二つの主役を脇に押しやり、梅家橋のような掘っ立て小屋の地区を登場させる。そして、居留地風でもなければ、当時の風潮にも合わないその生活を、小説世界の中心に据える。小説の叙述の大部分は梅家橋の外をめぐるものだが、よく読めばそのほとんどが梅家橋を指向している。幕開けを告げる長い銅鑼と同じで、最後に本当の主役を引っぱり出すのがねらいなのだ。

そこまで見えてくれば、先に挙げたわたしの疑問はさらに一歩進むことになる。

なぜ、王安憶は「現実の歴史」にもっと多く登場する淮海路や労働者居住区を脇にやり、梅家橋のような掘っ立て小屋の地区を上海の物語の主役に据えたのだろう。

11▼
上海市内を東西に走る目抜き通り。旧共同租界時代からの繁華街で、高級ホテル、デパートが建ち並ぶ。

2 夢は甦る？——新《ニュー》イデオロギーと旧《オールド》上海

ここで九〇年代の上海について語ることが必要になる。七〇年代末から中国社会は「思想解放」の旗を掲げた改革が始まり、二十年の間に、その多くの場所で、巨大といってよい変化が起きた。特に八〇年代末から九〇年代初めにかけて、社会を震撼させた国内外の一連の大事件は、革命そのものに根本的な変化を引き起こした。

「市場経済」がしだいに「改革」の主な形容詞となり、効率と利益、そして経済成長率や、消費や、年俸制が——八〇年代に流行した、詩や、ゴールドバッハの推測[12]や、美学や、実存主義を、どんどん押しのけて——生活の中の注目される標識となった。ニューヨークや、ロサンゼルスや、ロンドンや、東京が「現代化」の列車の終着駅だとされ、「人民公社[13]」や、「焦裕禄[14]」や、「下放」は、すっかり人びとの視界から姿を消してしまった。

そして、世にあふれるコマーシャルで、あるいはテレビ番組や、新聞や、「ホワイトカラー」向け雑誌のカラーグラビアで、恰幅のいい洋装の「成功人士(1)」が笑顔で手招きし、青年に「成功」へ通じる人生の近道を描いてみせる。有名中学、商工業マネジメントの学位、外資企業の「ホワイトカラー」、社長……。少なくとも沿海地区や大・中規模都市で、その呼びかけは熱狂的に受け入れられており、小学校三年生の子どもでもはっきりこう口にするはずだ。「大きくなったら社長になるんだ！」

九〇年代初めに起こった「改革」の流れの大きな転換が、上海を波の頂きに押し上げた。歴史的背景・地理的条件・政府の投資という三重の利点によって、上海はたちまち新たな雄姿を現した。二千を越える高層ビルが建ち並び、四十年間化粧直しをしなかった淮海路が、大理石

12▼ 6以上の偶数はすべて二つの素数の和で表せるという数学上の仮説。一九七八年、徐遅《シューチー》がルポルタージュ『ゴールドバッハの推測』（原題『哥徳巴赫猜想』）で、迫害を乗りこえてこの仮説を研究し、世界的な成果を挙げた中国の数学者を描いて話題を呼んだ。それ以来、中国では、科学意識を象徴する言葉となっている。

13▼ 一九五八年から、農村を中心に設立された行政、生産、社会基層組織。私的財産の所有の否定、集団労働に基づく分配など、社会主義化を進めた。八二年に廃止が決まった。

14▼ 河南省の党委員会書記（一九二二〜六四）。深刻な食料難に直面した際、病身を押して大衆とともに調査を行い、自然災害の防止に尽力したことで、文化大革命期に模範的人物とされた。

の壁で装いを一新する。そして植民地時代の老舗の名が続々と街角に復活する。権威ある新聞までが大きく紙面を割いて「百楽門」ダンスホール[15]の改修を報道し、太字の見出しに読者が心を躍らせる。「懐かしの歌曲、今宵ふたたび！」

わずか十年の間に、上海は長江デルタ地帯をしたがえて、一躍中国で最も経済発展した地域になった。また、十年前の海口《ハイコウ》、十五年前の深圳《シェンヂェン》[16]に取って代わり、各地の食い詰め者や挑戦者たちが、まっさきに生活の糧や儲けばなしを探す場所となった。今や財布を金で膨らませた上海人がツアーを組んで香港へ買い物に行く一方で、全国でも十指に入る民間企業が次々と本社を浦東に移してくる。上海市民はついに四十年間かこってきた不運を振り払い、「わたしは上海人だ……」と、声を上げられるようになったのだ。

しかし、今日の上海が突出した地位を得たのは、単に経済的な繁栄のおかげだけではない。広大な国土を有している中国は、もともと地方間の格差がきわめて大きい。沿海地区や大中規模都市が九〇年代に急速に発展していく一方で、内陸部や農村部の多くの地域はますます貧困に喘いでいる。国営工場が「制度改革」さらには「閉鎖」を宣言し、前任・新任の工場長や支配人が杯を交わして、宴を楽しんでいる一方で、自分の「リストラ」を予感する労働者たちは、先行きを案じてひそかに愁えている。

だから、今日の「改革」は、現実に社会変動を推し進めるだけでなく、その変動について人々が癒されるよう説明することが求められている。ある意味では、もはや、社会変動が現実にどのような姿をしているかということのみならず、人々がその変動をどのように捉えているかということが重要なのだ。現代はもちろん現実を重んじる時代である。だが、同時にイデオロギーを必要とする時代でもある。

まさにその点で、上海は今日の中国では唯一無二といってもよい価値を体現している。もち

15▼ 一九三二年、愚園路にオープンした「百楽門大飯店舞庁（Paramount Hall）」のこと。五百平米のホールを有し、「東洋一のダンスホール」と言われた。五四年、市政府に接収され紅都電影院となったが、二〇〇一年、改修を経て「百楽門」の名で再オープンした。

16▼ 海口は海南島、深圳は広東省の都市。前者は八〇年代末に、後者は七〇年代末に経済特区に指定され、経済的におおいに発展した。

ろん上海にも日の当たらぬ場所はたくさんあって、高層ビルの裏側には塵が積もっている。支出を倹約し、端切れ仕事を掻き集めて暮らしを保つ、膨大な数の失業者や貧困層も抱えている。貧富の差や、搾取に対する恨みや将来に対する不安についても、かなりの数の上海人が、よその人々と少しも変わらぬ思いを抱いている。

「現在の淮海路」

だが、上海はそうした思いを和らげるものをもう一つ持っている。中国で最大規模の租界の歴史である。それは、数え切れないほどの御影石の銀行や庭園のある洋館を残しただけではない。それらによって培われた生活様式や日常の趣味、そして、その様式や趣味に対する市民の深い愛着をも残してきた。

また上海には、全国各地から、そして海外から逃亡者や冒険家を受け入れてきた歴史がある。それが、さまざまな地方の者が雑居していることへの慣れや、つねに目を外に向けている習慣、物わかりがよく真似のうまい才覚、そして、自分が時流の最先端にいると信じて恥じない気概を上海人にもたらした。

さらに上海には、近代中国において最も繁華な文化の中心地だった歴史がある。その遺産はたいへん豊かなものだ。金融・会計・家政面の専門的教育や、それによって培われた上海中産階級特有の「実利」の気質もあれば、特色ある「上海派」[17]の文芸作品群もある。それらは一体となって、生気あふれる、行き届いた、華やかな雰囲気を織りなしている。それが、上海人を日常生活の細やかな風情に陶酔させ、目前に迫った社会の危機からも目をそむけさせるのだ……。

17▼
主に一九二〇年代末から現れた、上海の都市生活、風俗、恋愛などを描く文学作品のこと。北京派に対して言う。

もちろん、中国のほかの大都市にも、租界はあったたし、西洋人と「高等中国人」が肩を並べて御影石のビルやカフェに入っていった歴史もあった。だが、上海ほど過去の繁栄を誇示し、その繁栄に憧れ、過去の繁栄をいち早く再現できると確信している都市は、恐らくほかにないだろう。

その歴史や人々の気質や生活条件のおかげで、上海はうまく新時代の要求に適合した。何の計略も必要はない。復元してもよいし、装いを一新してもよい。さらには過去の記憶や欲望を活用することもできる。そうして街に活気を与え、舞い踊らせ、ライトアップし、芝生を敷き詰めるのだ。まるで、ひとり「グローバル化」の先陣を切った「国際的大都市」であるかのように……。今日の「市場経済改革」が、「現代化」に対する人々の崇拝を膨らませ、心を癒すイデオロギーを醸成する場所を必要としているなら、まぎれもなく上海は最適だ。

これが、九〇年代半ばから、ある種の新たなイデオロギーが、上海において最も大きな規模で萌芽し拡散した理由である。また、血色のいい「成功人士」が、上海で他の地域とは比べものにならないほど威勢を誇るようになった理由でもある。

「ほかはみんな空念仏、金だけが本物！」、「モダンってのはアメリカのこと、おれたちのところは……」、「他人なんぞくそくらえ、おれの暮らしがよけりゃそれでいい！」、「今はなんでもあり。カギは能力があるかどうか、バクチが打てるかどうかだ！」、「香港がなんだ、上海があっという間に追い越しちまうさ、台湾の野郎だって、フン！」。

こうした単細胞的な感情が一般市民に急速に蔓延していくのと同時に、文化や社会科学の世界でも、その学術的に姿を変えた表現が次から次へと現れた。

「国際社会と接続せねばならない！」、「ホワイトカラーの文化、中産階級、歴史の法則……」

「これこそが商品経済、自由競争、現代化だ！」、「世俗化と欲望、現代化の真の推進力はこれだ！」。

大新聞の厳めしい社説から小雑誌の囲み記事に到るまで。そして商店の広告や製品の発表会から文人学者の名文に到るまで。まるで、「成功人士」が指揮し、クレーン車のうなり声や淮海路のブレーキ音が伴奏を務める大合唱に、この都市のさまざまな文化がこぞって加わったようなありさまだ。

「冷戦」後のグローバルな新秩序への盲目的な賛同。「市場経済改革」の神通力に寄せる限りない期待。人生の価値観に対する徹底的な見直し——生きている意味は、いま、ここで、この手に触れることのできる利益にある、というわけだ——。そして、自分がついに「現代化」の最終列車に間に合ったという安堵。それらが、合唱の歌声とともに広がっていった。総じていえば、先に述べた賛同や期待や見直しや安堵は、絶えず膨張を続ける一つの観念となって、すでにしっかりと人々の心を捉えている。

もう十年以上、信仰の失われた求心力のない時代になったと不満をかこつことが、当たり前になっている。だが、上海や、上海と隣接し類似している地域を見れば、ある種の新たなイデオロギーがかなりの速度で形成されつつあることは明らかだ。もちろん、それはまだ最終的な形をなしておらず、絶えず変化を続けている。しかし、すでに以前の「文化大革命」型の権威的イデオロギーに取って代わり、この都市や周辺地区住民の精神生活の主導権を握っていると言ってもけっして過言ではない(2)。

『富萍』に関するわたしの疑問にからめて言えば、この新たなイデオロギーの大合唱の中に、とりわけ耳につく声がある。オールド上海の賛美である。

浦東開発の杭打ちの音とほとんど同時に、旧市内の即物的な空間や文化的空間から、しだいに懐古の空気が立ちのぼり始めた。最初、それは遠慮がちに、張愛玲[18]の小説や散文の再版とい

18▼ 現代中国の作家（一九二〇～九五）。女、上海の人。一九三〇年代後半から四〇年代にかけて、都会的な恋愛や家庭内の葛藤を描いた小説で人気を博した。戦後は香港、さらにアメリカへと渡った。反共的だったため、中国では長らく無視されてきたが、九〇年代以降再評価され、ブームを呼んでいる。代表作に『伝奇』『傾城之恋』などがある。

う形で、大学のキャンパスや文学愛好者の間にひっそり流れるだけだった。

しかし、そのあとは奔放になった。「1931」とか「30年代」とか「時間よ止まれ」といった名のカフェやバー、ホテルやブティックが相次いでオープンし、数え切れぬほどの、昔の家具の複製や黄ばんだカレンダーや引き延ばした白黒写真が、さまざまな飲食や娯楽の場を埋め尽くした。

通り全体やその一帯の建物を軒並みリフォームし、かつての租界の情緒を再現したところさえある。「ここはもと某氏の公館……」というのが、古い洋館にオープンするレストランに欠かせぬ広告になった。

こうした懐古ブームが社会に広がってゆく過程で、小説、散文、ノンフィクション、あるいは歴史や言語研究の著作など、紙の上の文字が、いつもその先頭で踊っていた。ほとんどあらゆる租界の風景が、ふたたび文学に進出し、多くの小説の空間的背景になった。それとともに、オールド上海が最も繁栄したとされる二〇年代や三〇年代が、そうした物語の基本的な時間になった。

大旦那、若旦那、奥様、お嬢様、青い目の富豪、黄色い肌のダンサー。そうしたオールド上海を彩る人物や、その出会いと別れや、ドラマティックな事件は、ますます大量に取り入れられ、誇張されて、フィクションの素材や伝記の対象になった。

今や、本屋に立ち寄ればどこでも、懐古をテーマにしたフィクションやノンフィクションの作品が目立つ位置に平積みされている。それからほぼ十年。上海人の懐古熱は今なお高い。文学はまさに無視できない功績を残したのだ。

もちろん、こうした懐古の賛美の背後にも、一貫して大合唱の主旋律が流れている。懐古といっても、二百年前の狭い城壁に囲まれた小さな上海県城を懐かしむわけではない。日本の軍隊や警察が街にあふれ、何かにつけて通行人の身体検査を行った被占領時期を懐かしむこともまずない。眼差しは二〇年代や三〇年代に吸い寄せられて、その前や後の出来事などなかったも同然である。

また、上海の昔を偲ぶといっても、蘇州河の両岸に建つ工場や倉庫や掘っ立て小屋を偲ぶわけではない。市の南部や北部のうねうねと続く平屋の弄堂の貧民生活を偲ぶこともまずない。石庫門《シークーメン》[19]内にひしめく「七十二軒の店子」ふうの窮屈な生活を偲ぶことさえ多くはない。懐古の眼差しが向くのは、外灘《バンド》[20]や霞飛《ジョッフル》路（現在の淮海《ホアイハイ》路）や静安寺《チンアンスー》路（現在の南京《ナンチン》西路）、そしてダンスホールやカフェや庭園のある洋館だけだ。

現実には、歴史上の上海は一つの多面体である。三〇年代ひとつ取っても、目を奪う賑わいの影には、嵐のような波乱もあれば、ぼろ家の貧困もあった。この都市の人々は、金儲けや贅沢に憧れ、派手な暮らしも夜ごとの宴も知っているが、破産や夜逃げも経験し、閘北《ザーベイ》の戦火[21]が家に近づくのを案じてもいた。

しかし、今日の懐古ブームの中で、上海の歴史は極度の単純化、それも一面的な単純化を受けている。何であれ、辛い過去にはできるだけ触れず、派手で羽振りのいい事件は意識的に声を高くして、詳細に語るのだ。

不思議がるにはおよばない。今日の上海は全力を挙げて「国際大都市」という像を作り上げようとしている。何がなんでも「栄光」の歴史をその基礎に据えたいのだ。この都市の人々は上から下まで、今日の上海が目指すのは過去の繁栄だと、心底信じて、あるいは意識的に信じようとしている。オールド上海の暗い歴史をふたたび持ち出して、わざわざ興を醒ますことはないのだ。

金を儲けたニューリッチは家系図を作ろうとし、仕事に追われる「ホワイトカラー」は夢を

19▼ 伝統的な弄堂の住宅の門。石を積み上げて作られたのでこの名がある。

20▼ 黄浦江西岸に面した通り。とくに蘇州河から南、新開河までの間をいう。「外灘」は「外黄浦灘」、「バンド」は埠頭を意味する「Bund」に由来する。旧共同租界時代の領事館、高級ホテル、銀行などが建ち並び、上海を象徴する場所の一つになっている。

21▼ 蘇州河の北に広がる、租界外の中国人居住区。「閘北《ザーベイ》」は（蘇州河の）水門の北側のこと。一九三二年、三七年の上海事変では主戦場となった。

見ようとする。すでに「リストラ」された、あるいはそれを待つ身の人々でさえ、大多数が上海の「栄光の再生」を望み、新たな活力が与えられることを願っている。そんな時、気の萎える昔のことを聞かせ、憂鬱や絶望を添えようとする者がいるだろうか。

新たなイデオロギーは、上海の現状も将来もほぼ完璧に説明してみせる。歴史を単純化し塗り替える方法で、この叙述に新たな一節をつけ加えることも、論理にかなった自然な成り行きなのだ。

新たなイデオロギーが描きだす上海言説の中でも、こうした削除によって作られた「オールド上海」の一節は、ますます重要な意味を帯びつつある。

すでに二十一世紀を迎えた今、五十年にわたって「革命」の喜びと悲しみを味わってきた中国社会は、もはや「白い紙には、最も新しく美しい絵が描ける」[22]という情熱を失っている。

とりわけ上海では、未来の生活に対する希望に、歴史が中断されたという諦めが紛れ込む。だから、この都市の人々をふたたび一つの旗印の下に集め、「未来」の「達成図」に目を向けさせるには、まず「過去」に解釈を与え、心にある諦めを雲散させる必要があるのだ。

もちろん、四十年間「教育」されてきた結果、すでに上海人もオールド上海のことがよく分からなくなっている。諦めはとても曖昧で、彼ら自身にも明確にしようがない。しかし、だからこそ、ふたたび上海社会の歴史的記憶を遡り、その「記憶」によって視線を収斂させ、形を与えていくことが、容易だったのだ。

九〇年代半ばからこんなことが始まった。

新たな「成功人士」がメディアや広告の中でしだいに形成される一方で、昔の租界を牛耳る黒幕の物語がふたたび流行する。新時代の小説『上海ベイビー』[23]が市場を席巻する一方で、オールド上海の「花鳥風月」が装いも新たに登場する。「ホワイトカラー」の若者が、カフェの

22▼ 毛沢東が『ある合作社の紹介（原題「介紹一個合作社」）』（一九五八年四月一五日）の中で使った言葉。元の文は次のとおり。「中国六億の民の特徴は貧しく何も持たないことだ。これは悪いことのように見えるが、実はいいことだ。貧しければ、がんばろう、革命しようとする。白い紙には何の負い目もなく、最も新しく美しい文字が書け、最も新しく美しい絵が描ける」。

23▼ 原題『上海宝貝』。衛慧（一九七三〜）著、春風出版社、一九九九年。大胆な性愛描写が問題となり、政府から発禁処分を受けて、センセーショナルな話題を呼んだ。邦訳は文春文庫、二〇〇一年。

壁に掛けられた古い写真を見回して未来にあこがれ、ほとんど諦め顔だった中年も、街角やテレビの租界の画面に促されて元気を取り戻し、子どもに英語を勉強するよう厳しく言いつける……。

新たな歴史の「記憶」がしだいにこの都市を隅々まで覆い、多くの上海人の現実や未来に対する感情は、日に日におとなしいものになっていった。

現代社会において、「イデオロギー」の感染力、浸透力、吸収力がおよばないところはほとんどない。したがって、オールド上海の物語を語る、九〇年代の、文学やそれ以外の作品の多くが、軒並みイデオロギーに組み込まれ、その一節を構成するセンテンスになってしまっていても、驚くにはおよばない。

それが九〇年代の新たなイデオロギーの持っている力なのだ。埋もれていた生活の中の詩情を作家が発掘したと思った矢先、イデオロギーによってその筆にこっそり特別な文法が注ぎ込まれ、知らぬ間に叙述が誘導されてしまう。ときには、作品の基本構造が変わってしまうことさえある。国家と資本が錯綜し、合わさって目の細かな網を張り巡らしている時代に、その網に風穴を開け、いつまでも外に身を置ける作家がどれだけいるだろう。

王安憶はどうか。苦心の長編小説『長恨歌』にも、懐古の風に染まることを免れていない部分があるのではないか。やはり、ある意味で、先に見たようなオールド上海の物語の長大な分冊だと見なされる余地があるのではないか(3)。

しかし、いずれにせよ王安憶は鋭敏で聡明な作家である。時代の強い風のせいでときに歩みを乱すことはあっても、最後にはすばやく立ち直れる。わたしは、新しい時代について長々と議論をする王安憶をほとんど見たことがない。だが、彼女は「現代化」の名のもとに生活を再編成しつつある巨大な変革にはきわめて敏感で、独自の考えを持っている(4)。

一九九九年春、王安憶は「上海を探して」（原題「尋找上海」、『尋找上海』所収、南海出版公司、二〇〇〇年）と題する短文を書いて、上海の現状に対する困惑を率直に語った。

美しく印刷された大量のオールド上海の物語から「見いだせるのは流行だけで、上海ではない」。「振り返って」現実を眺めたとき、「この都市にも上海が存在しないことに気がついた」。「新式の建築材料が上海に殻をこしらえ、感覚器官から遠ざける。この殻は何なのだろう？あまり似つかわしくないし、いつ見てもなんだか虚ろな感じがする」（「妹頭」、『尋找上海』所収）。

もしそうだとすれば、──流行のものに対する懐疑や批判、流行から排除された詩情への敏感さ、メジャーなものの圧力に抗して挙げられた声への共鳴──そうしたものを通して、わたしたちと本物の世界──「上海」──を隔てている流行の「殻」を突き破ることこそ、新しい時代における文学創作の新たな意味なのではないだろうか。

今日、もし文学が、「現在の流れ」とは異なる趣味や判断力や想像を生み出せないなら、そして流行が社会に描いてみせる輪郭より広い精神的視野を提供することができないのなら、確かに文学の価値はかなり疑わしい。

王安憶はいつも母親が語ってくれた物語を念頭に置いている。

「強度の近視の少女がいた。家がとても貧しく、眼鏡を作ってやれなかったので、少女は靄の中で暮していた……」後にある親戚が彼女に眼鏡を作ってやった。「しかし、眼鏡を掛けた少女は、ぼろぼろの貧民屈の姿を目にして、おののいた。はっきり見えたとたんに、とつじょ世界が壊れてしまう。ほんとうに恐ろしい話だ」。（『我読我看』、上海人民出版社、二〇〇一年）

ある意味でわたしたちは、度数に違いはあれ、かつては誰もが近視だったし、今でもそうである。何かのきっかけで、とつぜん人生の真相を見てしまったら、どんなに「おののいて」も、幸福な「靄の中」に戻ることは難しい。だから王安憶は「ほんとうに恐ろしい」と言う。しかし、この「おののき」は引き受けるほかない。なぜなら、それが本当の人生への扉を開いてくれるからだ。

だから、王安憶は次のように、蘇青《スーチン》24▼と張愛玲《チャンアイリン》を比較する。蘇青は「滋味に欠けるが、人生に真っ向から身を投じている」。「張愛玲は違う。彼女の現実生活に対する好悪は、人生への恐れから来ている。世界を見る目は虚無的である」（前掲書）。

王安憶はさらに踏み込んで、張愛玲と魯迅《ルーシュン》を次のように比較する。張愛玲は「すこし人生の虚無を目にしただけで、俗世に引きこもり、ついにはより広く深い人生の含みを手放してしまった。……だから、わたしは現実主義の魯迅の方を尊敬する。魯迅は一歩一歩現実をしっかりと歩んでいく。だから、虚無に向う素地もあるが、勇敢でもある」（前掲書）。

「おののいた」あと、逃げ出すのではなく、さらに深く人生に分け入り、より深く広い含意を感じ取る。それが「虚無への道」を意味しているかもしれなくても。魯迅を借りてこのように自分を直視する王安憶は、感じ取るだけでなく何をすべきかをよく理解している。つまり、できるだけ小説の触角を伸ばし、「殻」を破って内側に入り、現実の延長である人生の厚みや智恵を汲み取るのだ――王安憶はこのような生き方を「生活」と呼んでいる。

もちろん困難なことは承知である。「誰彼なくべらべらと生活を論じ、生活を語る……あるいはあれこれ定義し、何でもかんでも自己の経験を話す。本当か嘘か分からないこうした創作の状況は、「生活」がこの時代に萎縮し、退化していることを物語っている」。（前掲書）

「上海は不思議な都市で、発展途上にありながら、急速に現代化へと突き進んでいる。だから、メジャーな文化の辞典からどんな解釈でも探し出し、観念の防御壁を築くことが可能だ。

24▼ 現代中国の作家（一九一四～一九八二）。女、浙江省の人。三〇年代後半から上海で活躍した。代表作に長編小説『結婚十年』（正・続）がある。

そうやって、感覚器官はますます手に触れる実体から離れ、機能を退化させてゆく。人々は身体ではなく概念で、あるいはもっと単純に、名詞で生活している」。（前掲書）

しかし、王安憶はそれでも精神を集中し、「メジャーな文化」が撒き散らす概念や名詞の分厚いベールを取り去って、本当の人生にじかに触れようとする。そして、先輩作家の白樺《バイホア》25▼を賞賛する。「白樺のロマン主義的な世界の捉え方は、イデオロギーの影響を上手に避けている」（前掲書）。そこには、ある種の感性と詩情によって、「生活」に深く分け入り、「メジャーな文化」から抜けだそうとする決意が、鮮明に示されている。

25▼ 現代中国の作家（一九三一～）。男、河南省の人。人民解放軍の宣伝員を経て作家となる。五七年、反右派闘争で党籍を剝奪され、文化大革命中は新疆に下放した。七九年、党籍を回復し、創作を再開した。八五年から上海に在住。代表作に『苦恋』がある。

3 変身する王安憶——『富萍』そして『上《かみ》には菱を、下《しも》には蓮を』が意味するもの

わたしの『富萍』に対する疑問は、答えが見つかったようだ。心にそうした思いが生じたことの自然な帰結として、王安憶はどこにいても、あの新たなイデオロギーが創り出すオールド上海の物語と距離を置こうとする。

オールド上海の物語はつねに二〇年代か三〇年代に事件が起こるが、あいにく富萍が登場するのは五〇年代の上海である。オールド上海の物語はいつもまっすぐ摩天楼やバーや庭園のある洋館の応接間に読者を案内するが、富萍はその勝手口にとどまり、のちには何も告げずに水上労働者の居住区に去ってしまう。前者の上海は外灘や霞飛路や静安寺路だが、富萍の出会う上海はほとんどが閘北や蘇州河の川岸だ。

オールド上海の物語の登場人物は、いつも応接間のピアノの音色を聞きながら、ツタの這う古い洋館に向かってため息をつく。それに対して、富萍は掘っ立て小屋の暮らしの苦労や「義理人情」を感じ取り、つつましく暮らす母と息子の落ち着きや誇りに惹かれていく。前者の叙

述は一般的にきらびやかで、文人臭が強く、どこかの感傷的な詩人が世の移り変わりを嘆いている気味がある。それに対して、『富萍』の文章はおおむね簡単で、センテンスが短く、会話文に近い。叙述のリズムはゆったりとしているが少しも停滞せず、主人公の農家の娘に似つかわしい……。

もちろん、これらすべてが意図的なものとは限らない。だが、「物質主義」や「メジャーな文化」のベールから逃れようとする王安憶の意志が固い以上、注意や興味の対象は必然的に租界や洋装をすり抜け、まったく別の人間関係や風俗に落ち着くことになるのだ。

オールド上海の物語の語り手は、ほとんどが晩年を迎えた美女がつくようなため息とともに物語を締めくくる。だが、『富萍』は、勤勉で、素朴で、卑屈でも傲慢でもない「生活」の詩情を自然な形で称揚する。

そのように考えれば――王安憶が市中心部の庭園のある洋館を避けてわざわざ「梅家橋」のようなちっぽけな掘っ立て小屋の地区を創造したこと。これまでの叙述の姿勢を変えて、梅家橋の人々の生活を熱烈に賛美したこと。そして、『富萍』の叙述の重心が、ヒロインの気持ちを翻させ、最後は梅家橋に根を下ろさせたこと。淮海路から蘇州河へ、蘇州河から梅家橋へと絶えず移り変わること――それらにはみな、なんらかの必然性があったことになる。

『富萍』だけではない。王安憶の最近の小説は、多かれ少なかれ、また目立つにせよ目立たないにせよ、みな『富萍』のような物語である。例えば、『富萍』の一、二年前に書かれたいくつかの短編小説がそうだ。

ある作品では、上海市内の出稼ぎ労働者が集まる小さな弄堂に案内され、小さな食堂の日常風景を事細かに見ることになる（「小さな食堂」、原題「小飯店」）。また、ある作品では、江蘇省南部の農村にいる田舎教師の結婚披露宴が描かれる。その場の人物や雰囲気がリアリティー豊かに再現され、霧雨の匂いや木のテーブルに並んだ「四喜丸子」（訳注――肉団子の煮込み）の香りが漂ってきそうだ（「結婚式」、原題「喜宴」）。

町の会議に参加する村の幹部のために夕飯を準備する、農村のやり手の娘を描いた作品もある。そこでは、柴に火をつけ、油を引き、塩漬けの干し肉を炒めるようすが煩を厭わずに描かれる（「会議」、原題「開会」）。また、農村に住みついた知識青年[26]のカップルが、人手の募集のために奮闘する姿とその哀歓を描いた作品もある（「労働者募集」、原題「招工」）。（以上四つの短編は『剃度』（南海出版公司、二〇〇〇年）所収）

背景やストーリーはそれぞれ異なるが、底辺にいる人々の日常生活に意識的に密着し、野卑なつらい暮らしの中にある人情や情緒や活気を表現しようという努力が、以前にも増して執拗に作品を貫いている。

二〇〇一年九月、王安憶はふたたび長編小説を書いた。この『上《かみ》には菱を、下《しも》には蓮を』（原題『上種紅菱下種藕』、南海出版公司、二〇〇二年）[27]で、読者は九歳の少女「秧宝宝《ヤンバオバオ》」とともに、浙江省西部の「華舎《ホアシャー》」という河辺の小さな田舎町にいざなわれる。すべての叙述は、「秧宝宝」の視点で展開する。彼女が寄宿する家やその二階にいる間借り人から、同級生の家やその向いの店に到るまで。さらには、店の裏にある別の家や、路地の行き止まりにあるコンクリートの教会から、「洞窟のような」茶館や、倒産した絹織物工場や、船着場の屋根つきの木橋まで……。

小説にはほとんどストーリーがなく、ただ小さな田舎町の中を行ったり来たりするだけだ。二度ほど町から出て行きそうになるが、またすぐに戻ってきてしまう。「いったい何が言いたいんだ」。せっかちな読者なら、がまんできずにそう言うだろう。

小説の最後の部分になって、作家はようやくすべてを明らかにする。

26▼
初級中学（日本の中学校に当たる）以上の教育を受けた青年。とくに農村に下放した者をいう。

27▼
王安憶の長編小説。紹興の西にある水郷・華舎鎮を舞台に、母親の知合いである李先生の家に預けられた九歳の女の子、秧宝宝の目に映る人々の暮らしを描く。題名の「上には菱を、下には蓮を」は、秧宝宝と一緒に住むことになった一人暮しのお爺さんが口ずさむ、水郷の貧しい人々の暮らしを歌う民謡の一節。さまざまな人たちと出会い、時には衝突しながら、秧宝宝は少しずつ成長してゆく。やがて、お爺さんが死に、李先生の娘が杭州の大学院への進学を決め、秧宝宝も両親のもとへ引き取られていくところで物語は終わる。

この小さな田舎町は「入り組んでいる。くねくね、うねうね、こっちにひとかたまり、あっちにひとかたまり。見たところ何の意味もなさそうだが、実は生活の要請から、少しずつ増やしたり減らしたり、改築したり、補強したりしてきたのだ。……町は誠実に、そして現実的に、労働や生計の原則を守り、昔ながらの地理的資源を利用している。……町を出て遠くから眺めれば、この町が驚くほど道理にかなっていることが分かるだろう。この道理のおかげで、調和の取れた美が達成されている。そして同時に、生活や人間についての深い理解が実現されている。この田舎町は本当にすばらしいところだ。町とそこに住む人々は互いに理解し合い、密接に結びついている」。

この小説の真の主人公は、最初から「秧宝宝」ではなく、華舎鎮なのだ。「秧宝宝」が道案内に選ばれたのは、流行に汚染されていない純粋な子どもの目でなければ、田舎町の生活にある「美」が見えないからだ。ここまできて、読者は小説『富萍』での梅家橋の賛美を思い出すにちがいない。ある意味で、華舎鎮はもう一つの梅家橋にほかならない。

そしてこの華舎鎮の物語が、なぜ王安憶が「梅家橋」を創造したのかを最終的に明らかにしてくれる。もちろん、それを使って独自の上海の物語を語ろうとしたのは確かだ。だが、梅家橋に込められた寓意《アレゴリー》は、「上海」という都市をはるかに越えている。

上海の作家のある小説選集に寄せた序文の末尾で、王安憶は次のように強調している。「生活はありとあらゆる姿で、その不変の性質を表現する。大地にさまざまな色の草花や果樹や農作物が育つのと同じだ。もちろん、勤勉に耕やさなければならないけれど。自然をこまかく観察すれば、たった一つの自然の力のもとで、無限の生物が育まれていることに驚かされるはずだ」（王安憶編『女友間』、上海文芸出版社、二〇〇一年）。

王安憶は梅家橋の人々の勤勉さや「義理人情」を賞賛し、華舎鎮の「道理にかなった」姿を描こうとする。その基本的な意図の一つは、「生活」の「不変の性質」やその「勤勉さ」、そして「勤勉さ」を通じて姿を現す「たった一つの自然の力」を、読者に明らかにすることではないだろうか。

「現代化」を看板に掲げる「メジャーなもの」の流れの前では、「生活」がいとも簡単に捻じ曲げられることを、もちろん王安憶は知っている。『上には菱を、下には蓮を』の最後の部分で、王安憶は次のようにため息をつく。

「だが、華舎鎮は本当に小さい、世の中の変化に耐えられないほど小さい。今なら、ゴミだけでこの町を埋め尽くすことも可能だ。土石流のようなコンクリートならなおさらである。瞬く間に押し潰されて町の形は歪み、半ば埋もれてしまうだろう。町は心がうずくほど小さい」。きめ細かな、詩情あふれる、小さな田舎町の風俗画。その底を彩る愁いや、作家の心の奥の哀しみが、「心がうずく」ということばから、一気にあふれ出してくる。華舎鎮だけではない。「土石流」に大地が呑み込まれ、「ゴミ」に生活が覆い尽くされる。そんな事件が、上海全域、というよりもっと広い地域でいろいろ起こりつつあり、これからも起こり続けようとしているのではないのか。

多くの場所で、このような併呑や埋没が、すでに取るに足らぬ日常的なことになっている。そして、ほとんどの人々は見て見ぬふりをし、中には喜んでいる者さえいる。華舎鎮。その姿は、世界の数多くの場所に共通する縮図だとも言える。しかし、だからこそ王安憶は、いっそう濃い墨や色調で、力を込めて「生活」の本来の姿を描こうとするのだ。

王安憶は、『富萍』と『上には菱を、下には蓮を』という二篇の小説で、晩清の「社会小説」によく似た風俗画ふうの枠組みを用いている。「生活」の細部を充分に見せるためである。つねに概説によって現実を隠蔽しようとするイデオロギーに対して、最も破壊力があるのは多様な細部なのだ。

それは、重圧の下におけるある種の反抗である。自覚的な抵抗だといってもよい。ターゲットは、外的な劣悪さと麻痺、そして内的な失望と悲しみである。反抗だからうまく抑制できないこともある。また、抵抗だから尾ひれがつきやすい。白樺の「ロマン主義」を賞賛したとき、彼とは違う方面から自分も「ロマン主義」に流れかねないことに王安憶は気づいていただろうか。

「資本主義」、「現代化」、「発展」、「グローバル化」、「新経済」……こうした看板を掲げる勢力がみんな手を組んで世界を席巻する。そして、その勢力が物質生活をコントロールし、人々の心の奥まで入り込んで、わたしたちの視界を完全に覆い隠そうとする。そんなとき、ほとんどどんな反抗も「ロマン主義」に流れることを避けられないのだろうか。

王安憶は上海で生まれ、上海で長く暮らしている。これまでいちばん多く語ったのも上海の物語である。しかし、彼女の上海の物語に登場する「梅家橋」は次のことをはっきりと物語っている。

現実の変化に対する王安憶の敏感さ、敏感さゆえの悲哀、その悲哀に対する反抗、その反抗の「ロマン主義」的な情緒。それらすべてがすでに遠く上海を超え、都市を超え、広大な中国大陸を超えている。十五年前と比べて、さらには『長恨歌』を書いた時期と比べても、王安憶は明らかに変化している。彼女はまさしく大作家の趣を帯びてきた。わたしはそう言おうと思う。

4 ロマン主義と現代化のあとに——八〇年代の夢、そして九〇年代の……

今日の中国文学にとって、王安憶のこのような変化は、何か重要な意味があるだろうか。彼女自身の創作にとっても、この変化には、何か警戒すべきことが潜んでいるだろうか。こうした問いにはっきり答えるには、振り返って、八〇年代のことをもう少し具体的に語らねばならない。

八〇年代はまさに「ロマン主義」の時代だった。また、中国の作家が長らく巡り合ったことのない絶好の時機だった。内戦も、大きな災害もなく、五〇年代半ばから後半にかけて形成された、さまざまな物質的・精神的規範が、みな緩みはじめていた。

もちろん、まだ貧しく、物資も欠乏していたが、民族全体が沸き立っていた。自由や豊さが渇望され、腕を広げて新たな生活を胸に抱こうという衝動が、社会の隅々まで広がっていた。

文学はおのずとこうした衝動の表現の先陣をになうことになった。七〇年代末から八〇年代半ばにかけて、とくに活躍が顕著だった作家たちは、みな文学のこうした意味を自覚していた。悲劇に事欠かない各人のさまざまな生活体験も、社会の声をすばやく感じ取るに十分な能力を作家たちにもたらした。だから、作家たちは自己主張し、あらゆる問題に発言し、文学の切り開いた精神的領域はしだいに拡大していった。

創作は社会のさまざまな衝動をいち早く表現できた。読者も当然のように熱く反応し、文学雑誌の売れ行きはともすれば数十万、数百万部に上った。思想的にも技術的にもあれこれ幼稚さが目につく中で、文学の多様で豊かな潜在力が少しずつ姿を見せ始めた。

しかし同時に、八〇年代は「ロマン主義」が急速に改編された時代でもあったと言わざるを得ない。八〇年代半ばから、社会の変化はおおむね二つの方向に向かった。一つは理想を夢見る鬨《とき》の声から現実的な利益の計算へ、もう一つは曖昧模糊とした多様さから明確で強力な一元性へ、である。

例えば、「現代化」という「改革」の重要な旗印が、その他の旗印とともに改めて切り刻まれた。七〇年代末、「現代化」の内包する意味はきわめて広かった。「思想解放」や「美学ブーム」から「共同生産請負制」まで、ほとんど何でも含んでいると言ってよかった。しかし、八〇年代末には、もっぱら西洋型の「青色文明」[28]や資本主義的な「市場経済」を、さらにはアメリカ型の物質生活だけを指すものになっていった感がある。

こうした二つの方向への縮小が、一緒になって九〇年代初めに「改革」の流れの大転換をもたらしたことは、言うまでもない。そして、その当然の帰結として、ひじょうに小さく切り刻まれた「現代化」が、社会変革の唯一の目標へと上り詰めていった。八〇年代のとりとめのない「ロマン主義」的思考は、引き剝がされ、推し縮められて、今やほとんど「市場経済」を飾る金色の縁取りになってしまった。

もちろん、文学もこうした縮小を免れることは難しい。八〇年代初めの「現代主義《モダニズム》」に関する論争以来、少なくとも「文学の場」において、文学現象に関する記述や判断が、新たに輸入された欧米の理論の語彙を超えることはほとんどなくなった。七〇年代末、文学作品の優劣を評価する基準が、基本的に「告発か謳歌か」という点にあったとすれば、八〇年代後半、それは明らかに「現代か伝統か」へと移っていた。具体的に言えば、「現代主義《モダニズム》」であるか否かにかかっていた。

「彼はロマン主義だが、わたしは現代主義《モダニズム》だ!」。新たな詩人の多くが自分と先輩詩人——例えば「朦朧詩」派[29]——との違いを自信たっぷりにこう宣言した。社会全体の思考が『河殤《ホーシャン》』[30]ば

28▼ 西洋型の文明のこと。一九八六年に放映され反響を呼んだ、連続テレビドキュメンタリー『河《ホー》殤《シャン》』(蘇暁康《スーシャオカン》、王魯湘《ワンルーシアン》製作)で提起された概念。世界の文明を、中国の伝統的な文明が属する「内陸文明」(黄河にちなんで「黄色文明」と呼ぶ)と、西洋文明が属する「海洋文明」(「青色文明」と呼ぶ)に分け、現代化のために、中国は閉鎖的な黄色文明から、開放的な青色文明へと進むべきだと主張した。注30参照

29▼ 文化大革命中から創作され、七〇年代末から八〇年代にかけて発表された抽象性の高い現代詩のこと。その難解さから「朦朧詩」と呼ばれた。論争も招いたが、中国現代詩に新しい流れを作った。中心的な詩人に、北《ペイ》島《タオ》、舒婷《シューティン》、芒克《マンクー》、顧城《クーチョン》らがいる。

30▼ 一九八六年に放映された蘇暁康・王魯湘制作の連続テレビドキュメンタリー。『河殤《ホーシャン》』とは黄河文明への挽歌のこと。このドキュメンタリーには多くの知

りの「現代化」信仰によってますます深くまで改編され、それとともに文学の領域にもある種の「現代《モダン》」崇拝が広く蔓延していった。

言うまでもなく、こうした「現代」も、「縮小」の原則によって絶えず小さく切り刻まれている。なによりも、それは「西洋」に属するもので、非西洋地域の文学はすっかり抜け落ちている。そして、「西洋」文学の中でも、「現代《モダン》」と称するに足る作家はますます少なくなっている。

例えば小説では、まずバルザックや、フロベールや、トルストイや、ソルジェニーツィンが除外される……あまりにも「リアリズム」的だから。続いて、パステルナークや、ヘミングウエイや、アイトマートフが落とされる……あまりにも「ロマン主義」的だから。さらに、ハーディーや、ジッドや、メルヴィルもいけない……あまりにも「形式」に乏しいから。

八〇年代半ばから、文学雑誌や、シンポジウムや、大学の講義で、「形式」という言葉の内包する意味が急速に膨張し、「内容」を駆逐しただけでなく、「思想」も「歴史」も「哲学」もひとしなみに圧倒する勢いを見せた。「現代」はほとんど「形式」の同意語に過ぎなくなり、それが逆に「現代」が内包する意味の縮小に拍車をかけた。

ますます多くの作家、それも腕を鳴らしている新人作家にとって、ウルフやフォークナーは「意識の流れ」でしかなくなり、プルーストは寝室の中の小事を誇張しているだけになった。ロブ・グリエは単なる時空の錯綜に、そしてボルヘスも単なる言語の「迷宮」に過ぎなくなった……。ようやくガルシア・マルケスを見つけはしたが、それもノーベル賞を受賞し、「長い歳月がすぎて……」（訳注——『百年の孤独』）という不思議な文が冒頭を飾っていたからだった。

「現代主義《モダニズム》」作家が持っていた、資本主義や「現代」の主流な文化に対する洞察や絶望。現

識人が協力し、放映当時大きな反響を呼んだが、現代化を標榜して、中華文明を批判し、対外開放を鼓吹したとして批判された。制作者の蘇暁康はアメリカへ出国、王魯湘は執筆活動の制限を余儀なくされた。注28参照。

在の生活に対するそれぞれの興味や困惑や悲観。そうしたものは、二の次の、いつも軽視されるものになってしまった感がある。「現代」が「形式」に帰納され、「形式」も「言語」に帰納される――そんな支離滅裂な「現代」が祭り上げられ、多くの作家が追い求めるほとんど唯一の目標になったのだ。

しかし、八〇年代後半を通じて、作家や批評家たちは、文学のこうした他動的な縮小に気づいていなかった。ある意味で、彼らがそこまで鈍感だったことにも理由があるような気がする。

作家は言葉にとりわけ敏感で、生まれつき「言語」や「形式」にあこがれを抱きがちだ。堅固な物質的領域で挫折を味わえば、よけい本能的に言葉の世界へ引きこもり、そこで生きる意味を探す。ところが八〇年代後半、保守的な空気がふたたび立ち込め、垂れ込めた暗雲はますます濃くなっていった。それに刺激されて、人々は社会の深層に「保守」的な「文化」のルーツを求め、同時に直接的な思想や政治の争いから抜け出そうとする衝動が強くなった。奥深くまで追究しようとする理性と、引きこもって自分を守ろうとする本能が、独特なかたちで結びついたこと。主にそれが、八〇年代後半の文学界において、形式が意味するものへの普遍的なあこがれを生み出したと、わたしは考えている。

物質的圧迫は重要ではない。重要なのは、社会の深層で絶え間なくそれを醸成している精神的圧迫だ。外からの専制も恐ろしくはない。恐ろしいのはそれに呼応してしまう頭の中の習慣だ。ミクロな思想的側面で束縛を打ち破れれば、マクロな社会的側面で解放を勝ち取る決定的な第一歩を踏み出すことになる。八〇年代後半に、そうした考え方が文学界でおおいに流行し、いずれも当時流行した多くの議論を支える基本的論理の一つになった。

新たに流入した欧米の理論、とりわけ言語哲学や、記号論や、ナラトロジーの手を借りて、批評家たちは思想的側面における束縛の基本的内容をいち早く定義した。空間や時間や記号の確定性に対する盲信だというのである。だから、そうした盲信に挑戦し、「確定性」を打破し、「不確定性」を鼓吹することが、新鋭批評家が作品を解釈する流行の視点になり、若い文学教師が壇上で熱っぽく語る流行のテーマにもなった。

こうしたことすべてが、逆に作家にも影響を与え、いっそう奔放に読者の読解の習慣を「逆転」させることを促した。それは、既成のものに抑圧されていたインスピレーションを解放した。だがその一方で、しだいに人それぞれの個性を置き去りにしていった。高暁声《カオシャオション》[31]の「農民を代弁するぼやき」にせよ、張承志《チャンチョンジー》[32]の「九つの宮殿」[33]の探索にせよ、さらには白樺ふうの「苦恋」[34]にせよ、みんな馬原《マーユアン》[35]ふうの創作によって片隅に追いやられた。馬原自身も、いつの間にか自分を創作に向わせた当初の感情から遠ざかり、時流が作り上げた「馬原ふう」の作品にどんどんすり寄っていった。

時空の錯綜、プロットの分裂、意味の揺らぎ、言語の「カーニバル」……小説は「不確定性」を生む聖域となり、小説を読むこともいつの間にか、苦しい精神の旅になってしまった。しかし、「不確定性」への憧れも度を超せば、「確定した」現実から遊離することを避けられない。精神の旅もあまりにつらければ、多くの読者が読むのを諦めてしまう。

八〇年代後半、文学は社会からあからさまに冷たく見られはじめた。だが、文学の場で、この冷たさを正視しようとする声は弱かった(5)。多くの作家、それも若い作家が、読者が苦しんで読むことの社会的・政治的意味をあいかわらず信じていた。批評家や編集者や大学教師の多くも、「馬原ふう」の創作を最も「現代」的な文学だと祭り上げていた。

「不確定性」を偏愛するそうした作家たちの鈍感さが分かっていただけるだろうか。芸術の最先端にいて、創造性に富み、政治的にも前衛で、先鋭な挑戦者としての意味があると信じて

31▼ 現代中国の作家（一九二八～九九）。男、江蘇省の人。五〇年代から作家活動を始める。反右派闘争で批判され、農村で労働改造を受けたが、文化大革命後に創作を再開した。一貫して農民の姿を描き続けた。代表作に短篇「陳奐生上城」などがある。

32▼ 現代中国の作家（一九四八～）。男、北京の人、回族。モンゴルの牧畜民を題材にした小説を数多く発表しているほか、回族の歴史研究にも力を注いでいる。代表作に「黒駿馬」などがある。

33▼ 張承志の短編小説の題名。作中に登場する、タクラマカン砂漠の縁に住む村人たちが語り伝える緑の理想郷。砂漠の中にあるという幻の古代遺跡でもある。

34▼ 白樺、彭寧合作の映画シナリオ（初出は『十月』、一九七九年三期）。国民党に追われて渡米し、名をなした画家が、中華人民共和国の誕生後、祖国建設の夢に燃えて帰国するが、文化大革命

いる人間には、どこにも自分を疑う理由などありはしないのだ。

だが、九〇年代の現実は、作家のこうした自信を容赦なく粉砕した。文学が抽象的な「確定／不確定」性に拘泥している間に、現実の生活は大きく変動し、八〇年代後半に社会改革が「縮小」した影響の全貌が、しだいに露わになりはじめた。

敏感さにかけては折り紙つきの作家は、現実の圧力の大きさをすばやく感じ取った。しかし、現実に向き直ったとき、その姿をはっきりと見定めるのは難しいことに気がついた。八〇年代後半に流行した「現代化」の思考経路——例えば「伝統か現代か」、「計画経済か市場経済か」、「専制か民主か」、「確定性か不確定性か」、「集団か個人か」、「社会主義か資本主義か」、「黄色文明か青色文明か」……では混乱した現実に対応できそうになかった。ではどうするのか？

一部にはなかなか勤勉な作家たちもいた。どう理解すればよいかは分からないが、現実生活の印象は強い、ならば取りあえず書きはじめよう、というのだ。冷静さと、ゆとりと、繊細さと、そして微かな諦めと。現実の変動におののきながら、どう判断すればよいかわからない作家にとって、確かなものはおそらくそうした諦めだけだったに違いない。

逆に舞い上がった若い作家たちもいた。若さの激情に任せて、声高に「欲望」を讃え、「精神」を皮肉るのだ。自分を新時代の立役者になぞらえた彼らの中には、本当に実業界に「身を投じる」者もいた。だが、彼らもすぐに、それは錯覚で、現実はそんなに簡単なものではないことに気がついた。少し財布が膨らみ、青春も終わりに近づくと、たちまちいろんなやりきれなさや、とまどいや、うつろな気持ちに包まれるものだ。

もちろん、現実に対する自分の違和感にこだわる作家たちもいた。八〇年代後期に育まれた文学観にもとづいて、彼らはこうした感覚をプルーストや、カフカ、あるいは大胆にもカミュ

などで迫害を受け、ついには死んでしまう悲劇を描く。長春映画製作所で映画化され、反響を呼んだが、八一年に批判を浴びた。

35▼ 現代中国の作家（一九五三〜）。男、遼寧省の人。大学卒業後、八二年から八九年までチベットで暮らし、その経験を題材に、ポストモダニズムを意識した叙述のスタイルを築いた。現在は遼寧省の専業作家。代表作に中篇「岡底斯的誘惑」などがある。

になぞらえようとした。しかし、現実の生活経験が、そうした例えがあまり適切でないことに気づかせてくれた。そこで彼らは首を傾げながら戸を閉めて、目を足下に戻し、小説で「わたし」の物語を語ることに専念するようになった。

この「わたし」には、たくさんの異なる名前がある。だが、どれも作家自身によく似ている。女性作家は、孤独や、自己の身体の発見や、男との戦いや女どうしの密約を描くだろう。男性作家は、女との怪しい関係や、激しいセックスや、虚無感について作り話や回想をするだろう。ディテールはきわめて感覚的に描かれるが、物語全体は抽象的だ。作家たちはこうした方法で社会の大きな変化から距離を保った。そんな彼らが、まだ八〇年代後半の木陰の中で生きているように見えたとしても、決しておかしくはない(6)。

しかし、新たな現実の圧力は日に日に増している。九〇年代半ばになると、農村の窮乏はますます露わになった。そして、多くの都市で、家の扉を開けるたび、作家が目にするのは「リストラ」や「レイオフ」の悲惨な風景ばかりになった。そこで、一部の作家はこうした現実に正面からぶつかり始めた。田舎町の分化や、衝突や、新たな宴会や行き詰まりを描く者もいれば、国営工場内部の紛糾や、憤懣や、新たに生じた行き場のない訴えや、新たな英雄主義を描く者もいた。

しかし、それはいずれも「ぶつかった」だけに過ぎなかった。なぜなら、そのとき依拠したのは、現実の問題に対する単なる感覚や義憤で、深い思慮や洞察ではなかったからだ。現実の渦のとんでもない複雑さや不透明さに比べれば、こうした感覚や義憤の力はあまりにも弱い。たちまち目を眩まされたり蹴散らされたり、さらには取り込まれたり、利用されたりしかねない。

こうしたいわゆる「リアリズムの衝撃」は、九〇年代の終わりに急速に後退した。それは、社会の大きな変化を前に、途方に暮れるばかりでなんの手だてもなく、どこにも寄り所がない――そんな文学の受身の側面を、これ以上ないほどはっきりと明るみに出した。

人間の生活の中で文学がどれだけ大きな役割を担ってきたか、これまでの文学の歴史はわたしたちに繰り返し語っている。この三百年、世界各地の無数の優秀な作家が、それぞれの創作を通じて、愚昧や暗黒と戦い続けてきた。中国の現代文学も例外ではない。

例えば、魯迅の世代の作家が切り開いた「新文学」の伝統は、そのまま現代の中国人の自由や解放を求める困難な闘いの重要な要素になった。今ではすっかり変わってしまったように見えても、文学の魂は依然として息づき、多くの作家の作品の中で力強く躍動している。わたしはそう信じている。

じじつ、九〇年代に入って以来、途方に暮れ、ふらつきながら、また、試行錯誤を繰りかえし、なんとか軌道を修正しながら、文学はつねに本能的にもがき、現実生活の大きな変動に答えようとしてきた。とくに九〇年代半ば以降、文学の河の流れの中で、互いに牽引し合う二つの潮流が、以前にも増して目につくようになった。現在の中国人の生活の現実に回帰しようとする流れと、二十年来の社会の大きな変化に対する踏み込んだ理解を再構築しようとする流れである。

もちろん、「生活の現実」とは、具体的な社会「問題」だけでなく、わたしたちの生のありようの総体を指している。「二十年来の社会」の「大きな変化」も、この二十年間に発生した出来事だけでなく、大きな変化の背後に潜む、歴史的国際的な原因を含んでいる。

したがって、「回帰」や「再構築」といっても、単純に日常生活を記録したり、社会の弊害や現実の「問題」を暴露したりすることではない。むしろ、それは――生活を新たに想像し描写することを通して、現在の中国人の基本的な生のありようを洞察できる美の扉をいくつも開けること。そして、わたしたちの現在や未来や過去について踏み込んで考察できる精神的な回路をいくつも開くこと――なのだ。

中国大陸は各地域の間で、あるいは同じ地域の中でも、きわめて格差が大きい。したがって、現実の生活や社会の変化に対する、各地の作家の受け取り方や想像も、もちろん大きく異なる。

しかし、わたし個人の解釈では、九〇年代末までに、主として新人作家たちに浸透していた、「不確定性」を丹念に構築する「前衛」的な創作の流行は、おおむね消滅した。そして、人を真似るだけで世の中と隔絶した「個人」や、迷宮のような「言語」や「形式」から離れて、より広い現実的な生活経験や文学的想像へ向かおうとする強いうねりが、しだいに多くの創作に見られるようになっている。

言うまでもなく、このような創作は、八〇年代後半から続いてきた、文学理解の絶え間ない縮小や、いっそうの狭まりを中断してくれるはずだ。また、「生活」や「現実」や「政治」や「社会」に、そして「言語」や「形式」や「孤独」や「個人」に、多様な方法で新たな定義を与えてくれるはずだ……。

しかし、それはどれ一つ取ってもきわめて困難なことだ。わたしたちの外にも内にも、あまりにも多くの障害が横たわっている。今や、文学創作には、昔からのさまざまな制限のほかに、多くの新たな制限が加わっている。

情報が爆発的に広がっているように見えても、現実の姿は、王安憶のいう「メジャーな文化」の伝播と膨張をおおいに助長している。だとしたら、それを質そうと思う作家は、ほんとうの意味で多様な情報をどこで手に入れればいいのだろう。

社会生活の分断は、すでにきわめて巧妙になっていて、実際には密接な関係にある人々が、知覚の上では互いに隔てられている。わたしの住んでいる都市でも、収入の階層《レベル》が違えば、衣食住や移動手段をはじめ、ほとんどあらゆる面で、ますます隔たりが大きくなりつつある。そうした情況の下で、書斎の机に向うことに慣れきった作家が、どうやってほかの階層の生活を理解し想像するのだろう。

今日の生活はますます複雑になり、政治と経済と文化の間でも、さらには物質と精神の間でも、日増しに境界が曖昧になりつつある。中国の出来事はもはや中国だけのことではない。もし一つのことにしか興味がもてない性癖だったら、あるいは好きなのは文学や芸術だけで、そのうえ、カフカやボルヘスといった類の作品しか愛読しなかったとしたら、どうして複雑な人生を見通し、多様な魂に触れることができるだろう。

まして、歴史的境遇と現実の境遇がこぞって生み出した、かなり普遍的な現象である、人文意識の薄さや、心の視野の狭さや、知識の構造の旧さ。そして、「市場経済」の「大潮流」が煽り立てる利益欲の膨張や、それがもたらす芸術的情熱の枯渇。これらは周知のことがらで、多くを語るにおよばない。

そうした社会的・精神的・文学的背景の中で、王安憶の変化は、とりわけ重要な意味を示している。王安憶は一貫して人生に善意を抱いてきた作家だ。今まで、彼女が作品の中で罵ったり、怒ったりしている姿をわたしは見たことがない。眉をひそめる表情さえほとんど見ていないように思う。

しかし、そんな穏やかな作家が、今やかなり鮮明に、現在の生活を批判的に解釈し、その帰結として文学創作の新たな使命を悟るようになった。しかも、そうした自分の理解や覚悟を公然と宣言しているだけでなく、創作の中で懸命に実践している。その筆致はあいかわらずゆったりしており、表情も穏やかだ。だがその奥に、これまでにないある種の緊張——わたしはむしろ激しさと呼びたい——が感じ取れるはずだ。

王安憶の創作の、こうした新しい側面は、荒涼とした土地で目を奪う新緑に出会ったような、思わぬ嬉しさを与えてくれる。こうした作家がいなければ、今日の中国は「現代化」や新たなイデオロギーのいく重もの障害と誘惑を乗りこえて、真に多様な内面的体験や芸術的領域を生み出すことなどできはしない。また創作が、狭量なイデオロギー政治を越えて、広く社会的・政治的意味を発揮することも、より本質的な側面で愚昧と暗黒に挑戦することもありはしない。

もちろん、そうした作家は王安憶一人でもなければ、王安憶が最初でもない。しかし、彼女が『富萍』に続いて『上には菱を、下には蓮を』を書いたことは——少なくともわたしのような読者には——現在の文学が、社会生活の大きな変化を見すえて、踏み込んだ反応ができるかどうかについて、決して小さくない自信を与えてくれる。

では、王安憶の創作の変化は、なんらかの目に見えない危険を孕んでいないのだろうか。わたしはやはり孕んでいると思う。『長恨歌』から『上には菱を、下には蓮を』まで、作家は少しずつ懸命に、新たなイデオロギーの下にあるオールド上海から遠ざかってきた。王安憶とオールド上海の物語の間には、明らかにある種の対立と精神的緊張がある。

相手の強大さを感じれば感じるほど、ますます無意識に反対の方向へ傾いてしまうことがある[7]——それと同じように、絶えず新たな芸術的インスピレーションをかき立てていても、いつのまにかインスピレーションが痩せ細っていくおそれはある。

作家が自分と相手の対立を意識しすぎて、ひたすら距離をおこうとすると、それだけで自分の新しい姿勢への内省が失われかねない。そして、ほんらい文学創作が育めるはずの、もっと広がりのある豊かさがそがれかねない。つまるところ、文学がイデオロギーに対抗できるのは、相手には持ちえない豊かさと多様性を備えているからにほかならない。

イデオロギーはいつも抵抗する者を、見通しのよい高台から引きずりおろし、いつの間にか自分のライバルに変えてしまう。つまり対立してはいるが、同じく豊かさに欠ける、事実上の同類項にしてしまうのだ。イデオロギーの問題はそこにある。

『富萍』の梅家橋の生活への熱い賛美の中に、そして『上には菱を、下には蓮を』のあまりにも煩瑣な叙述の中に、豊かさが失われてゆくそうした兆候が見いだせるだろうか。

今日の中国で、大作家になるのは、まさに並大抵のことではない。作家は、さまざまな表層の繁雑さを突き抜けて、背後にある狭量や独断を洞察しなければならない。さらに、それらとの長く苦しい戦いの中で、最後まで自分の鋭さや、落ち着きや、豊かさを保たねばならない。

この十年の文学界や思想界を見ればよい。抵抗するうちに、いつの間にか極端に走り、芸術的なイマジネーションや思想の豊かさや落ち着きが後退してゆく例は、少なくない。王安憶の前に横たわるこうした目に見えない危険は、実をいうと、すべての優れた作家や、芸術家や、思想家の前に横たわっている。

5 おわりに——それでも文学は甦る

しかし、それでもわたしは言おうと思う。少なくとも現在の文学のあらゆる面において、王安憶の最近の小説創作に見られる転換は、きわめて重要である。それが明らかにした「ロマン主義」的な想像や、批判や、創造力。そして、その奥に潜む、創作への目に見えない障害。そのすべてが明らかに、現在の文学や、社会や、精神生活に対する人々の感受性を押し広げている。

そして、王安憶の優れた同業者の筆から、「梅家橋」とも「華舎鎮」とも違う、だが同じように心を打ち、思索に誘われる、そんな人物や物語や光景が、すでに生み出され、あるいはこれか生み出されようとしている。

この数年、現在の生活を支配している勢力について友人と語り、その途方も無い力を列挙されて、「君には止められない」と断言されるたび、わたしの心の中でいつも「そうとも限らないぞ！」と、かたくなな声がわき上がる。

今や、その声はいっそうかたくなになった。最近の王安憶の小説に、また一つそのよりどころを見つけて。

二〇〇二年　上海

【原題】従〝淮海路〟到〝梅家橋〟——従王安憶小説創作的転変談起（『文学評論』二〇〇二年三期）

〔原注〕

（1）九〇年代半ばから、東南沿海地区や大中規模都市を皮切りに、商業広告とマスメディアによって作られた新たなキャラクター。ふつうイメージされるのは、血色のよい、スーツと革靴に身を包んだ、一目で「社長」とわかる中年男性で、豊かな物質生活を基本とする「成功」した人生を表現している。こうしたキャラクターと、その背後にあるイデオロギーが持つ意味の初歩的な分析については、『上海文学』一九九九年第四～六期の「今日の中国における市場イデオロギー」（原題「当下中国的市場意識形態」）をテーマとする一連の文章を参照のこと。

（2）八〇年後半から、東南沿海地区及び大中規模都市を皮切りに発展し始めた「新たなイデオロギー」をどう描写し、分析するかは、現在の思想界のきわめて重要な任務である。取りあえず、さまざまな面に分散し、互いに関連しているが、じゅうぶん呼応してない概念だと言っておこう。その中には、次のようなものが含まれる。〈人間はまず、個人の物質生活の改善を追求すべきだ〉、〈「現代化」は人類共同の理想であり、必然的な道だ〉、〈「世俗化」や「欲望」や物質生活を改善しようという要求こそ、「現代化」の基本的な内容であり、推進力である〉、〈「市場経済改革」は「現代化」の潮流を現しており、この方向が変わらない限り、中国はいち早く西洋の先進国に追いつき、豊かで自由になることができる〉、〈現在の社会の弊害はすべて「現代化」が不充分で、「国際社会」と真に接続していないことに起因しており、個人の収入が二〇〇〇ドルに達しさえすれば、これらの弊害は難なく解消することができる〉、〈「現代化」しさえすれば、すべての人が少なくとも中産階級になれ、自家用車と洋式住宅を持つことができる〉……。しかし、これらの概念は輪郭が曖昧であることに気づくだろう。また、これらは明確な学説によって公認されているわけではなく、ふつうは無数の文章や図像や口頭での表現の中にちりばめられている。

(3) 実際には、気迫のこもった『長恨歌』の第一章から——流行の目から見るのとはまったく異なる「上海」、そして「表面に浮かぶ」きらめく「点と線」の上海ではない、「陰」に隠された「上海」を描こう——そんな作家の思いが、はっきり読み取れる。だが、小説は「ミス上海」を主人公に据え、映画撮影所や、夜会や、四〇年代の「百楽門ダンスホールのはす向かい」の「アイリスマンション」から語られる。だから、読者は「花鳥風月」や「晩年を迎えた美女のため息」を懸命に鼓吹するオールド上海の物語と混同しやすい。

(4) 一九九五年から九九年にかけて、王安憶は『屋根の童話』(原題『屋頂的童話』)と題する、連作の散文を書いた。その大部分はかなり晦渋な書き方になっている。だが、それでも、いわゆる「現代化」に対する歓迎とはほど遠い理解が読み取れる。この連作は『剃度』(南海出版公司、二〇〇〇年)に収録されている。

(5) 八〇年代後半を通じて、多くの作家や批評家が次のような見解を繰り返し述べていた。社会が現代的な状況に入っていくにつれて、さまざまな文化の消費の道がつぎつぎに開かれ、文学の読者数は大幅に減少するだろう。そして、各種社会科学がじゅうぶん発展するにつれて、文学がこれ以上「文学」以外の思想や社会的機能を担う必要がなくなり、社会に「センセーション」を巻きおこすことも難しくなるだろう。

わたしが思うに、こうした言い方は、いわゆる「文学そのもの」(つまり「形式」あるいは単なる「言語」)に当時の文学界が熱中したことに呼応している。同時にそれは、文学界が「現代化」という単眼的な視座の外から、読者の冷淡さを理解するのを妨げることになった。

(6) 中国のように膨大な文学人口を抱える国では、新しい風を起こす少数の作家と、それに追随する多数の作家の間には、かなり歴然とした違いが存在する。九〇年代初めに、最も敏感な作家たちが次々に「馬原」ふうの創作を捨てた時、依然として多くの作家、とりわけ新人作家たちは、引き続き八〇年代後半の流行にそって歩んでいた。このような状況が目に見えるかたちで変化していくのは、ようやく九〇年代半ばになってからのことである。

(7) こうした強大さの例として、九〇年代上海の「懐古ブーム」が、作品の再解釈・再包装によって、いち早く張愛玲を「消化」し、「新たなイデオロギー」によるオールド上海の物語の一部に変えてしまったことが挙げられる。

＊章立ては、読みやすさを考慮して、訳者が分けたものであることをお断りしておきます。

ダイアローグ

大いなる幻影

王暁明「上海はイデオロギーの夢を見るか?」を読んで

細谷　等

いま、僕は上海の街を歩いている。シドニーを思わせるような近代的な都市。一応、文学研究などを生活の糧としているので、魯迅の旧家「魯迅故居」を訪ねる。ここでかの文豪が晩年を過ごしたのか、と思うと感慨深い。あたりは旧日本人街で、そこをあてどなく彷徨うと、軽いデジャヴをともなって、少年時代に見たような風景の数々に出逢う。しばし懐古趣味にひたったあと、「上海動物園」に行く。珍獣も含めた六〇〇種類以上の動物に圧倒され、気づいてみたら予定よりも二時間オーヴァー。お腹も減ったので、「咸亨酒店」で本場の紹興酒を堪能しつつ食事をする。食後の散歩がてら「浦東歴史記念館」の展望バルコニーに登り、上海の街を一望する。ホテルに戻り一息ついたあと、「上海大劇院」で京劇を鑑賞。劇場を出たのが十時半。「丁香花園中粤軒」というガーデン・レストランで本場上海料理を食す。明日は「古北新区」あたりを探検してみようか、……。もう止めよう。だって、僕は上海など一度も行ったことがないのだから(出典は、総て「ウォーカー的上海街歩きガイド」というサイトからのものだ)。

ブラウジングしながら簡単に紡げてしまうネット上のパッチワーク、個室のなかでも手軽に楽しめる擬似体験ツアー。王暁明が王安憶の小説『富坪』に激しく共感しつつ、突き崩したかったのは、まさにこうしたヴァーチャルな「上海」にほかならない。それは、この論文にいみじくも付けられた邦題、「上海はイデオロギーの夢を見るか?」に示唆されるとおりだ。二人の王にとって現在の「上海」は、『アンドロイドは電気羊の夢を見るか』でP・K・ディックが描き出した世界、あるいは『ブレードランナー』でリドリー・スコットが現出させた空間、つまり巨大なレプリカント都市なのである。

「わたしたちと本物の世界——「上海」——を隔てている流行の「殻」を突き破ること」。王暁明はそれが文学によっていかに可能か、ということを模索する。疲弊した現代中国文学のなかで、『富坪』に大いなる期待をかけながら。

しかし、ポスト構造主義を通過してきた僕たちには、「殻」の向こうに「本物」があるという論者の信念をにわかには受け入れられない。王暁明はいう、イデオロギーは「その筆にこっそり特別な文法」を注ぎ込む、と。文学が「本物の人生への扉を開いてくれる」と書くとき、王の筆も何か「特別な文法」によって動かされてはいないだろうか。それは、社会主義リアリズムを唯一「本物の表象」(撞着語法だ)とした、かつての共産主義イデオロギーの感性と通底しあうものがないだろうか。

『甲殻機動隊』のゴースト・シェルさながら、「殻」のなかには魂のような何か本質的なものがあるのかもしれない。しかし、それは形のない何か、言い表せない何か、意識化しようと思えばかならずや分節化・形象化・「殻化」せざるをえない何かであろう。あるいは、『上海から来た女』の鏡の間のシーンのように、オールド上海のようにけばけばしく飾り立てたリタ・ヘイワース扮する悪女《ファム・ファタール》の幻影を撃ったあとには、何の意味もない剝き出しのベニヤ板しか残らないのかもしれない。したがって、「上海言説」というネット・ワークが可能にした擬似現実「オールド上海」と同じ意味で、王暁明が『富坪』に見い出した「本物の上海」もまたひとつの言説の効果であり、その関係性のなかでしか機能しえないものではないか。

しかし、王暁明は「本物」の所在を素朴に信じるような、出来損ないの後期ルカーチ主義者ではない。王安憶と同じように、彼もまた「必ず二つの面を一緒に語る」。王安憶がヴァーチャルなオールド上海を拒否して、歴史的無意識の彼方に抑圧されたスラム街「梅家橋」について語るとき、王暁明は作者の「無邪気」さ、「叙述の偏り」を見逃さない。彼は作者に問いかける。「なぜ、多様な描写から単一な描写へ、厚みのある描写から薄っぺらな描写へと、簡単に移ったのだろう。」また、王安憶の細部へのこだわりをイデオロギーの簡略化に対抗する「最も破壊力がある」武器として賞賛しつつ、作者が「ロマン主義」に流れていることを警告する。

事実、王暁明による『富坪』の解説を読むかぎり、「梅家橋」は抑圧されるべきような無気味な過去ではなく、「温かな出来事ばかり」のユートピアとして描かれている。その眼差しは、「オールド上海の暗い歴史」を忌避し、「過去の繁栄」だけを求める眼差し、すなわち二人の王が批判して止まないヴァーチャルな眼差しと何ら変わるところがないといえよう。そして、それこそが、王暁明が王安憶の作品なかに嗅ぎつけた陥穽、「なんらかの目に見えない危険」なのである。

イデオロギーの問題も同じだ。イデオロギーはいつも抵抗する者を、見通しのよい高台から引きずりおろし、いつの間にか自分のライバルに変えてしまう。つまり対立してはいるが、同じく豊かさに欠ける、事実上の同類にしてしまうのだ。

「梅家橋」に表象される上海もまた、懐かしい風景の一コマとして、懐古趣味というブランドを貼り付けられた商品として、資本主義のなかに吸収され、消費されていくのではないか。そうした不吉な不安を抱きつつも、それでも王暁明は文学の力を信じる。

しかし、文学の力とは、本当に「本物の人生」を描き出すことだけにあるのだろうか。あるいは、現実から遊離したヴァーチャルなものが、かならずしも悪いものなのだろうか。少し論点がずれるかもしれないが、例えば、感傷文学の極みといわれたハリエット・ビーチャー・ストウの『アンクル・トムの小屋』を考えてみよう。南部の現実を描き出すどころか、お涙頂戴のプロットでコーティングされた作品であるにもかかわらず、それでもそれは現実に南北戦争を、ひいては奴隷解放を引き起こした（ジェイン・P・トムキンズ、「感傷の力」）。また、マルクスの『資本論』を取り上げてもよい。労働者の自覚を促し、（その成果は別にして）革命を現実化させたのは、その理論的な部分ではなく、むしろグラン・ギニョールさながらの搾取をめぐる恐怖物語ではなかったのか。現実を変える力は、かならずしも現実を写し取る力とは直結しないのだ。

『ブレード・ランナー』では、人間のコピーであるレプリカントのほうが、より「人間らしい」。ヴァーチャルなもののほうがリアルさをもってしまう世界、というかリアル／ヴァーチャルといった二項対立をもはや無効にしてしまう世界。もし上海が（現在の東京と同じく）こうしたロジックのなかにしか存在しえないのならば、なぜ同じ論理を使って現実を変えようとしないのか。ヴァーチャルに対抗するにはヴァーチャルしかない。とりあえず、まずすべきことは、「本物」という大いなる幻影《ヴァーチャル》の殻を打ち破ることではないだろうか。

中国人の書いた香港文学史

王宏志（千野拓政 訳）

1 突如現れた香港文学史

二十世紀の九〇年代まで、香港文学には「歴史」がなかった。その理由は簡単である。長い間、多くの人が香港には文学などないと思ってきた。だからその歴史などあるはずがないのだ。早くも二〇年代にこう断言した人がいる。「香港は商業の地で、語るべき文化などない」。（友生「香港小記」『香港的憂鬱──文人筆下的香港（一九二五─一九四一）』所収、華風書局、一九八三年）したがって、そこには遊興街しかなく、都市《まち》はどこもかしこも繁華だが腐敗している、というわけである。

同様に、イギリスが植民統治していたことも、香港が自前の文学を建設できなかった原因だと、多くの人が考えている。代表的な見方は次のようなものだ。

ここにあるのは植民地の文化だ。若者はきわめて流暢な英語を話すが、もう少し高尚な学問には決して接近できない。低級にして卑俗。外見はすべてモダンを指向しているが、中身は原始的で、保守的だ。

（錫金「香港聞眼」『香港的憂鬱——文人筆下的香港（一九二五—一九四一）』所収、華風書局、一九八三年）

だから、香港はこれまでずっと「文化砂漠」というレッテルを背負い続けてきた。香港で文化を議論するのは、「コンクリートの島に木を植えようとがんばるようなものだ」と考える者さえいた。（黄維梁「香港絶非文化砂漠（代序）」『香港文学初探』所収、華漢文化事業出版公司、一九八五年）広義の文化すらないのに、どうして文学があり得るだろう。そして、香港文学がないのに、どうして香港文学史があり得るだろう。

しかし、八〇年代半ばから、突如「香港文学」なるものが登場し、しかもわずか数年のうちに、最初の香港文学史まで出現した。ここでとりあえず、その簡単なアウトラインを見ておこう。

1．謝常青《シエ・チャンチン》『香港新文学簡史』（広州、暨南大学出版社、一九九〇年）
2．潘亜暾《パン・イアトン》・汪義生《ワン・イーション》『香港文学概観』（廈門、鷺江出版社、一九九三年）
3．王剣叢《ワン・チエンツォン》『香港文学史』（南昌、百花洲文芸出版社、一九九五年）
4．王剣叢『二十世紀香港文学』（済南、山東教育出版社、一九九六年）

この四つの著作は「文学史」と銘打たれているものばかりではないが、いずれも香港文学のために歴史を打ち立てようという意図が見られる。強調しておかなければならないのは、この

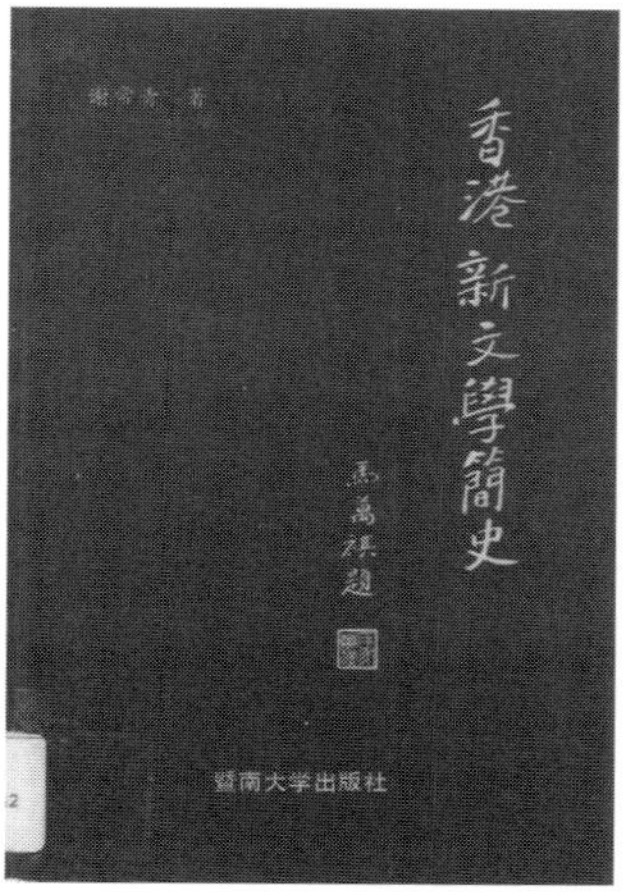

謝常青『香港新文学簡史』

王剣叢『香港文学史』

王剣叢『二十一世紀香港文学』

四つの香港文学史がすべて中国大陸で出版されていることだ。著者の三人はいずれも中国大陸の大学の研究者で、しかも、香港から目と鼻の先の広州で教鞭を執っている。隣近所からの観察といってもよい。

これは興味深い現象である。これまでずっと香港に文学はないと言われてきたにもかかわらず、突如何種類もの香港文学史が現れたのだ。これら大陸で出版された香港文学史には、大冊も含まれている。例えば、『香港文学概観』は五四万七千字、『香港文学史』も三一万字である。これらの著作は、香港文学の発展を論じるに当たって、二〇世紀の二〇年代半ばから始めたり、さらに遡って一八五三年から始めたりする。まるで――香港文学のルーツが突然大陸の研究者によって発掘され、それが瞬く間に大きく育って枝葉が茂り、分厚い文学史を書かなくてはならなくなった――そんな気持ちにさせられる。

では、香港側の状況はどうか？

ほとんど周知のことだが、香港で最も早くから真摯に香港文学を研究してきたのは、ペンネーム小思《シャオスー》の盧瑋鑾《ルー・ウェイルアン》である。七〇年代後半から、彼女は一貫して積極的に香港文学に関する資料を収集してきた。一九八一年には、論文「中国作家の香港における文学活動」で香港大学中文系の修士号を取得し、その後も着々と研究を続けて、香港文学をテーマにした編著書を何冊も出している。

しかし、「香港文学を批評した最初の書物」といえば、一九八五年に出版された黄維梁《ホアン・ウェイリャン》の『香港文学初探』になる。彼はその十一年後にも『香港文学再探』を出版している。ほかにも、也斯《イエスー》（梁秉鈞《リャン・ビンチュン》）、黄康顕《ホアン・カンシエン》が九十年代に単行本を出しており、劉以鬯《リウ・イーチャン》、鄭樹森《ヂョン・シューセン》、黄継持《ホアン・ジーチー》、陳炳良《チェン・ビンリャン》、陳清僑《チェン・チンチャオ》らもかなりの分量の論文をつぎつぎに書いている。また、羅孚《ルオフー》にも香港作家についての著作がある。

もちろん七〇年代後半以降に、大陸から香港へ「移民」してきた作家も、後を追って香港文学をテーマにした書物を何種類も出している。

さらに注目すべきなのは、最近青文書屋から出版された「文化視野叢書」と『香港文学書目』、そして陳清僑の「香港文化研究計画」に入れられたいくつかの著作である。

もう一つ指摘しておかなければならないのは、これら香港文学研究者の多くが、積極的に香港の文学活動に関わっていることだ。小思、也斯、劉以鬯、黃維梁らは文学創作に従事しており、鄭樹森、黃継持らも文学団体を作り出版に携わったことがある。

しかし、この十年（正確に言えば九〇年代以降）、香港文学を研究する香港の研究者がますます増えているにもかかわらず、「香港文学史」を書こうとする「香港人」は一人もいない。黃継持が言うように「専門家がいちばんこのテーマで書く資格があると考えている」のは盧瑋鑾だが、彼女は「『歴史』を書くことを仕事の目標にはしていない」と強調している。黃維梁の『初探』や『再探』は論文集で、香港文学史ではない。也斯や黃康顕も同様で、基本的に香港文学史を書こうという意図は持っていない。

では、なぜ中国大陸では、わずか数年のうちに何種類もの「香港文学史」が一気に出版されたのだろう。

ただ、中国大陸で出版されたこれらの香港文学史を論じるといっても、われわれには史料や評価の細部に踏み込む能力も、ある種の香港文学史発展の見取り図を提示する能力もない(1)。何人かの著者が採用した執筆上の策略——結局彼らはどのように香港文学の発展を記述しているのか。どんな基準で作家や作品を評価しているのか。そうした記述スタイルや基準を採用した原因や動機はなにか。そのスタイルや基準や動機は香港の論者とどこが同じでどこが違うのか——について分析できるに過ぎない。

こうした検討をとおして、大陸で出版されたこれら著作の特徴を見つけ出せれば幸いである。

2 文学史と「国家と叙述」

中国大陸では、現代文学に関する叙述や、教育や、史書の編纂が政治的に重要な任務と意味を担っている。理由は、それらが政権の建設と密接に関係していることにある。いわゆる「国家と叙述」(nation and narration) の問題である。

現代中国文学の発展の歴史は、結成から建国に到る中国共産党の歴史と並行していると言ってもよい。陳独秀《チェン・ドゥーシウ》[1]、瞿秋白《チュー・チウバイ》[2]、茅盾《マオドゥン》[3]、丁玲《ティンリン》[4]、郭沫若《クオ・モールオ》[5]など、党や国家の建設に参画した多くの人物は、同時に現代文学に関わり、重要な影響を及ぼしてきた。現代文学は左翼作家が党や国家の建設に貢献する手段でもあった。

こうした状況の下では、現代文学と政治は切っても切れない関係にある。それを考えれば、建国後、共産党が、直接その政権の建設に影響を与えた歴史の記述を厳しく掌握するようになったのも当然なのだ。

だから、一九四九年以降、大陸で出版された現代文学史は、多くの場合、現代政治史の叙述を下敷きにし、多くの紙幅を割いて、社会思潮や政治事件など文学以外の現象を検討してきた。また、作家や作品の評価も、主に彼らの「革命」事業に対する貢献を基準にしてきた。

その結果、政治的色合いの薄い作家や政治的観点が共産党と合わない作家の多くが、一貫して現代文学史から排除されることになった。そして、政治思想が「正しい」だけで、かなり芸術性の低い作品や大衆歌謡にまで、多くの紙幅と叙述が割かれた。こうして、文学史は往々に

1▼ 陳独秀（一八七九～一九四二）啓蒙思想家、政治家。一九一七年、上海で『青年雑誌』（のち『新青年』）を創刊、新文化運動の旗手となる。特に「文学革命論」は文学革命に大きな影響を与えた。中国共産党の創建にも貢献し、一九二一年～二八年まで、総書記など指導的地位にあった。

2▼ 瞿秋白（一八九九～一九三五）文芸評論家、政治家。『晨報』の特派員としてモスクワへ派遣、新生ソ連の姿を伝える。一九二八年から三〇年まで中国共産党総書記。三〇年代には、マルクス主義文芸理論家として、数々の論争で論陣を張り、魯迅の信頼も厚かった。三五年国民党に逮捕、銃殺された。

3▼ 茅盾（一八九六～一九八一）中国を代表する小説家、評論家。共産党員。『子夜』などの長編小説がある。リアリズムの立場からの評論、神話研究も活発に行い、新中国成立後は、文化部長（文部大臣に当たる）、作家協会主席などを歴任した。

して社会史や思想闘争史になり、政治史とさほど変わらなくなった。

同じく重要なもう一つの要素は、文学史と教育の連携である。これも先に見た「国家と叙述」と密接な関係がある。教育とは集団の意識を伝達することであり、現実にそうした意識を強固にする最も有効な道具であることも、われわれは知っている。

党や国家の建設に直接に影響を与えた現代文学史の叙述を作り上げたあと、残っているのはその叙述を強固にし、伝達することだ。そして、その最も効果的な方法が、教育を利用することなのだ。

その結果、一九五〇年五月、つまり中華人民共和国建国後わずか半年の時期に、共産党中央教育部は全国高等教育会議を開催して、「高等教育機関文学部・法学部各学科教育課程草案」（原文「高等学校文法両学院各系課程草案」）を採択した。その中で、現代文学史は中国語中国文学科の重要な必修科目とされた。それとともに、文学史の著作の編纂も政治的な活動へと変貌し、教育部の官僚の管轄範囲に組み込まれて、学術界で個々の研究者が行う著作活動ではなくなった。

例えば、一九四九年以降に現れた最初の現代文学史・王瑤の『中国新文学史稿』は、上巻が出版された直後、国家出版総署で座談会が行われ、全面的に批判された。これを皮切りに文学史の編纂に対する政治の干渉が始まり、後には教育部が大勢の研究者を動員して文学史を編纂するまでになった。

こうして、中国大陸では、決められた現代文学史の内容が公式に教育の中に組み込まれた。つまり、政府公認の歴史記述が構築され、さらにそれが教育部の統制を受け、大学教育をとおして次の世代へと伝えられたのだ。こうした状況の中で、現代文学史は政治教育の道具に変貌し、文学史の著作も教科書へと変貌した。

4▼ 丁玲（一九〇四～八六）中国を代表する女性作家の一人。共産党員。新中国成立後は作家協会副主席などを歴任。五七年に批判され、七九年名誉を回復した。

5▼ 郭沫若（一八九二～一九七八）中国を代表する作家、歴史学者。共産党員。詩集『女神』や『屈原』などの歴史劇の創作のほか、「革命文学」を提唱し、多数の評論を執筆、中国古代史の研究にも足跡を残した。国共合作時期から抗日戦争期にかけて、文化宣伝活動でも活躍した。新中国成立後は中国文学芸術界連合会主席などを歴任した。

このような文学史の理念は、中国大陸の多くの研究者を縛り続けてきた。まず研究者が文学史の編纂をしたがるようになり、次には政治的な機能から文学史の発展が構想されるようになった。それは香港文学史の執筆にも影響をおよぼしている。

一つ目の点についていえば、わずか数年の間に何種類もの大部な文学史が香港にもたらされた。例えば、八〇年代半ばに「香港文学に足を踏み入れた」ばかりの謝常青が、一九九〇年に早くも『香港新文学簡史』を出版し、王剣叢の大冊『香港文学史』も三年かからずに書き上げられた。もちろん、これらの研究者が勤勉で、人一倍健筆だったためでもあるだろうが、同時に彼らが文学史の編纂に積極的だったことを物語っている。

二つ目の点――政治的効果――についていえば、問題はより複雑である。すべての香港文学史がそれによって根本的に縛られていると言ってもよい。そこで、われわれは政治的な要素を切り口に、先の四種類の香港文学史をいくつかの側面から検討することにしよう。

まず、これまで何度も触れてきた問題に立ち戻ろう。なぜ、これまで一貫して軽視され蔑視されてきた香港文学が、八〇年代半ばから中国大陸で重視され、数年のうちに文学史が四種類も出版されるようになったのか。

その最も重要な要因は経済と政治の面からの影響で、香港文学そのものとは関係がない。――そもそも、香港文学は八〇年代初めに驚くような発展や成果を見せていない。

経済的な面についていえば、周知のとおり、「文化大革命」終結後、中国大陸では改革開放政策が実施され、「中国的特色」を備えた社会主義の道を歩むことになった。こうした新たな情勢の下、香港の経済的成果はもはや帝国主義・資本主義の生み出した害毒ではなくなった。それどころか、ほとんど一夜のうちに、香港は模倣し学習すべき対象となった。

これまで「文化砂漠」と見なされてきた植民地は、いわゆる「文化的にメジャー」な存在になった。特に大衆文化の面ではそうだった。流行歌、テレビ、映画、広告から、衣、食、住、乗り物、グルメ、飲酒、娯楽、レジャーまで、すべての面で中国全土に影響がおよび、「香港スタイル」と付け加えるだけで販路は保証された。

だから、深圳や、広州や、上海や、北京でも、あるいはもっとへんぴなところでも、餐館《レストラン》、飯店《ホテル》、商舗《ショップ》、房地産《ふどうさん》など、香港人の耳になじんだ言葉に出会うことができる。文学でも、香港でほとんど名を知られていない作家が、大陸でおおいに人気を博し、しかもどの作品にも必ず香港の作家だと注記してある。これは経済の力が生み出した文化的メジャーにほかならない。香港文学もそれに乗じて注目を浴びた。

政治の面では、一九九七年の香港の中国復帰が、中国大陸で「香港ブーム」が起こる最も重要な要因だった。

一九八二年、イギリスのサッチャー首相が中国を訪問し、香港の問題について中国の指導者と会談した。八三年七月には、両国政府の代表団が公式に会談を開始。八四年九月二六日、双方の代表団団長が香港問題に関する「共同声明」および三つの付則に仮調印。そして、一九九七年七月一日、中国政府が香港の主権を回復し、「一国二制度」の構想にもとづいて香港統治の方針を定めることを宣言した。

金の卵を産むといわれた植民地が、まもなく祖国の懐に帰ることになったおかげで、多くの人が香港についてもう少し知りたいと考えるようになった。八〇年代から中国大陸の多くの大学がつぎつぎに香港研究室を立ち上げ、香港に関する大量の論著を世に送り出した。その中には『香港辞典』『香港百科全書』の出版も含まれていた。このときの香港研究ブームは、香港自身と直接関係があったのではなく、その本土復帰と密接に結びついていた。例えば、『香港辞典』の編者・鄭定欧は次のように述べている。

近い将来、つまり一九九七年七月一日に、香港は祖国に復帰し、「一国二制度」と「香港人による香港統治」が実施される。だから、香港を理解し、研究することが現在ますます必要な急務となっている。

(『香港辞典』「編者説明」、北京語言学院出版社、一九九六年)

同じ心理から、香港文学もこの十数年ないし二十年の間注目を浴び、これまでにない持ち上げられ方をした。王剣叢は自分が香港文学史を書くことと一九九七年の復帰を、はっきり結びつけている。『二十世紀香港文学』の後記で、彼は次のように香港文学史を書く目的を説明している。

香港は一九九七年七月一日に祖国の懐に帰る。現在、北京の天安門広場と、香港のいくつかの会社の入り口にカウントダウンの時計が掛けられ、心躍る瞬間がますます近づいている。香港は発達した資本主義商業経済の大都市であり、政治・経済・法律・教育・文化・文学なども含め、真摯に研究する価値がある。本書はもちろん香港文学について何か研究したと言うほどのものではないが、この百年間の香港文学の発展の道筋と作家・作品の状況について、いくらか検討し、紹介したいと思う。

曽敏之《ツォン・ミンヂー》は、潘亜暾・汪義生『香港文学概観』の序で、次のように述べている。

香港は、祖国に帰る過渡期にある。正確に香港を認識することは現在の急務となっている。文学は社会を反映し表現する。香港文学は過去も現在も、香港を反映し表現する働きを持っている。だから『香港文学概観』はドアを開けるカギのように、香港に対する認識を啓発し、香港と祖国の意思疎通を手助けしてくれるはずだ。

中国大陸における第一回「台湾香港文学学術討論会」は一九八二年、六月一〇日から一六日まで、広州の暨南大学で行われた。提出された香港文学の論文は多くなかったが、第一歩は踏み出された。さらに多くの討論会の開催や、研究室の開設、専論の発表が続き、香港文学の課程を置く大学も現れた。助手の研修クラスで香港文学を教えたところもある。これらはすべて、中国とイギリスの交渉が始まり、香港返還が議論されるようになってから相次いで現れたものだ。

さらに重要なのは、先に触れた「国家と叙述」の問題である。イギリス植民地としての香港の歴史がまもなく終わり、新時代——祖国の一部となる時代——が始まろうとしている以上、そのための歴史叙述を構築して、中国全体の国家叙述に組み込み、適合させる必要があるのだ。先に挙げた中国大陸における大量の香港研究計画やその成果は、みなその一部にほかならない。文学史を歴史叙述の一部と見なすことも、もちろん例外ではない。

現在目にする中国大陸の研究者が書いた香港文学史には、強調されているきわめて重要なことが二つある。一つは、香港文学がイギリス植民地統治下で被った負の状況であり、もう一つは香港文学と中国現代文学の関係である。そこから導かれるのは、香港文学と現代中国の政治との関係である。中国大陸の研究者が香港文学史を書くことと、香港および中国の叙述を作ることのきわめて密接な関係が分かるはずだ。

かつて『華商報』副総編集長だった杜埃《トウー・アイ》が、謝常青の文学史に寄せた序は、それをはっきり物語っている。

中国人が自分の歴史を知らなければ、過去を大切にすることはできない。一九九七年を迎えようとしている香港の読者や、国内の多くの若い同胞にとって、自分たちの歴史を知ることは、よりいっそう愛国主義の感情を呼び起こす。謝常青同志の『簡史』はたいへん意味のある、必要不可欠なものだと思う。(『香港新文学簡史』)

つまり、香港文学史と中国の歴史を結びつけようというのだ。まして「愛国主義の感情を呼び起こす」ことは、「国家と叙述」の中心思想である。彼の功利主義はきわめてはっきりしている。

では、どうしたら文学史を通じて人々に愛国主義の感情を呼び起こせるのか？　先に見た大陸で出版された何種類かの香港文学史は、例外なく香港文学と中国文学の血縁関係を強調している。

香港文学は現在の中国文学に重要な位置を占めている。(王剣叢『二十世紀香港文学』)

萌芽期から一九四九年までの香港現代文学は、中国現代文学の重要な構成要素である。(謝常青『香港新文学簡史』)

香港文学は中国文学の流れにおける、欠かすことのできない一支流である。(潘亜暾・汪義生『香港文学概観』)

香港は中国の領土の一部である。香港文学も中国文学全体の一部分であることは、疑いがない。

（王剣叢『香港文学史』）

香港文学の発展を検討する際、これらは二十世紀の二〇年代後半をその発生の時期とし、中でも一九二八年八月の文学雑誌『伴侶』の創刊を里程標にする。これは確かに香港の文学事象だ。しかし、より多くの箇所で目につくのは、中国大陸からの影響の強調である。

例えば、一九二七年二月の魯迅《ルーシュン》の香港での公演が香港文学の発展に大きな影響を持った（謝常青『香港新文学簡史』）、と見なす者もいる。「魯迅の講演は、香港の若者に熱烈な反響を引き起こした」（潘亜暾・汪義生『香港文学概観』）とか、「魯迅の講演は香港中に伝えられ、香港の若者にきわめて大きな反響を呼んだ」（謝常青『香港新文学簡史』）と言う者もいる。しかし、これは大げさな話である。なぜなら、魯迅自身も香港では閉じ込められていたと言っているからだ。それによれば、講演の入場券は没収され、講演稿も発表が許されず、最後には大幅な「削除と改ざん」を受けたという。（魯迅「略談香港」、『華蓋集続編』所収）

さらに特筆大書されているのは、三〇年代半ばから大量に流れ込んだ中国作家の香港文学に対する影響である。

一九三七年の盧溝橋事件後、中国の全面的な抗戦が始まり、多くの中国作家が南下して、香港の文壇はにわかに活況を呈した。ある者は雑誌を編集・出版し（茅盾の『文芸陣地』、端木蕻良《トウアンムーホンリャン》6▼の『時代文学』など）、ある者は新聞の文芸欄を担当し（茅盾の『立報』文芸欄「言林」、戴望舒《タイ・ワンシュー》7▼の『星島日報』文芸欄「星座」など）、そのかたわら創作の発表を続け、多くの活動を行った。盧瑋鑾の統計によれば、三〇年代半ばから四〇年代末まで、あわせて二〇〇名を越える大陸の文化人が香港を訪れている。

このような状況を受けて、大陸で出版された香港文学史のいくつかは多くの紙幅を割いて、

6▼
端木蕻良（一九一二〜九六）作家。遼寧省出身。四〇〜四二年、香港で『時代文学』の編集に従事した。

7▼
戴望舒（一九〇五〜一九五〇）詩人。浙江省出身。三七年〜四二年、香港に滞在した。四二年日本軍に逮捕・投獄される。四五年出獄したが、五〇年に北京で病没。

こうした作家の香港文学への貢献を強く賞賛する。潘亜暾は、南下した作家によって「香港現代文学の陣営に大きな主力部隊が生まれ」、全国にその名がとどろいて、「香港に最初の高揚期が訪れた」（『香港文学概観』）と述べる。謝常青は、この時期大陸の文学が香港に流れ込み、「萌芽期にあった香港文学に影響を与え、その発展を促した」、「香港の文壇に空前の局面が現れ、抗戦初期に香港現代文学の高まりが訪れた」と指摘する。（『香港新文学簡史』）また、王剣叢も、大陸から押し寄せた作家が「開拓期の香港現代文学に一定の方向への発展をもたらした」（『香港文学史』）と述べる。

二〇〇名を越える大陸からの作家がこの時期香港で多くの仕事をしたことは嘘ではないし、それによって香港の文学界全体に活気がもたらされたことも確かである。しかし、彼らの仕事や活動がほんとうに香港文学を発展させることができ、それゆえ、どの香港文学史でも多くの紙幅を占める意味があるかどうかは、よく検討してみる必要がある。

言うまでもなく、大陸からの作家の動きはきわめて活発で、その香港での活動が一部の香港作家にポジティブな影響を与えたのは確かである。例えば、侶倫《リュールン》の「貧民窟」[8]（原題「窮巷」）や黄谷柳《ホアン・クーリウ》の「蝦球《シアチウ》伝」[9]（原題同じ）は夏衍《シアイエン》[10]が編集していた『華商報』の文芸欄に連載されたものだ。

しかし、こうした人々のそれ以外の活動と比較したとき、香港の作家への援助はごく限られた部分に過ぎず、語るにおよばないと言ってよいものでしかない。実際、彼らが南下したのは香港文学の発展のためではなかった。彼らの香港滞在にきわめてはっきりした目的があったことは疑う余地がないが、それは香港とは関係がなかったし、文学とさえ深い関係はなかった。

そもそも、こうした文化人はなぜ香港に大挙して南下したのだろう。もちろん政治的な必要からである。大陸で抗戦が始まり、多くの地域が陥落すると、彼らはそれまでの文学界での足

8▼ 侶倫（一九一一〜）香港の作家。「窮巷」は四八年作の短編小説。

9▼ 黄谷柳（一九〇八〜七七）作家。香港生まれ。四二年、日本軍の香港占領とともに広東へ移る。四五年香港に戻り、新聞記者をしながら長篇小説「蝦球伝」（四七〜八年）を執筆。四九年に再び広東へ移り、解放軍の記者を務めた。

10▼ 夏衍（一九〇〇〜九五）劇作家。左翼演劇・映画活動の中心的存在。新中国成立後は、中国文学芸術界連合会副主席、中国電影家協会主席、中日友好協会会長などを歴任した。

場を失い、身の置き所さえなくなった。そこで、このイギリス帝国主義者の統治と保護を受けている植民地を思い出したのである。彼らが香港に来たのは、三〇年代に上海の左翼作家の一部が、国民党政府の逮捕から逃れるため租界に隠れたのと同じなのだ。

わたしたちは大陸の文化人が描いた香港を読んで、そのほとんどが香港に愛情など抱いていないことをよく知っている。彼らは香港の文化を嘲り罵るだけで、「身は曹操の陣にあれども心は蜀漢にあり」[11▼]という心境以外のなにものでもなかった。香港の文学事業を前進させようとする理由などどこにもありはしない。

そして、香港に来た後も、彼らの活動のほとんどは香港と直接関係がなかった。それは、いくつかの面から考えることができる。

彼らが文学・文化活動を行った動機から述べることにしよう。香港に逃れてきた文学者や文化人が文学・文化活動を行ったのは、主にもといた地域での文学・文化活動を続けるためだった。例えば、『申報』『立報』『大公報』など、彼らが編集していた新聞や雑誌の多くが、大陸の被占領地区から移転して復刊した。

それだけではない。彼らがこれらの新聞や雑誌を復刊したのは、香港の文化事業を繁栄させるためではなく、「抗日救国」という政治目的のためだった。南下してきた文化人たちが何の留保もつけずにそう認めている。つまり、たとえ彼らがほんとうに香港に新たな文化の中心を築こうとしたとしても、その目は香港を向いていなかったわけである。

了了（薩空了）は「新たな文化の中心の建設」（原題「建立新文化中心」）という文章の中で、香港には上海以上に輝く文化の中心を築ける可能性がある、と述べているが、その末尾は次のとおりである。

11▼ ことわざ。身体はここにあっても、心は別のところにあることを言う。三国志演義で、関羽が一時やむなく曹操に身を寄せたとき、依然として主君の劉備に忠誠を心に誓っていた故事にもとづく。

祖国のため、香港のすべての同胞はいち早く立ち上がって、この新たな文化的中心の建設に努力しようではないか！（『立報』一九三八年四月二日、第四面）

重点は「祖国のため」にある。謝常青の『香港新文学簡史』の序を書いた杜埃は、さらに次のように述べている。当時、中国の大部分が被占領地区だったため、国内からの情報は遮断され、海外の同胞は香港をとおして必要な情報を得ていた。したがって「香港の抗戦文学およびその他の文芸ジャンルの歴史的重要性は、香港・マカオの社会に見られるだけではない。もっと特筆大書すべきは、その東南アジア、オセアニアの華僑新聞や華僑団や多くの華僑に必ず抗戦に勝利するという信念を発信したことにある」。（『香港新文学簡史』）

もちろん、全国が抗日で一致団結しているとき、香港がその特殊な政治環境によって基地と見なされることも、各地から来た作家や文化人を団結させ受け入れて、ともに反日宣伝活動を行うことも、何ら問題はない。しかし、だからといって、そうした人々が香港文学の発展に貢献したとは言えない。それは彼らが最初から目指したことではなかった。かれらは抗戦のために貢献しようとしていたのだ。

したがって、多くの作家や文化人は短い期間しか香港に滞在せず、ともすれば通過しているだけだ。香港に滞在する期間が少し長い者も、香港が陥落するとすぐに立ち去っている。香港が抗日の基地としての機能を失ったからである。

動機のほか、彼らの活動もそうだ。香港に押し寄せたのが抗戦のためであった以上、当然彼らの活動もおもに抗戦と関わるものだった。

茅盾が編集していた『文芸陣地』を例に挙げれば、「抗日戦争期に香港で出版された、もっとも歴史が長く、広がりもあり、影響が強かった全国的な文芸雑誌の一つ」だと言われているが、「創刊の辞」には、この雑誌が「徹底的に抗戦を擁護し、抗日統一戦線を強固にするため」のものであることがはっきり述べられている。

　また、南下してきた文化人はこの時期香港で数多くの組織を作ったが、そのすべてが抗日団体であり、最も重要なのは「中華全国文芸界抗敵協会香港分会」（略称「香港文協」または「文協香港分会」）だった。

　そのほか、こうした抗戦と直接関係のない活動も、香港文学と関係を持つことはできなかった。例えば、この時期香港では「大衆化問題」や「民族形式問題」などの討論や論争が見られたが、それはすべて、中国共産党が三〇年代以来討論を続けてきた課題だった。盧瑋鑾が指摘しているように「香港の左翼文芸界の活動は、すべて共産党中央が推し進めた文芸路線に沿って行われていた」。（『香港文縦』、華漢文化事業出版公司、一八九七年）

　それ以上に重要なのは南下してきた作家たちが香港で書いた作品である。多くの中国作家が香港滞在中に重要な文学作品を創作したことは否定できない。香港で亡くなった蕭紅[12]を例に挙げれば、『呼蘭河伝』『馬伯楽』という優れた二つの作品を創作しており、その香港における日々は、「生涯の創作歴の中でもっとも重要な段階であり」、「もっとも輝きに満ちた最後の光を放っていた」。（盧瑋鑾「十里山花寂寞紅——蕭紅在香港」、『香港文縦』所収）ほかにも、茅盾の『腐蝕』[13]、郭沫若の『洪波曲』[14]、司馬文森の『南洋陶金記』[15]、および戴望舒の詩集『災厄の歳月』の中の「獄中題壁」「傷ついた手で」「元日祝福」「心願」など、代表作ではなくても、その作家のきわめて重要な作品が、香港で発表され出版されている。それが香港の文壇に光を添えていることは確かである。

　だが、それは香港文学といえるのだろうか？

　現実には、先に挙げた作品をこまかく読めば、香港文学に属さないことがはっきりするはず

12▼ 蕭紅（一九一一〜四二）代表的な女性作家の一人。ハルビン生まれ。四〇年から香港に在住、四二年病没。『呼蘭河伝』『馬伯楽』は、ともに四一年作。

13▼ 長編小説。四一年作。重慶を舞台に、国民党の特務機関の女性の心の葛藤を描く。

14▼ 『郭沫若自伝』の第四巻（最終巻）。四八年作。上海脱出から重慶に到るまでを描く。

15▼ 司馬文森（一九一六〜六八）作家。福建省生まれ。抗戦勝利後、香港に移る。『南洋陶金記』は長編小説。抗戦中に書かれたが、発表されたのは一九八六年。

である。これらは創作された地点が香港であることを除けば、ほかに香港と関係づけられるところはどこにもない。もう一度蕭紅を例に挙げれば、『呼蘭河伝』は彼女の子ども時代を回想した自伝的な小説で、中国の東北地方にある故郷の町呼蘭の姿が描かれており、故郷への強い思いが現れている。一方、『馬伯楽』の第一部・第二部は、それぞれ抗戦前夜に馬伯楽が青島から上海へと逃げ、さらに上海から転々として武漢へたどり着く物語で、香港は作品のどこにも出てこない。そのほか、茅盾の『腐蝕』は重慶を舞台に国民党特務組織の内幕を描いたものだし、郭沫若の『洪波曲』も自伝もので、日本から帰国した後の経歴を綴っている。また、司馬文森の『南洋陶金記』もフィリピンを舞台にしたものだ。戴望舒が香港にあった日本軍の獄中で書いたいくつかの詩でさえ、香港の痕跡は見られない。彼の心には「永遠に変わらぬ中国」「この広大な土地[16]」しかないのだ。

こうした作家や作品の価値を貶めるつもりはない。しかし、このような情況を見れば、どんなに望んだところで、こうした作品を香港文学と呼ぶことはできない——たとえ最も広義な定義をしたとしても。実際、どの中国文学史を開いても、大陸出版のものであれ香港出版のものであれ、『呼蘭河伝』、『馬伯楽』、『洪波曲』、『南洋陶金記』といった作品を香港文学と呼んでいるものは、一つもない。これらの作品は、それぞれの作家を議論する章や節に収められ、その作家の他の作品とともに議論される。そして、作家の貢献や成果はそのすべての作品を合わせたものだとされる。その貢献や成果は、中国文学全体に対する貢献や成果であって、香港文学とは関係がない。事実、多くの場合、大陸で出版された香港文学史におけるこれらの作家に関する議論は、現代中国文学史の中に置いてもまったくおかしくない。

当然ながら、香港文学や香港作家を定義することは、一定の困難が伴うし、いわゆる広義と狭義の区別も問題になる。(王剣叢『香港文学史』を参照のこと)ここでディテールにこだわ

16 「傷ついた手で」(原題「我用残損的手掌」)の詩句。「私は傷ついた手で、この広大な土地をまさぐる……そは、永遠に変わらぬ中国!」を指す。

るつもりはないが、一つの基本的で単純な概念について、明らかにしておかなければならない。つまり、香港に短い間滞在した者たちがいて、いくつかの作品を書いたり、いくつかの活動を主催したり参加したりしても、だからといって彼らが香港作家であり、香港文学を書いたとは言えないということだ。蕭紅、茅盾、郭沫若、司馬文森そして戴望舒が香港作家だという者はいないだろう。

言えるのは、彼らが南下してきた作家で、香港に一時期滞在し、作品を書き発表したということである。それらの作品はきわめて優れていて、香港の作家に影響を与えたかもしれない。(といっても、そうした影響は、必ずしも彼らが香港で作品を書いたから生じたものではない。でなければ、香港の作家は、香港に来たことのない現代作家の作品から養分をくみ取れないことになってしまう)。また、彼らはいくつかの活動を始めたり、活動に参加したりして、香港の文壇を前進させる働きをしたかもしれない。しかし、彼らのさまざまな文学活動によって、香港文学が新たな高揚を迎えたとは言えない。確かに彼らは中国の現代文学を新たな段階(例えば抗戦文学)へと発展させたかもしれないが、それは香港文学の発展とは関係がない。

こうした情況からいえば、大陸で出版された香港文学史が、多くの紙幅を割いてこうした南下作家の香港文学に対する貢献を高く評価しているのは、大きな問題である。逆に、こうした人々が「君臨」していたせいで、現実には、香港文学自身の発展は牽制、というより阻害されたのだ。香港の批評家・黄康顕は、作家が大量に南下してきたことで「香港の作家は、直接の利益を受けただろうか?」と、疑問を投げかけている。

黄康顕は繰りかえし次のように指摘する。一九三一年から三七年の間、香港文学は真の意味で発展を始めた。だが、「それは一瞬の輝きに過ぎず、香港の青年作家は一九三七年以降、台頭できなくなった」。しかも、一九四一年一二月まで、香港の重要な文芸雑誌はすべて大陸から南下してきた作家が編集したもので、発表されたのもおもに彼らの作品である。

例えば、端木蕻良編集の『時代文学』は「香港史上、最もレベルが高く、作家の陣容が最も充実した文学雑誌」だと賞賛されるが、六七名の執筆者のうち、香港の作家は劉火子《リウ・フオズ》一人だけである。茅盾編集の『筆談』に香港の作家は「影も形もない」。そして、「中華全国文芸界抗敵協会」の理事や理事候補にも、香港の作家は見あたらない。「一九三九年から四一年にかけて『中国詩壇』にたまさか香港の作家が作品を発表している」のを除けば、南下した作家が北へ帰った後、「香港文学はふたたび真空状態になった」。(「従文学期刊看戦前的香港文学」、『香港文学的発展与評価』所収)

黄康顕はいささかの不満を込めて次のように述べている。

三〇年代の香港文学はまだ萌芽の時期にあった。国内の有名作家たちが押し寄せ、香港文学はにわかに中国文学の母体へ戻るよう迫られた。母体の中で、この新生児はまだ成長期にあり、当然ながらまともな仕事に加わるだけの力はなかった。しかし、この新生児が、成長期を通じて、十分な養育を受けなかったことははっきりしている。

(「導論・香港文学的分期」、『香港文学的発展与評価』所収)

批評家の黄維梁も同様のことを述べている。

一九三七年に抗戦が始まって以来、多くの大陸の作家が南下し、当地の作家は文学の潮流の中でたちまち色あせ、果ては「消滅」した。……

香港の作家は、南下してきた作家の輝きの前に、光を失った。

（「香港文学的発展」、『香港文学再探』所収）

南下してきた作家に比べれば、当地の作家が色あせていたことは否めない。

（「香港文学与中国現代文学的関係」、『香港文学再探』所収）

文壇を「独占」したとか、「覇権」を握ったという言い方をするつもりはない。しかし、大陸の作家の香港への南下が、香港文学自体の発展に貢献しなかったことは否定できない。也斯はつとに、大陸の一部研究者が「南下した作家は香港文学の主流だ」とみなしているのは、きわめて遺憾だ、と述べている。（「都市文化、香港文学、文化評論」、『香港文化』所収、香港芸術中心、一九九五年）

事実、潘亜暾もその『香港文学概観』の序文で、こうした特殊な状況を論じ、はっきりと次のような理解を示している。抗日戦争中、さらには内戦までの期間、多くの中国作家が香港を訪れたが、彼らはおもに政治闘争へ精力を投入し、「香港の現地文学を顧みなかったため、その滞在中は盛んになったものの、去った後はひっそりしてしまい、根を張り花が開き実を結ぶということにはならなかった」。

この観察は言うまでもなく正確だが、「香港現代文学が『移植された花や果実』と称されることに賛成し、「この時期の香港現代文学は、正確には『香港における中国現代文学』と言うべきである」と述べるとき、その姿勢は一変する。「移植された花や果実」はけっきょくそこの花でも果実でもない。持ち込むことができれば、持ち去ることもできる。そして、「香港における中国現代文学」はけっきょく中国の現代文学であって、香港の現代文学ではない。

このことから分かるように、潘亜暾の力点は中国にある。だから、彼はなんの躊躇もなく次のように述べることができた。「この期間、文学創作にせよ、文芸活動にせよ、内地の作家が主役を担い、香港の現地作家は目立たない端役を演じただけだった」。これを見れば、中国作家が香港に根を下ろさなかったことを認めながら、あいかわらずこの香港文学の専門書の多くの紙幅を費やして、これらの作品を論じる理由も分かるはずだ。

こうして、大陸の研究者が編纂する香港文学史は、香港文学と中国の現代文学を関係づけるだけでなく、さらに香港文学と中国の政治、もっと具体的に言えば、香港文学と中国共産党の国家叙述を直接結びつける。

先に述べたように、三〇年代後半に大量の作家が香港に押し寄せたのは、抗日救国のためだった。ただ、抗戦勝利後に続いて起こった国共内戦が、もう一度香港に作家の南下の波をもたらしている。ただ、二度にわたる作家の南下が、いずれも大陸の政治情勢と関係しているとするなら、香港文学がとつじょ活発になったのも、政治情勢が変化した結果である。それなのに、中国共産党の国家叙述に合わせるため、大陸で出版された香港文学史の多くは、逆に、香港文学が中国の政治に貢献した、と述べている。先に挙げたいくつかの香港文学史のなかでは、謝常青の言い方が最もはっきりしている。

香港現代文学の誕生と発展は、中国革命や中国現代文学運動と密接に関係している。……一九四九年以前の香港文学は、中国革命、および中国人民の抗日戦争・解放戦争に為すべき貢献を行っているので、それを整理し、顕彰すべきである。（『香港新文学簡史』）

もちろん、そういう言い方にも理由がなくはない。なぜなら、南下してきた左翼作家は、確かに香港のイギリス政府の開放的な側面——異なる言論の容認——を利用して政治的プロパガンダを行ったからだ。謝常青の言い方に従えば、「抗日救国の大義を宣伝し、民主革命の真理を伝え、民衆を喚起した。そして、抗日のため団結し、解放戦争を支援した」のである。とは言え、それを事実だと認めたとしても、香港作家あるいは香港文学が中国革命のために「貢献した」わけではない。それは大陸から香港へ来た中国作家の功績であって、香港作家が横取りする訳にはいかない。

しかし、それによって分かるはずだ。謝常青の『香港新文学簡史』が、作品を具体的に議論し分析する部分はきわめて少ないのに、そのわずかな紙幅（全一八六ページ）の八ページを割いて、香港の魯迅追悼活動について述べ、それ以外はおおむね一項目一ページで、文芸活動や作家の活動を列挙しているのはなぜか。その原因は、謝常青によれば、こうした活動の最終的な目的が新中国の建国にあったからだ。例えば、茅盾と郭沫若の香港における活動を列挙した後に、次のような批評が添えられている。

> 彼らが香港に在住したのは約一年。民主革命のスローガンを叫ぶため、彼らは断固として民主革命の最前列を歩み、当時の香港文壇のリーダー、香港民主革命文芸の旗印となった。その工作、活動、創作はいずれも新中国を誕生させるための戦いだった。
>
> （『香港新文学簡史』）

つまり、彼らの心の中では、香港文学は新中国に貢献しており、その貢献ゆえに、香港文学は「整理し、顕彰すべき」であるということだ。かくて、先に述べたことがらがもう一度証明される。これら大陸の研究者が構築した香港文学史の本来の目的は香港文学ではなくて、それを中国共産党の建国叙述の一部にすることなのである。

3 思想性？　リアリズム？　社会的責任感？——政治から切る批評

文学とは何か？　文学史の内容はどうあるべきか？　文学作品の議論にどれぐらい比重をおくべきか？　議論の重点はどこにおくべきか？

そうした文学観や文学史観の問題を、ここで詳しく論じることはできない。しかし大陸で出版された香港文学史を一通り検討すれば、その作者たちの文学観や文学史観が基本的に大陸の伝統的なものと大差のないことは容易に分かる。

謝常青の『香港新文学簡史』は、作品を論じる部分はわずかで、おもに文芸活動や作家の活動を紹介し、その後にそれらの文芸活動を政治情勢全般や年表と関係づけている。中国大陸の文学史の多くが用いている方法である。出版が最も早かった謝常青の香港現代文学史が、それと同じ文学史観や叙述形式を採用しているのは理解できる。

しかし、一方でそうした文学史観は、文学史を社会史や思想史さらには政治史に変えてしまうとして、中国大陸では八〇年代から相次いで批判されてきた。その最後が一九八八年上海に現れた「文学史の書き換え」運動である。こうした議論は教育部の指示を受けて編纂される文学史の記述モデルを揺り動かすまでに到らず、最後には批判も浴びた。しかし、八〇年代後半に現れた現代文学史は、いずれも作品の検討に比較的多くの紙幅を割き、政治的な要素を文学史の時期区分や評価の基準にしないよう部分的に試みている。文学史の編纂をめぐってこうした新たな議論が行われているなか、謝常青があいかわらず過去の記述モデルで香港文学史を書いたのは、明らかに立ち後れであり力不足である。

それに比べれば、最も新しい香港文学史——王剣叢の『香港文学史』と『二十世紀香港文学』——は文学作品を論じた部分が明らかに増えている。例えば『香港文学史』は第四章から作家や流派を各章の題目にしており、一節を使って一つの作品を論じることもある。（第二章第二節は侶倫の「貧民窟」だけを論じている）だが、王剣叢と謝常青の記述には大きな差があると言えるだろうか？

王剣叢の二つの著作が少なからぬ作品を論じているのは確かである。しかし、より重要なのは、どのように論を進めているか、すなわち、どんな基準で作品を論じるかである。細かく見れば、王剣叢の採用した基準が謝常青のそれと大差ないことは、すぐに分かる。

先に述べたように、謝常青は政治を論じる部分があまりにも多く、その文芸活動の記述は常に政治年表と関係づけられている。ところが、王剣叢の記述も同様に政治を基準にしているのである。香港文学の時期区分を論じる際、王剣叢はまず次のように言う。「一般の文学史における習慣的なやり方は、その時期の重大な社会的歴史的事件を区分の根拠にすることである。なぜなら、重大な社会的歴史的事件は往々にして文学の発展に影響を与えるからである」。すぐ後につづけて「一律にそうだとは言えない」し、「一番いいのは文学の自然な発展の年輪に基づくことだ」と述べてはいるが、最後に香港文学の時期区分を確定させるとき、はっきりと次のように断言する。

一九四一年から三年八ヶ月にわたって日本の侵略者に占領された以外、香港では文学の発展に影響を与える重大な社会的政治的事件は歴史上起こっていない。（『香港文学史』）

そして最後に、一九四九年を境にして、香港文学を前後二つの時期に分ける。それは「香港文学の自然な発展の年輪に基づいている」というが、周知のとおり、一九四九年に中華人民共和国が成立したという政治的事件に合わせているのである。

　作品の分析でも、王剣叢は過去の中国大陸の文学史のほとんどが用いてきた基準を採用する。まず、「香港の最初の三〇年」の守旧的な、立ち後れた側面を烈しく攻撃する。これはおもに、香港の文芸刊行物が文語文を用いていたことや、国粋派が文壇を牛耳っていたこと、創作が江蘇省・浙江省一帯の鴛鴦胡蝶派の作家や清朝の遺臣たちに独占され、低級にして通俗、封建意識に満ちた内容であったことを指している。こうした叙述が完璧に五四運動以来のそれに制約されているのは明らかである。文語文の創作はすべて反動的で、立ち後れていて、封建的であり、「鴛鴦胡蝶派」の作品はすべて低級にして通俗だ、と言うわけである。

　こうした記述はきわめて偏狭なものだ。今や、一部の現代文学の提唱者たちが持っていたような、白話文学でなければ文学ではない、といった考えに固執すべきではない。口語文は一つの書記の道具に過ぎない。優れた作品を生みもすれば、ひどいものが書かれもする。文語文も同じである。毛沢東の旧体の詩や詞が気迫に満ちていること、郁達夫の詩が悲しみを讃えていること、魯迅も優れた律詩を残していることは、認めなければならない。それともこれらの作品をみな抹殺せねばならないのだろうか。あるいは、文語だから毛沢東や魯迅は反動で封建的で遅れているというのだろうか。伝統的な中国文学はどう評価するのだろうか。

　鴛鴦胡蝶派にしても、今日、すでに多くの研究者がその価値に注目し、真摯な研究を始めている。したがって、軽々に抹殺すべきではない。鴛鴦胡蝶派に対するかつての攻撃が正しかったかどうか再検討されている以上、香港文学史が書かれ始めた今、より開放的な姿勢でその文学史の現象を検討すべきではないだろうか。それとも引き続き二項対立の姿勢で問題を捉えるのだろうか。

　さらに、口語による文学創作と向き合う際に、どんな基準で作品を評価しているかも問題である。王剣叢は自らの基準を明らかにしていないが、実際には、きわめてはっきりした立場で作品や作家を批評している。そして、そうした基準や立場は中国大陸の伝統（一九四九年以降に打ち立てられた伝統）と大差がない。

まず、多くの場合、王剣叢は作品の思想性を最も重要な評価の基準にしている。下層民の困窮を描き、社会の暗黒を暴露し、さらには階級意識や階級闘争を浮き彫りにするのが、健康的なよい作品なのである。

したがって、侶倫の「貧民窟」が優れているのは、「抗戦勝利後の香港の現実生活の混乱や、残酷さや、社会の不合理を反映して」おり、「不合理な社会への強い訴えかけになっている」、そして「階級意識も見え隠れしている」点だ、ということになる。そして――黄谷柳の劇作は、「異なる角度から社会に切り込み、強い社会性を持っている……作者は社会に残る旧い伝統観念や人間の弱さを暴露し、攻撃している」。また、唐人《タンレン》[17]の小説は「それぞれ社会に対する訴えになっている」。海辛《ハイシン》[18]は「香港の下層に暮らす『小市民』に注目し……その苦しみを反映し、不満を代弁している」。そこがよい――ということになる。真っ向から政治的・思想的傾向が論じられている作家や作品もある。

これ以外にも、香港文学の基本的な特徴を論じる際、王剣叢は無意識のうちに香港の作家を批判している。彼は大陸の作家と香港の作家の「使命感」や題材の面の違いを、次のように比較する。

> 大陸の純文学が、観念のうえで思考し探求してきたのは、一般的に、国家や、民族や、社会・人生の重大な問題などであり、はっきりとした危機意識と、政治参加意識と、社会的な責任感を備えていた。作品も、読者に対して、思想や道徳や理想を育くむ教育的効果

17▼ 唐人（一九一九～八一）香港の作家。抗戦期は大陸で宣伝活動に従事、四五年以降は『大公報』に入り、上海、台北を経て、四九年、香港に赴任した。代表作に『金陵春夢』など。

18▼ 海辛（一九三〇～）香港の小説家。

や、人生について認識させる効果を持つことを求めていた。香港の純文学作品は、ある程度の教育効果や認識させる作用はあるが、総体的にはきわめて弱く、作家の歴史的な使命感や社会的な責任感も強くない。「代弁者」として、ある階層の人民の苦しみや訴えを表現するために作品が書かれることはきわめて稀である。また、「生活に関与する」という観念にも欠けており、賞賛と暴露もはっきりと対比されず、事件の意味が稀薄になっている。政治や、歴史や、文化の重大な変化が内省されることはほとんどない。

(『香港文学史』)

また、次のようにも述べている。

題材の平凡なことが、香港文学のもう一つの特徴である。香港の作家が選ぶ題材は、多種多様でバラエティーに富んでいるが、せいぜい恋愛や、結婚や、家庭や、身近な出来事などである。政治的動乱や、社会の変動、大財閥の経済的対立など社会の重大な矛盾、重大な闘争や事件が選ばれることはほとんどない。(『香港文学史』)

はっきりと立場を表明している訳ではないが、その方向性は明らかである。つまり——作家は民間の苦労や社会の重大な矛盾・闘争を描くべきであり、社会的な責任感や歴史的な使命感を持っていなければならない。さもなければ、事件の意味が稀薄になる。つまり、政治や歴史や文化に対する内省に欠け、題材の選択が平凡になる——というわけである。

そのほか、リアリズムにも思い入れがあるらしい。王剣叢が褒めている作家は、侶倫、唐人、海辛など、いずれもリアリズム作家である。しかも、その評価はきわめて高く、「現実を、そして中層下層の民衆の苦しみを反映し、社会の矛盾を暴露し、その暗黒を攻撃し、真と善と美のものごとを称揚している」と述べる。

また、香港作家の手法を論じるときにも、無意識のうちに二項対立的な心理が顔を出し、リアリズムとモダニズムを次のように対置する。前者は民衆と向き合い、社会を反映し、強い階級制を備えており、郷土的である。しかし、後者は、個人的で、高尚で、お高くとまり、非民族的でさえある。

注目すべきはリアリズムに関する次のような言葉である。

モダニズム文学の思潮が香港の文壇に広がり、発展した時期、五四文学の伝統を受け継ぐ者たちもいた。大陸の社会主義文学と密接な連絡を持っていた香港の作家が、リアリズムの路線を守って創作を進めた。(『香港文学史』)

見るからに唐突な表現である。「リアリズム」作家が、どうして突然「大陸の社会主義文学」と繋がるのだろう。リアリズムを「五四文学の伝統」だと認めるのはよいとしても、香港の作家が社会主義文学と「密接な関係を持っていた」のだろうか。理解に苦しむところである。

王剣叢が作家や作品の思想傾向によって評価を行い、リアリズムを高く評価しているのは、明らかである。それは彼が、一九四九年以降に中国大陸で打ち立てられた文学観と文学史観を基準にしていることをはっきりと物語っている。

もちろん、先に述べたように、文学観や文学史観は複雑な問題であり、各人各派で異なる理解があってかまわない。しかし、文学の文学たるゆえん、文学観や文学史観が複雑であるゆえんは、それが異なる解釈や多くの可能性を許容できるところにある。大陸のかつての文学観や文学史観の最大の問題は、その排他性にある。つまり、一つの観念あるいは基準をすべての叙述に強要しようとしたことである。しかも、その観念あるいは基準は、往々にして政治的な配慮から来ており、一般の人が文学に求めるものとかなり離れている。それは統一を求める心理であって、異なる意見を、ともすれば二元論的に対立する側へと追いやってしまう。

こうした心理もしくは欲求は、同じく政治的な配慮から来ていることが多い。かつて階級闘争を強調していたため、文学にも同様のことを求めるのである。だから、民間の苦しみを反映し、階級意識を持っていなければならないことになる。大陸が社会主義文学だから、香港も「もちろん」リアリズム文学であるべきだ、というわけである。

それでも、王剣叢が『香港文学史』で用いた言い方や語り口は、以前の大陸の叙述と比べればずっと温和であることは否定できない。それが一つの進歩であることは間違いない。しかし、王剣叢に先のような叙述の基本的なモデルを抜け出す術がなかったのはきわめてはっきりしている。それはここで指摘しておかなければならない。

4　香港文学と植民地支配

中国大陸の作家や文人の描く香港は、救いがたい原罪を負っている。外国人から植民地支配を受けたことである。香港が抱える多くの問題や欠点は、すべて植民地支配のせいにされる。大陸で出版された香港文学史にも、同じくこうした観念が見られる。

どの香港文学史も、最初の部分でまず香港の植民地としての歴史を明らかにしている。最も早く出版された謝常青のものは、次のとおり言葉つきが尖鋭である。「イギリス帝国主義者は対外的に武装侵略による拡張と経済侵略を行い、この東方の交通の要衝にあった小さな漁業の島を、中国に対する武装侵略・経済侵略の中心にした」。まるで六〇年代の大陸の政治史の著作を読んでいるようである。これらの文学史における香港の植民地支配の描写が、きわめて負の側面の強いことは想像がつくだろう。

第一に、これらの文学史は、イギリスの植民地支配が、香港で旧文学が一定期間持ちこたえ、封建精力が猖獗をきわめた原因だと見なしている。いわく、「その植民地支配を維持する必要から、植民地当局は本能的に中国伝統文化の立ち後れた部分を利用することに力を注ぎ、進歩的な、新しいものを抑圧した」。（潘亜暾・汪義生『香港文学概観』）こうした叙述は大陸で出版されたどの香港文学史にも見られ、一節全部を費やして批判しているものさえある。（謝常青『香港新文学簡史』）

だが、こうしたもの言いは、これら香港文学史がはじめてではない。つとに三〇年代に、そうした見方を示した人もいた。

英人の植民地を経営する者は、多くが保守党の人なり。すべて旧き制度を守りて、行政・立法を行い、異なる珍しき主張、あるいは革命維新の学説は、みな憎む。わが国人の知識浅陋にして、思想の遅れたる者、まさに意気投合す。……けだし、中英両旧勢力の相結合し、牢として破るべからざるは、統治しやすく、また仕事しやすすからんためなり。

（友生「香港小記」）

では、口語文学に対する影響はどうだろう。

香港文学の作者たちは次のように見なしている。香港はイギリスの植民地になった後、急速な経済的発展を見て、いち早く国際貿易都市になった。だが、大陸の作家や文人が想像したように、商業が発達し、社会が繁栄する裏には、必ず重大な罪が存在する。つまり、――その魂は空虚に決まっており、読書の面でも低級で通俗的な、そしてポルノ的な読み物が求められるに決まっている。だから、香港の文学が卑俗なのは植民地支配と関係している――というわけである。潘亜暾は次のように述べている。

香港の歴史が語っているように、冒険家たちが無人島にやって来たのは、金儲けと享楽のためにほかならなかった。命を張った後は精神の刺激が必要になる。金を儲けた後は、娯楽を享受したくなる。色町で遊んだ後は精神が空しくなる。それで、ポルノ文学に耽溺するのである。香港では、早くも一九世紀半ばにポルノ文学が流行し、二〇世紀の二、三〇年代になると、書店は上海の鴛鴦胡蝶派の作品で埋めつくされた。当時、三十数ページの小型新聞は、開けばポルノが氾濫していた。(『香港文学概観』)

こうした言い方は、間違いなく問題を単純化している。植民地ではない地区や国にポルノはないのだろうか。中国大陸でも、八〇年代に改革開放が始まって以来、ポルノ文学の氾濫が問題になったのではなかったか。そして、国もポルノの流行を断つことを迫られ続けているのではないのか。それとも、中国も植民地になってしまったのか。

王剣叢は植民地支配とポルノ文学を直接結びつけているわけではない。しかし、茅盾が香港で編集した『立報』の文芸欄「言林」を論じた箇所は、意味深長である。

茅盾は香港という特殊な環境に注目した。――それは消し去れないほど植民地文化の色濃い都市である。香港の民衆から遊離せず、かといって刊行物の品位を落とすこともないよう、雅俗を折衷することにしたのだ。長篇の連載を軸に、バラエティーに富んだ短文を配し、文芸欄が重厚でもあり、軽くもあるようにして、香港の読者から歓迎された。

（『香港文学史』）

茅盾がどう文芸欄を編集したかが問題なのではない。注意すべきは、王剣叢が茅盾のやり方をどう解釈しているかである。引用した文を見れば、王剣叢が香港の民衆を低俗だと考えているのは明らかである。その理由は香港が「消し去れないほど植民地文化の色濃い都市」だからである。それゆえ、編集者は民衆からの遊離と刊行物の品位の低下の中間を選択せねばならなかった。そして、茅盾が成功したのは、気を利かせて、民衆の歓心を買おうとバラエティーに富んだ短文を配したおかげだった。

問題は、この書物を読み終えても、香港がどのような「消し去れないほど植民地文化の色濃い都市」なのか、どこにも説明されておらず、香港の民衆が低俗であることを証明する確かな根拠も見あたらないことだ。しかも、王剣叢は見逃したかもしれないが、茅盾が編集したのは新聞の文芸欄であって、純文学の雑誌ではない。「消し去れないほど植民地文化の色濃い都市」ではなく、ほかの場所であっても、新聞の文芸欄を編集するうえで、茅盾の「雅俗を折衷する」やり方は当を得たものだった。

大陸の研究者はその香港文学史の中で、イギリスの植民地支配が香港文学に与えた負の影響を積極的に描く。しかし、実を言うと、それは植民地支配が国家利益に損害をもたらしたという、政治史に合わせた叙述である。こうした叙述は過去ばかりでなく、未来にも向けられている。香港が中国に復帰した後の香港文学は、香港自身と同様、歴史の汚辱から抜け出して、前途は輝いている、というわけである。

潘亜暾は次のように述べている。

香港の歴史が語っているように、香港文学は、このやせ細った土地で、雑草にまみれ、玉石が混じり合い、発展も緩慢で、幾度となく挫折を味わった。しかし、社会の変遷、時代の進歩、そして祖国復帰の接近とともに、しだいに健康的な、進歩と繁栄の道を歩くようになった。その前途はどこまでも輝いている。(『香港文学概観』)

本当にそうなるかどうか。それは、刮目して待つほかはない。

【原題】「中国人写的香港文学史」(『否想香港:歴史・文化・未来』麦田出版有限公司、一九九七年所収)

……………………

[原注]

(1) ただ、はっきりしているのは、大陸の香港文学に関する叙述の多くが、史料的に重大な誤りを数多く犯しているということである。その点、最もこうした誤りを指摘する能力があるのは、盧瑋鑾である。事実、彼女はこうした「誤謬を是正する」文章を書いている。盧瑋鑾「香港文学研究的幾個問題(代跋)」(『香港故事』所収)を参照のこと。

ダイアローグ

本土意識と文学史の構築
王宏志「中国人の書いた香港文学史」を読む

洪　郁如

大多数の日本人にとって、「香港文学」とは耳慣れない言葉だろう。「中国人の書いた香港文学史」というテーマについて何らの違和感も覚えない読者に、この論文は「香港」の角度から、「土着」の観点を鋭く突きつけている。「中国人」はここでは「香港」という範疇の外側におかれ、相対化されているのだ。王宏志が「中国人の書いた香港文学史」と述べるときの真の意味は、中国人が「なぜ故に」、また「どのように」香港文学史を書いたのかを詳細に分析しようとする点にある。

この論文は、大陸学者が「国家的叙述」をもって「香港文学史」を解釈しようとするのを批判しているのだが、その中で、香港の土着（本土）意識の存在と作用は極めて重要な概念である。王宏志が香港文学を評価し位置づけようとする際の基準は、その作家なり作品なりが香港にどれだけ同一化し、帰属感を有しているかという点にある。たとえば、一九三〇年代、あるいは一九四九年以降に中国大陸から香港に逃れてきた「南来作家」の作品を香港文学の一部と見なすことに、著者は反対している。なぜならば、彼らの視線の先にあるものは祖国であり、それゆえ香港に対する愛情を欠いているからである。彼らの作品は、元来が香港に貢献する為に書かれたものではないからである。
香港を中国と大差ないものと考えがちな日本の読者が、もしも香港で行われている様々な文学的活動をそのまま「中国人」による文学活動として見ることに慣れてしまっているとすれば、著者のような全く異なる観点を理解することは難しいかも知れない。王を含む香港の土着作家の眼からすれば、各時代の「南来作家」たちは「よそ者」であり、自分とは異なる「他者」に他ならない。この土着的観点は、第三者である我々に、ある反省を迫るものである。すなわち、知らず知らずのうちに「天安門に立って香港を見ている」のに、そのことに全く気づいていないのではないかという、香港に対する自らの知識のありようについてである。もっとも、この論文で王宏志は「香港から香港をみる」文学史研究の必要性を指摘しながら、香港の土着(本土)意識そのものについては議論を行っていない。文学史の構築過程にあって、いったい本土意識はどのような役割を持つのであろう?

中華ナショナリズムに基く叙述に対抗しようとするこの論文には、「香港文学」の主体についての議論が回避されているように見える。確かに、我々はここから、中国人が香港文学史を書くということに隠された政治的意図を理解し、それが「中国版」の「香港文学史」であり、香港の土着作家、学者の間には「土着版」の文学史観が存在していることを伺い知ることができる。しかしながら、香港人自らが提起する「土着版」の香港文学史が、大雑把であれどういうものなのか、その叙述のあり方は「中国版」とどう違うのかについて、我々が本文から得られる手がかりは非常に少ないといわざるをえない。主役であるはずの香港文学と香港文化について、我々は霞の向こう側のような頼りないイメージしか描けない。

この問題について、ここで台湾文学と歴史研究がおかれている、似たような状況を引き合いに出しながら考えてみたい。実のところ、もともと本論文を収録した『否想香港―歴史・文化・未来』（麦田出版有限公司、一九九七年）は、台湾で出版されたものである。台湾と香港両地の互いへの感情には微妙なものがある。戦後の国民党支配下の台湾にとり、香港は言論の自由が保証された楽園であったが、九七年の返還以降は中国が「台湾を解放する」目的に向けてのショーウィンドウに変わった。しかし、大中華思想、中共政権による国家的論述に直面し続けるという共通のテーマにおいて、両者の境遇は似通っており、苦境にあるもの同士、相通ずる部分が今なお残っていることも確かである。本文これ以下の部分では、台湾の脈絡を参照しながら、香港文学・香港文化が中国大陸の国家論述へ対抗することの意味がどこにあるのかを探ってみたい。

＊＊＊＊＊

文学史は歴史から独立しては存在し得ない。台湾の場合、「台湾文学史」が「中国文学史」から独立し、自立的な地位を築いてきた過程は、実のところ台湾史学界の成立過程、もっといえば九〇年代の台湾人意識の確立と切り離しては考えられない。

戦後の国民政府統治時期、台湾文学の存在は認められておらず、ましてや文学「史」などは存在していなかった。文学といえばすなわち中国文学のことであり、そうでなければ外国文学のことだった。大陸への反撃という政治的使命のもとで、大中華意識が文化界、教育界の全体を覆い包んでいた。中国文学の正統は、四書五経から、下っては五四新文学までのことを指した。このような文学史の脈絡は、中国史を唯一の正史とする歴史記述に対応したものだった。戒厳令の解除以前にあって、台湾の歴史教科書の記述方式は、千篇一律に「中国五千年の悠久の歴史」であり、炎帝・黄帝から始まって漢、唐を経、宋、元、明、清と下って国共内戦後に台湾に渡り、国民政府の台湾における治績を頌えるというものであった。大陸版の国家的記述と照らしても、「国府版」の大一統の論述は瓜二つのように見える。「台湾史」を一つの独立した研究領域として見なすことは、戒厳令下にあっては政治的に敏感すぎ、国家の分裂を謀る危険思想と見なされた。歴史記述の中で台湾が登場する頻度は非常に少なく、明清における移民史、あるいは鄭成功に絡んで大陸との結びつきを強調する限りにおいて認められたにすぎない。また日本統治下の歴史は他ならぬ「抗日史」であり、日本植民政府の暴政、略奪などのマイナス面を強調するか、祖国を思う台湾人民による抗日活動のみが研究対象として評価を受けることになった。王論文の指摘によれば、中国大陸の学者が香港文学史を記述する際の目の付け所とは、第一に香港文学のイギリス統治下でのマイナス面、第二に香港文学と中国文学の濃密な関係という点である。こうした構図は台湾の国府による歴史記述の場合と奇妙に一致するところがある。

戒厳令が解かれて後、民主化の進展に伴って、学術研究に政治的なタブーが持ち込まれることはもはやなくなった。中国史はもう「国史」ではなく、台湾史研究にも新しい局面がもたらされた。九〇年代以降には、各大学および大学院にも台湾研究のコースが設置され、そこには台湾文学研究も含まれていた。台湾文学学科についていえば、成功大学、真理大学など既に四箇所でコースが開設されている。こうした動きの原動力は台湾社会自身にあり、いわば本土意識の成長、確立といった変化に絡むものであろう。

中国史のトーテムを脱出して後、台湾史の構築が有した基本的な性格は、歴史学者の曹永和教授が提出する「台湾島史」という考え方に最もよく言い表されている。

曹によれば、台湾は一つの独立した歴史の舞台として、歴史以前の段階から異なる種族、言語、文化を持つ諸集団がそこに生きており、彼らが創ってきた歴史は全てこの島の歴史である。台湾史の研究が政治的変遷と漢族の観点に偏りすぎると、政治史が有しているある種の限界を超えることは難しくなるという。政治的側面からのみ歴史を観察することは、畢竟、偏向を免れ得ない。台湾史研究が政治史の限界を越えることが可能であるなら、国家単位の枠組みを離れて、そこに生きる人間が中心となって形成する「地域」を舞台とする歴史に向けて発展していくことが可能になる。こうすれば研究に広がりがもたらされると同時に、台湾史の実相をよりよく反映することができる。台湾島という基本的な空間的単位において、島に生きる社会集団を主体とする基本的なスタンスが重要である。そうすれば、台湾が海洋を通じ長期にわたって外界との間に取り持ってきた関係を理解し、異なる段階での世界の潮流、国際的な形勢の中で占めてきた台湾の地位とその役割とを位置づけることができる(「台湾史研究的另一個途径—〈台湾島史〉概念」『台湾史田野研究通訊』第十五期、一九九〇年)。こうしたスタンスは、台湾史学界の共通認識であるといってもよい。

文学史の基本認識も、同様の座標の上に位置づけることができる。戦前台湾における日本人作家の作品、台湾人作家の日本語による作品と中国語による作品も、ひいては漢文による作品、その文学活動もすべて台湾文学史の一部分である。戦後の台湾人作家の作品、台湾にやってきた外省人作家の作品と活動も、同様に台湾文学史の構成部分となる。藤井省三はその著書『台湾文学この百年』(東方書店、一九九八年、八頁)の中で、本土意識との関連性において台湾文学を定義しようと試みている。「日本語にせよ北京語にせよ、あるテクストが台湾大の共同体意識、あるいは台湾ナショナリズムという価値判断との関わりを有するとき、それは台湾文学と呼び得ると私は考えている。あるテクストが共同体意識やナショナリズムというイデオロギーとのコンテクストで読まれるとき、それもまた台湾文学の範疇に位置していると私は考えている」。こうした定義付けは、台湾史研究そのものが発展してきた文脈にぴったりと寄り添うものである。

＊＊＊＊＊

香港文学が、中国文学とは異なる独自の性格を強調しようとする際、これも同様に純粋な文学上の議論ではあり得ない。文学史が「史」である以上、それが必然的に向き合わねばならないのは史学の問題であり、これはまた必然的に香港史と「中国史」の関係をいかに解きほぐしていくかという問題を含む。またこれは本土意識ともつながっている。このため、独自性の強調は、返還の前後を問わず、一定程度「政治的に敏感な」問題であらざるを得ない。

こうしたレベルの理解に基づき、著者の王宏志が二〇〇二年十一月の明星大学主催によるシンポジウム（「越境する都市　東アジアにおける都市文化の変容／グローバル化の中で」）において、「香港文化と香港文化研究」と題する報告を行ったのは、格別に意義深いことのように思える。なぜならそこで彼は、香港文化に対する一歩進んだ解釈を提出しようとしているからである。ここでは、このシンポ報告をもって本文で触れられていない問題を補ってみたい。

王によれば、嶺南文化が移民と共に香港に移植される過程が、すなわち香港文化の形成過程であった。ただしこの過程は、英国による統治期間に重なっており、植民地的要素もまた香港文化の重要な一部分をなしている。彼のこうした歴史認識の枠組みは、疑いもなく、「香港」という土地を舞台として展開していることが分かる。

この報告で彼が提出している重要な観点とは、香港の「本土性」とは、「国際性」と対になっているのではなく、中国大陸に相対するものとして位置づけられている点である。要約すると以下のようになる。

香港の本土意識の形成は七〇年代以降に見られる。すなわち文化大革命を経て政治的波乱の中にある中国大陸よりは、イギリス植民政府統治下の香港にアイデンティティの拠り所を求め始め、また植民政府も「以港為家」（我が家、香港）を提唱した影響で、香港の本土意識が徐々に芽生えてきた。さらに重要な変化は、一九五一年に英国政府が中国、香港の境界を封鎖してから、大陸の戦乱を逃れるため、香港に一時的に居留するつもりであった人々がその後も留まらざるをえず、彼らの子女が第一代目の土着の香港人となったことである。彼らは中国大陸よりも香港の方に、より深い精神的結びつきを感じていた。しかし、この本土問題が香港文化研究の範疇に現れ始めるのは、ようやく八〇年代後半から九〇年代初頭になってからだった。一九九七年の返還に関する談判は中英両国の間で行われ、香港人の命運に関わるこの決定の過程で、香港人自身は終始、蚊帳の外におかれた。このことが、彼らをして自らの立場について再考させる一つの機会を与えたのだという。

中国文化は香港文化の主要な構成要素であるが、このことは「香港文化は中国文化に等しい」ことを意味しない。香港文化の位置づけに関して、王が一貫して強調するのはこの点である。

文学史の問題に戻り、上述の文化の位置づけに関する問題の立て方を推し進めれば、香港の「本土」に立脚した文学史の座標は、必然的に次のような立場を志向するものとなろう。すなわち、「中国文学は香港文学の主要な構成要素であるが、このことは香港文学史は中国文学史に等しいことを意味しない」。ここから、主体性を持った新しい「香港史観」により支持される「香港文学史」が、中国文学史に吸収され消失してしまうような記述法にさらされたとき、確固たる拒絶の姿勢を採るということは容易に理解できる。

著者によれば、香港在地学者による香港文化研究の目下の方向性は、第一に歴史に向き合い、過去の香港史に関する論述を整理すること、第二に現在に向かうものであり、すなわち中国返還後の新しい統治文化の下での変遷を明らかにすることである。

歴史の真相を記録することは疑いもなく歴史家の至上命題である。だが他方で、現在を命題とする政治権力にとり、歴史家の命題は脅威を感じる対象ともなりうる。歴史学の記述がこのようであれば、文学史の記述もまた同様である。なぜならば、主体性を持った歴史記述は、当然ながら同時代の政治的志向性に合致するとは限らないからである。特殊な時空と政治権力の下での「香港文学」「香港文化」が行いつつある過去の整理、今後の進行方向の模索は、これから我々が引き続き香港を観察していく際の焦点となるだろう。

昨日、そして今日の田園都市

世紀転換期ユートピアと都市計画におけるハイブリッドな欲望

細谷　等

1　田園都市――澁澤榮一の田園調布

田園調布が高級住宅地であることは誰でも知っている。田園調布が独特の放射状街路を有す計画都市であることを知っている人も多いだろう。しかし、どうしてこの街が誕生したのか、一体誰の発案でこのような住宅地が分譲されるに至ったのか、そしてなぜ「田園」という名称が用いられているのか、知っている人はそう多くないのではなかろうか。その起源を辿れば、イギリスの名もない速記者によって書かれた一冊の本に、さらに辿れば、アメリカのあるユートピア小説に出逢うことになろう。この小論では、現在も大田区の西北に佇む閑静な住宅地を取っ掛かりとして、十九世紀末のアメリカに生じたユートピア運動、およびその数ある所産のひとつである「田園都市運動」（Garden City Movement）と呼ばれる都市計画について少し思いを巡らせてみるつもりである。

大正七（一九一八）年九月二日、田園都市株式会社という宅地開発を目的とした会社が発足された。発起人は、日本実業界の「育ての親」といわれる澁澤榮一（一八四〇―一九三一）であった。澁澤をしてこの宅地開発の構想に思い至らしめたのは、畑彌右衛門《やえもん》なる人物の田園都市建設にたいする強い働きかけによってであるといわれる。その直接の動機は、「東京市の近傍に田園都市を設けて理想的住宅地を設けたならば、都市問題の解決に資すること甚大であろう」と畑自身が述べているように、明治期以降の近代化がもたらした都市問題にあった（田園調布会　三六―七頁）。澁澤は畑の要求に応え、四男秀雄（一八九二―一九八四）を取締役に据え、さらに箕面有馬電軌（現阪急電鉄）の創始者で、自ら関西方面の宅地開発に係わった小林一三（一八七三―一九五七）を後見役に、のちに東急グループの総帥となる五島慶太（一八八二―一九五九）を重役に迎え、会社を設立したのだ（田園調布会　四七頁、東他　二〇五頁、津金澤　一二四頁、猪瀬　三三頁）。

秀雄自身が回想しているように、郵便局で「タゾノトイチ」と読み間違えられるなど、当時の田園都市にたいする世間の認知度は低く、構想は思うようには進まなかった（田園調布会　四八頁）。それでも、大正十一（一九二二）年七月の洗足田園都市に続いて、ついに大正一二（一九二三）年八月、多摩川台地区に田園調布が分譲された。そして、同年一一月に姉妹事業の目黒蒲田電鉄（現多摩川・目黒線、というより目蒲線という名の方がいまだ馴染みのある東急の路線）が目黒―蒲田間を開通させ、自然環境に恵まれつつも都心へ容易にアクセスできる郊外住宅地がここに誕生したのである（田園調布会　五七頁）。

しかし、田園調布誕生のきっかけとなった澁澤や畑の都市化にたいする懸念は、たんなる個人的な憂慮から来たものではなく、当時の日本社会が抱える共通の問題認識でもあった。事実、彼らが採用した「田園都市」なる名称も、都市の人口問題に鑑みてすでに明治期に出版されたある書物から由来している。それは、明治四十年（一九〇七年）に内務省地方局有志によって編纂された、その名も『田園都市』という書物である。その第一章「田園都市の理想」に記されるように、当時すでに都市化の問題は深刻化していた。

工業地區を蔽ふの煤烟は事業の殷盛《いんせい》に伴いて益々都市の天空を掩蓋《えんがい》し、之をして朦朧たる淡暗色を呈せしめ、都人の大半は擧げて塵埃を混じたる、不潔汚濁の空氣を呼吸せざるなし。（内務省地方局有志　七頁）

井上友一ら内務省地方局の役人にとって、都市化の問題はたんに「煤烟」や「塵埃」といった環境問題にはとどまらなかった。日清戦争以降の急激な産業化にともない、日本は近代化の矛盾・弊害をも一挙に経験することになる。なかでも深刻を極めたのは、例えば横山源之助（一八七〇―一九一五）が都市細民のルポタージュ『日本の下層社会』（明治三一（一八九八）年）において詳述したように、都市部のスラム化や劣悪な労働環境といった労働者階級をめぐる諸問題であった。

欧米諸国の細民はおおむね工場労働者なり。後日、東京市において細民の叫びなる労働問題起こることあらば、今日寂寞たる本所区より生ぜん。（横山　二四頁）

横山の指摘するとおり、労働環境・居住環境の悪化は、そのまま階級闘争へとつながる危険性を孕んでいた。いつ東京市が、いや近代日本そのものが、明日の「本所区」になってもおかしくはないという強い認識があったのである。『田園都市』もまた同じ認識のなかで分節化された。「風紀をも亦之を悪化するの虞れあり」、と都市居住者の、とりわけ労働者階級のモラルの退廃を指摘する一文にも伺えるように、都市問題への憂慮と連動する形で増殖していった労働問題にたいする不安がその底辺にあったのだ。（内務省地方局有志　八頁）

　この都市化対策は、また農村問題とも表裏一体であった。つまり、都市への人口集中にともなう農村の空洞化・過疎化である。

> 近時商工業の勃興は日に益々甚し。是に於てか地方の農村も亦此勢に壓せられて、漸く衰頽の傾向を呈するや、菜隴麦圃《さいろうばくほ》の間に在りて、自然の風光を樂しめる農民すらも、往々鋤鍬を抛ちて、祖父以来久しく住み馴れたる樂しき郷土を捨て、競ふて都會に移住する者益々多きを致せり。（内務省地方局有志　一七－八頁）

農村は「風光を樂しめる」自然に恵まれつつも、人口は都会へ流出し、そこには寂れ果て荒涼とした風景が広がっている。たとえ環境・衛生・道徳の面で劣悪きわまりなかろうと、それでも都市は近代の輝かしき所産であり、機会と利便性に恵まれた、人を引きつけて止まない華やかな空間であったのだ。この都会と農村が抱えるそれぞれのジレンマを解消するべく呈示されたのが、田園都市なのである。

> 田園都市の理想とする所は、此の如くにして都會の利便と田園の趣味とを調和するに在り。（内務省地方局有志　二二頁）

都市の利便性と農村の自然を兼ね備えたハイブリッドな空間。まさに田園調布はこの精神のもとに建設されたひとつのユートピアであった。しかし、田園調布という名称の由来となった「田園都市」なる言葉は一体どこから来たのであろうか。それは、『田園都市』のなかで再三言及されるように、一八九八年にエベネザー・ハワード（Ebenezer Howard, 1850-1928）というイギリスの速記者によって自費出版された『明日――真の改革に向かう平和な道』（*To-Morrow : A Peaceful Path to Real Reform*）という書物からであった。後述するように、この本のなかでハワードは、「都市と田舎の結婚」を、すなわち都市の利便性と農村の自然がほどよく調和したハイブリッドな空間を提唱した。そして、一九〇二年に出版された『明日』の改訂版『明日の田園都市』（*Garden Cities of To-Morrow*）の題名にもあるように、その空間こそ"garden city"と呼ばれ、内務省の役人がそれを「田園都市」と訳出して定着させたのである。もっとも、『田園都市』が主として参照した文献は、『明日』というよりも、アルフレッド・リチャード・セネット（Alfred Richard Sennett）というエンジニアによる『田園都市の理論と実践』（*Garden Cities in Theory and Practice*, 1905）であったが、それでも名称のみならずその理論的枠組みをもハワードに負うこと大であったことは間違いない。（内務省地方局有志　四頁、安田　一六頁）

では、田園調布をはじめとする日本の田園都市の出発点となった『明日』とはどのような書物なのか、またエベネザー・ハワードとはいかなる人物であったのか。この点をもう少し掘り下げていくまえに、ハワード自身が影響を受けたある書物について論じてみたい。それは、一八八八年にエドワード・ベラミー（Edward Bellamy, 1850-98）というアメリカ人作家が発表した、『顧みれば』（*Looking Backward, 2000-1887*）という小説である。原題にある奇妙な年号の配列からも分かるように、二〇〇〇年の未来から一八八七年を顧みて、理想的社会の建設を提起しようというユートピア小説である。事実、『田園都市』においても、ベラミーがハワードに与えた影響がいかに大きいものであったかが、次のように語られている。

按ずるに田園都市の思想は千八百九十《ママ》年米人ベラミーが都市住民の腐敗と堕落とを慨し、之が救濟の目的を以って、『回顧』と題する一小説を著はしたるに胚胎せり。ハワードの一たび之を讀みて、為めに無限の感想に打たる々や、爾来腐心すること凡そ十年、遂に千八百九十九《ママ》年に至りて、小説『明日』の一篇を著はし都會に於ける人口の密集を防がんが為には、須らく農業地を中心として、新都會を建設すべきことを主張せり。

（内務省地方局有志　一二頁）

次節で見ていくように、この田園都市の「胚胎」たるユートピア小説『回顧』こと『顧みれば』は、十九世紀末のアメリカにおける一大ユートピア運動の引き金となる。そして、いささか遠回りながら、その運動を生産した文化・社会的状況を通覧していくことで、いかにそこから「新都會」たる田園都市《ガーデン・シティー》が構想され、かつまたそれがすぐれて十九世紀的な欲望の所産であったかが明かされてこよう。その欲望とは、すでに田園都市の在り方自体に垣間見えた欲望、すなわち両極端の幸福な融合を企図せんとするハイブリッドな欲望にほかならない。

2　ユートピアン・シティー——ベラミーのボストン

一八八八年、マサチューセッツ州の田舎町チコピー・フォールズ（Chicopee Falls）に在住のジャーナリストであり小説家、エドワード・ベラミーが一冊の本を世に送り出した。『顧みれば』というタイトルのこのユートピア小説はすぐさま国内・国外で大きな反響を呼び、二〇世紀にはいるまで続々と亜流を産み出し、世紀末ユートピア小説ブームを形成した。さらにそれが引き金となって、ナショナリズム(Nationalism)という改革運動を発足させ、のちにそれは人民党[1](People's Party)と合流、その効果は政治の領域にまで波及する。(Roemer 9, Lipow 31, Hofstadter 60-93) それだけではない。アメリカ社会党の党首ユージン・ヴィクター・デブズ(Eugene Victor Debs, 1855-1926)が回顧するように、その本によって何千もの人間が社会主義運動に目覚め(後述するように、ベラミー自身は社会主義と自らの思想とに頑なに一線を画していたが)、また家政学者たちによる共同キッチン・共同ラウンドリーのような家事の効率化の実験、ドロレス・ハイデン言うところの「家事大革命」の大きなインスピレイションともなった。(Rosemont 162-3, Hayden 135-49) そして、ハワードの田園都市もこの本が波及させたひとつの効果であったのだ。

　物語は一八八七年のボストンからはじまる。語り手であるジュリアン・ウエスト(Julian West)はその地の旧家出身で、「快楽に富み洗練された人生を送る」有閑階級の青年である。(Bellamy, *LB* 26) しかし、彼の幸福は一握りの人間の幸福にすぎず、国内はストライキなどの労働争議で騒然としていた。事実、彼がフィアンセと結婚後に住む予定であった新居の建設が遅れていたのも、建築業者組合によるストライキが原因であった。こうした労働者をめぐる諸問題は、彼の住む高級住宅地にすら「スラムや工場群による侵食」が及ぶことで、見たくなくとも直視せざるを得ない状況にまで達していた。(Bellamy, *LB* 34) ジュリアンは持病の不眠症に悩まされているが、それはまさにこの混沌とした時代がもたらした社会病であった。

　そして、ある日、いつものように催眠術によって眠りについたジュリアンが目覚めたとき、そこは二〇〇〇年のボストンであった。彼は仮死状態のまま、約百年後の世界にタイム・スリップしてしまったのである。そこは十九世紀の個人主義、あるいは夜警国家論《レッセ・フェール》にもとづく無秩

1▼ 人民党——一八九〇年代に、中西部・南部の農民層を主体に結成されたアメリカの政党。世紀転換期に第三政党として台頭し、多数の国会・州会議員を輩出、大統領候補すら擁立した。ナショナリズムのメンバーでこの政党を支持するものが多く、一時期共闘関係にもあった。

序な競争社会ではもはやなく、国家管理のもと「産業軍」(industrial army) と呼ばれる労働組織を中心に規律正しく計画された理想的社会であった。そして、未来社会の案内役リート博士(Dr. Leete)と十九世紀人ジュリアンの対話という形式で、二〇〇〇年の社会と一八八七年のそれとの有りようが、社会・経済・文化の各項目ごとに対比の効果をもって語られていく。

以上が物語の簡単なあらすじである。この一冊の本のなかでベラミーは、生産から消費、政治形態から性役割《ジェンダー》に至るまで、さまざまな角度から計画社会の青写真を呈示する。しかし、ここではとくに都市の景観に注目してみたい。まず、ジュリアンがリート博士の自宅の屋上から眺めるボストンの風景を見てみよう。

> 足下には広大な市街区が開けていた。幅広い通りがあらゆる方面に何マイルも延びていき、それに沿っては街路樹の木陰が涼しく、間隙なくぎっしり建て込んだ建築群とは異なり、多かれ少なかれゆったりした敷地に建てられた立派なビルが林立していた。至るところに大きな広場があり、そこは緑豊かで、遅い午後の残照を受けて彫像がきらめき、噴水が輝いていた。(Bellamy, *LB* 55)

このように彼の眼前に開けたのは、樹々と近代的なビルが併存する、つまり自然とテクノロジーが見事に混淆した都市空間であった。こうしたハイブリッドな空間は、未来社会が高度な生産社会でありつつも、「煙突と煤煙がまったくない」社会であることにも確認できよう。(Bellamy, *LB* 45) この都市風景の成立過程については、ベラミーが死去する直前に発表した『顧みれば』の続編『平等』(*Equality*, 1897) のなかでより具体的に語られる。

古い建物や見苦しく不細工な高層建築物は一掃され、新しい生活スタイルに適合した低層の大きくゆったりした建物に取って代わられた。公園、庭園、そして広場が至るところに設けられ、交通手段は騒音と粉塵を除去したものに改良され、一言でいえば、ボストンは真の近代都市に生まれ変わったのだ。田舎と同じくらい住むのに快適な場所となったいまや、都市からの人口流出は止まり、均衡が保たれるようになった。(Bellamy, *Equality* 295)

乱雑に立ち並ぶ建築物は一掃され、「田舎と同じくらい住むのに快適な場所」となった都市。ジュリアンの居住区まで侵出した工場やスラムの面影はもはやそこにはない。

では、農村部はどうであろうか。未来社会において、農村部もまた剝き出しの自然に晒されることなく、テクノロジーによって整然たる空間へと変容されている。

われわれはさらに何マイルも何リーグも内陸部へ向かって飛んでいった。なのに、眼下の風景は、都市の近郊と同じ公園《パークライク》のような様相をいまだ呈していた。あらゆる自然の容貌が、熟練した庭園技師の細やかな技術によって理想化され、その隠された意味をうまく引き出されたかのようだ。人の技術と自然の相貌が完璧な調和をもって融け合っていた。(Bellamy, *Equality* 296)

改良はたんに外観だけに留まらない。インフラ面でもまた都市と同じように整備されることで、農村部特有の孤立化や不便さは解消される。

五マイルあるいは十マイル離れた村どうしでも、社交と経済交流にかんしては都市における隣接区に負けないくらい近い関係にある。どんな小さな村の住民も、独立採算で、あるいは他の共同体と連携して、都市部にあるのと同じくらい完全な種々の公共サーヴィスを享受できるのだ。(Bellamy, *Equality* 295)

都市には自然を、農村には「技術《スキル》」を。『田園都市』の、そして後述するハワードの思い描いた理想的空間がここに現出する。すべての場所が公園化《パークライク》されたこの両極端の「完璧な調和」こそ、内務省の役人が提起した「都會の利便と田園の趣味とを調和」させたものにほかならない。

ベラミーが提出したこの自然とテクノロジーの理想的な混淆状態は、『顧みれば』に触発され、大量に輩出された亜流ユートピア小説においても繰り返し描かれる。そのひとつに、『都会もなければ田舎もない世界』(*A Cityless and Countryless World*, 1893) というすぐれて田園都市的な題名をもつユートピア小説がある。作者はヘンリー・オールリッチ (Henry Olerich 1851-?) というアイオワ州の無名作家。ストーリーは『顧みれば』のまったくの焼き直しで、火星をユートピアに見立て、二〇〇〇年と一八八七年のボストンならぬ火星と地球との対比をもって、現体制を告発し同時に理想社会を語るという体裁を取っている。そのなかで、都市と農村の問題が次のように提起される。

私が地球にはじめて降り立ったとき、ひじょうに奇妙に思えたことがある。地球には、薄汚れ、人口過密、煤煙にまみれた不衛生な都市に住みたいと思うものがいるかと思えば、孤独で労苦の多い、健全な社会にあるべき恩恵や享楽がまったくといっていいほど欠如した田舎に住みたいと思うものもいることだ。そして、なおいっそう奇妙なのは、君たち地球人がそのどちらがなくても駄目だと固く信じてやまないことだ。こうした都市や田舎が諸悪の根元であり、不必要であることは明々白々であるにもかかわらず、今の君たちはその悪影響を認識することができないでいる。(Olerich 32)

このようにオールリッチは、都市と農村とに分割・分断された社会体制に問題を見いだす。そして、その解決策として彼が呈示するのが、「美しい公園のなかに巨大なビル群」が建つ空間なのである。(Olerich 238) まさにそれは「都会もなければ田舎もない」空間であり、ジュリアンが見た二〇〇〇年のボストンの風景であり、そして都市と農村が幸福に融合した場なのである。

このように空間的な見地からユートピアを思い描いた作品として、キング・キャンプ・ジレット(King Camp Gillette, 1855-1932)の『ヒューマン・ドリフト』(*The Human Drift*, 1894)も挙げられよう。名前からも分かるように、ジレットはのちに安全カミソリを発明し、カミソリ会社を興す企業家となる。この本のなかで、彼は理想都市の青写真を図形と図版を交えて提案する(図版1)。図版ではきわめてモダニスティックなアパートが描かれてはいるが、オールリッチの場合と同じく、それもまた「つねに変化する花々や樹々の美しさに囲まれたビルと通り」からなる場であり、テクノロジーと自然が無理なく共存するハイブリッドな空間なのだ。(Gillette 97)

ベラミーをはじめとする世紀末アメリカのユートピストたちが夢想したこうしたハイブリッドな空間が、イギリスへと飛び火し、そしてハワードの田園都市として結実していくわけである。しかし、ハイブリッド・ユートピアともいえるこの空間は、たんに人口や環境、衛生的な

図版1

側面から考案されただけではない。そこには政治的・イデオロギー的な契機が孕まれている。つまり、『田園都市』のなかでも顔を覗かせた不安、労働者階級をめぐる不安こそが、理想都市建設の無視できない要因となっているのだ。

では、理想都市と階級不安とが織りなす関係とは、いったいどのようなものであったのか。次節では、もうひとつのユートピア小説、いやディストピア小説ともいうべきある作品を中心にそれを見ていく。その作品とは、イグナシアス・ドネリー（Ignatius Donnelly, 1831-1901）という作家が描いた未来社会の悪夢、『シーザーの柱』（*Caesar's Column*, 1890）である。そこにおいて、ハイブリッドな欲望が地理的・空間的なものに留まらず、いかに政治的な領域にまで貫かれているかが示されよう。

3 ディストピアン・シティー——ドネリーのニューヨーク

時代は一九八八年、場所はニューヨーク・シティー。そこでは、「磁力光線」が昼夜を問わず煌々と街並みを照らし、幾何学模様に張り巡らされた鉄道網が縦横無尽に走っている。ガラス屋根に覆われた雨天対応型の街路は、何層にも積み重ねられた立体式のもので、各層はエレヴェーターで連絡されている。そして、空にはエア・シップが舞い、遠隔地からの訪問者を迅速に輸送する。

映画『ブレード・ランナー』のオープニングを思わせるこの都市風景からも知れるように、ドネリーが描く未来のニューヨークはベラミーのボストン以上にテクノロジカルな空間として立ち現れる。しかし、この燦々と輝く未来社会は、社会・経済的平等にもとづいた二〇〇〇年のボストンとは異なり、熾烈な競争社会が産み出したあだ花でもあった。社会は高度に発達した文明を享受する資本家と、ゲットーに追いやられた労働者とに完全に二極化しているのだ。まさにエンゲルスが半世紀前に『イギリスにおける労働者階級の状態』（一八四五）で鮮やかに対比した、華やかな表通りのロンドンと陰惨な裏通りのロンドンが時空を越えてここに再現される。（エンゲルス　六一-二、六八-七〇頁）

この過剰なる都市化が産み出す弊害は言語を絶する。語り手のゲイブリエル・ウェルトスタイン（Gabriel Weltstein）が宿泊するホテルの名が「ダーウィン」であることにも示されるよう、徹頭徹尾進化論的な枠組みで構想されたこの作品において、都市居住者はことごとく先祖返りを起こし、獣化してしまう。（Donnelly 13, Patterson 21-31）「高度な文明がトラやオオカミの本能を助長」した結果、資本家は人間性を喪失し、いまやエゴイスティックな本能剥き出しのケダモノにすぎなくなっている。（Donnelly 29）他方、労働者も同じで、労働秘密結社「破壊団」（Brotherhood of Destruction）の首領であるシーザー・ロメリーニ（Caeser Lomellini）の観相・身体そのものに、それは刻印されている。

> その化け物のような手がほとんど膝に届くまでに、彼の長い腕は垂れ下がっていた。肌はまるで黒人のように黒く、縮れた黒髪が藁葺きよろしくびっしりと巨大な頭部を覆っていた。顔は筋張り、とりわけ顎や額の周辺の肉がごつごつと隆起していた。しかし、とくに惹きつけられたのは、その眼である。深く落ちくぼみ、不機嫌にギラギラと輝くそれは、まさに野獣の眼であった。それがネコ族の眼であるかのように、暗がりのなか発光しているかに思われたのだ。(Donnelly 172)

サウス・カロライナ出身のイタリア系アメリカ人であるにもかかわらず、シーザーは資本家に土地を奪われ労働者に転落したいまや、肌は「黒人のように」変色し、手足はサルのように長くなって、「野獣の眼」をぎらつかせる獣と化す。(Donnelly 145) 過剰な都市化が産み出す過剰な自然。文明が野蛮に一転してしまうアドルノ−ホルクハイマー流の弁証法が、そこには愚直なほど例示されているといえよう。

そして、革命が勃発。文字どおり野獣の軍団たる「破壊団」は、資本家たちおよびその常備軍を次々と虐殺していく。都市は死屍累々たる凄惨な廃墟と化し、首領シーザーは戦勝のモニュメントとしてその屍を積み上げ人柱を築く。だが、野獣死すべし。テラテラとかがり火に照らされた酸鼻きわまる記念碑、「シーザーの柱」を背景に、勝利の雄叫びを上げたシーザー自身、完全に野獣化し闘争本能だけになった暴徒によって惨殺され、食人種の饗宴よろしくその首は杭に穿たれ晒される。

毒々しい泥絵の具を塗りたくったような地獄絵図。もちろん、ドネリーが都市の惨劇をこれほどまで戯画化して書いた背景には、ミネソタ州選出の下院議員を努め、のちに中西部・南部の農民を主体とした人民党のスポークスマンとして活躍した経歴にも明らかなように、彼が筋金入りの農本主義者であったことが深く関係していよう。(Hofstadter 62, Ridge 263) しかし、アメリカ研究の泰斗リチャード・ホーフスタッターをして「ベラミーを逆立ちさせた」といわしめたこの小説は、ある意味で『顧みれば』に漂う漠とした不安をどぎつく意識化したものともいえる。(Hofstadter 67) 実際、ジュリアンが未来都市をはじめて眼にするまえに瞬時思い描いたのは、「シーザーの柱」が屹立するような終末論的な風景であった。

いま屋上から見下ろした景色が、たとえ輝ける都市のそれではなく、焼け焦げ苔むした瓦礫の山であったとしても、僕は驚かなかったであろう。(Bellamy, *LB* 62)

ジュリアンが一瞬見たこの廃墟幻想は、物語冒頭の「馬車の寓話」で鮮烈に図式化された社会の二極化がもたらすであろう悲惨な結末にほかならない。飢餓を御者に据えた十九世紀社会という名の巨大な馬車、その風通しのよい席を専有する少数の富者、そして飢餓に駆られてそれを引っ張っていくその他大勢の貧者。都市のハルマゲドンは、この初期資本主義社会の不平等が行き着く先なのだ。(Bellamy, *LB* 26-7)

輝ける都市が「焼け焦げ苔むした瓦礫の山」に帰してしまう恐怖は、『顧みれば』においても『シーザーの柱』と同様に、「スラムや工場群による侵食」への怯え、つまり労働者階級にたいする恐怖に起因する。事実、前述のようにデブズをはじめとする労働者がそこから多大なインスピレイションを受けたにもかかわらず、ベラミーは自分のユートピア思想が社会主義と混同されることを病的に嫌った。一八八八年、作家のウィリアム・ディーン・ハウエルズ(William Dean Howells, 1837-1920)に宛てた書簡のなかで、「「社会主義者」という言葉を聴くだけで、私には我慢ならない」と書いたことにそれははっきりと示されているし、また『顧みれば』のなかで労働者について次のように述べるくだりにもそのことはよく現れているといえよう。(Pfaelzer 43, Lipow 78)

> 労働者は自分たちが何を欲しているのか分かっていても、それをどのように手に入れたらよいのか分からなかった。そして、その方法を何となく示してくれそうな人間ならば、どんな輩にでも熱狂的に群がり、実際何も分かっていないような似非《えせ》指導者をも間髪おかずに祭り上げたのだ。(Bellamy, *LB* 42)

ベラミーによれば、労働者は「似非指導者」(シーザーのような?)に鼻面を引き回される無知な大衆にすぎない。このようにユートピアの実現は、けっして労働者のイニシャティヴによるものではないことが強調される。したがって、たとえ「産業軍」の幸福な労働者たちの姿が主音として鳴り響いても、『顧みれば』には彼（女）らにたいする疑心と不安がつねにとぎれとぎれの基音として聴こえてくるのである。

労働者にたいする不信は、未来社会の労働形態を説明するところにも顔を覗かせる。

> 国家労働力の効率性にかんして、たとえ敵対こそしていなくとも、個人資本家が個々別々に運営した場合と、ひとりの指導者が統括した場合とでは、暴徒の効率性、あるいは小部族の酋長が個々ばらばらに率いる野蛮人の効率性と、ひとりの将軍の指揮下に規律された軍隊の効率性との間に生じる格差が見られよう。（Bellamy, *LB* 117）

優秀な指導者、それはベラミーにとって、彼自身、あるいは彼の思想に共鳴したナショナリズムのメンバーたちが所属する南北戦争以前からの伝統的中産階級を意味した。そうした指導者の統御がなければ、労働者はたんなる「暴徒《モブ》」・「野蛮人《バーバリアン》」に比すべき烏合の衆にすぎない。労働者にたいするこうした認識は、ナショナリズムの機関誌『ナショナリスト』（*The Nationalist*）に掲載されたある論文のなかでより露骨な形で繰り返される。

> まともな士官であれば誰でも、訓練されていない暴徒を率いて敵に向かっていこうなどとはまさか思わないであろう。しかし、これこそが現代の産業社会がやっていることなのである。それは統御しがたい自然の力を人間の奉仕に馴致するさい、組織、秩序、そして統率すらもないままに、未熟で士気にも欠ける野蛮人にその仕事を任せっきりなのだ。

(Jesse Cox 329)

一読して分かるとおり、ジェス・コックスなる寄稿者のこのくだりは、さきに引用したベラミーの一節をなぞったものにすぎない。しかし、注意したいのは、ここでは労働者が「暴徒」・「野蛮人」として比喩的に語られるのではなく、「暴徒」・「野蛮人」そのものとして名指されていることだ。それはベラミーの語り口に潜むいわば政治的無意識を意識化したものであり、同時にドネリーが表象した労働者の姿と通底しあうものなのである。

このように、文明のもたらした所産である都市は、逆説的にもそこに野蛮を孕んでしまう。したがって、ベラミーらユートピストの使命は、たんに都市と農村の理想的な結合を目指すのみならず、寂れた農村よりも凄まじい自然状態、すなわち「野蛮な労働者」という自然を馴致・同化することもその射程に収めていた。この点で都市と身体は共振しあう。なぜなら、二〇〇〇年のボストンがテクノロジーによって自然を御した公園化《パークライク》された空間であったのと同じ意味で、「産業軍」の労働者はその荒ぶる自然を巧みにコントロールされた身体、自然と文明がほどよく調和したハイブリッドな身体といえるからだ。

ユートピア小説に見られるこうした階級不安は、世紀転換期のスラム探検記や住宅改善運動といった労働者階級の居住区への過剰な関心という形でも現れてこよう。ニューヨーク『サン』紙の記者ジェイコブ・A・リース（Jacob A. Riis, 1849-1914）によるスラム・ルポタージュ『別の半分はどう暮らしているのか』（*How the Other Half Lives*, 1890）などは、その典型である。その題名に記されているように、そこには「別の半分《アザ・ハーフ》」たる労働者階級の生活を覗きたいという下世話な好奇心と、スラムを透して見えてくる終末論的な都市の光景にたいする危機感が、判別しがたく混じり合っていた。（細谷　一五一―六頁）そして、当時ニューヨーク州知事であったセオドア・ロウズヴェルト（Theodore Roosevelt, 1858-1919）の任命により「ニューヨーク州スラム対策委員会」（New York State Tenement House Commision）が結成され、ローレンス・ヴェイラー（Lawrence Veiller, 1872-1959）ら委員によるスラム視察、および住宅改善運動が行われたのも、まさに同じ文脈からであったのだ。

4 シティー・オブ・ジ・アザ・ハーフ——リース、ヴェイラーのニューヨーク

一八八八年二月、ジェイコブ・A・リースはニューヨークのイースト・サイド地区へ潜入ルポを敢行、その成果をテクストと写真からなるルポタージュ『別の半分はどう暮らしているのか』としてまとめ上げ、スラムの「実態」を暴き出した。街の不良少年にお金を与えてそれらしいポーズを取らせるなど、リースの取材方法にはかなりの問題があったが、それでも「別の半分」ではない読者、すなわち中産階級の読者にとって、そのインパクトは計り知れないものがあった。（Stange 10、細谷　一八—二〇頁）というのも、フォト・ジャーナリストのはしりとして、当時まだ最新の発明品であった写真（しかもマグネシウム使用のフラッシュ・ライト付きという最新機種）を用い、リースは「客観的な」スラムの姿を読者の眼前に叩きつけたからだ。塵芥、疫病、搾取、窮乏、アルコール中毒といった陰惨な光景に次ぐ光景。ドネリーのフィクションを現実化したかのごとく、まさしくそこには廃墟そのものが映し出されていた。（図版2）

そして、さらにそれに追い打ちをかけるような扇情的な文章。

なぜなら、スラムは貧富を問わずに死をもたらす疫病の温床であり、裁判所、刑務所を

図版 2

満杯にし、毎年毎年四千もの人間の屑を流刑地や救貧院に送り込み、この八年間で慈悲を喰いものにする乞食を五〇万人も輩出し、一万人からなる浮浪者の常備軍をそれが抱え込む諸々の問題とともに維持していく貧困と犯罪の揺籃であるからだ。(Riis 2)

「貧困と犯罪の揺籃」という言葉が示すように、そこはまたシーザーの暗い怒りが鬱積する廃墟でもあった。その懸念は、ユダヤ人街の搾取工場で働く工員にかんする記述にも見られる。彼は四人の子どもと病身の妻を抱え、週給八ドル弱の手取りで月額一二ドルの家賃をやりくりして行かなくてはならない。しかし、この憐憫を誘う窮乏した姿の背後には、危険な怨念が沸々と醸成されている。

そんな身の上の人間ではあるが、彼の内部に渦巻くお金が欲しいという焦げつくような思いを見越して、公平な「分配」の約束を餌に、アナーキストたちは彼を仲間に引き入れてしまう。そうなれば、良識ある世論は悪しき外国人として冷たい視線を彼に浴びせ、この豊饒の土地に歪んだ思想の入る余地はないと断罪するであろう。(Riis 102)

おとなしく哀れな労働者でも、ジョーゼフ・コンラッド(Joseph Conrad, 1857-1924)の『密偵』(*The Secret Agent*, 1907)に登場するようなアナーキストよろしく、ダイナマイトで一瞬にして文明を灰に帰せしめる反社会的な存在にいつ転ずるか分からない。こうした一触即発の状況にあるにもかかわらず、市の電話帳には「アフリカ教育推進協会」の記載がある一方で、児童保護協会などの救済団体はどこを探しても見当たらない、とリースは皮肉る。(Riis 11)この無骨なアイロニーからも知れるように、ドネリーやベラミーと同様、リースにとっても、労働者はつねに統御を必要とする「野蛮人」であり、彼(女)らの住むスラムは早急なる啓蒙が必要な「内なるアフリカ」であった。その意味で、スラムはまさしく探検すべき場所であったといえよう。

その約十年後、リースと同じようにスラムを探検し、その写真を撮った男がいた。その男とは、「慈善組織協会」(Charity Organization Society)のメンバーで、のちにニューヨーク州スラム対策委員会の書記長に就任、一九〇一年の「スラム取締法」(Tenement House Law)成立の立役者となったローレンス・ヴェイラーである。一八九九年、協会の主催のもと、地図、グラフ、統計、そして一千枚を越える写真を駆使して、ヴェイラーは「スラム展示会」を一般公開した。(Stange 29)もちろん、そこで眼に飛び込んでくるのは、あの終末論的風景、廃墟の数々であった。(図版3)しかし、地図やグラフを多用していることからも分かるように、どちらかといえば良心や感情に訴える傾向にあったリースとは異なり、ヴェイラーは飽くまでも「客観的」・「科学的」な改革者としての姿勢を保とうとした。事実、スラム対策委員会のメンバーとして、協会のニューヨーク支局長ロバート・W・ディフォレスト(Robert W. De Forest, 1848-1931)と共同で提出した報告書「スラム問題」("The Tenement House Problem")において、彼の筆致はきわめて抑制されている。「一八六四年、ニューヨークにおけるスラム居住者の人口は四八万六〇〇〇人、家屋数一五万五一一棟であったが、一九〇〇年には現在のマンハッタン区にあたる同市でその数はそれぞれ一五八万五〇〇〇人、四二万七〇〇〇棟になっている。」(De Forest & Veiller, 5)数字に次ぐ数字、データに次ぐデータ、そしてプロの建築家によるモデル・ハウスの設計図案の数々。(図版4)しかし、マレン・スタンジが指摘するように、その「科学性」の背後には「改革者特有の社会コントロールへの意志《アンビション》」が隠されていた。(Stange 45)

図版 3

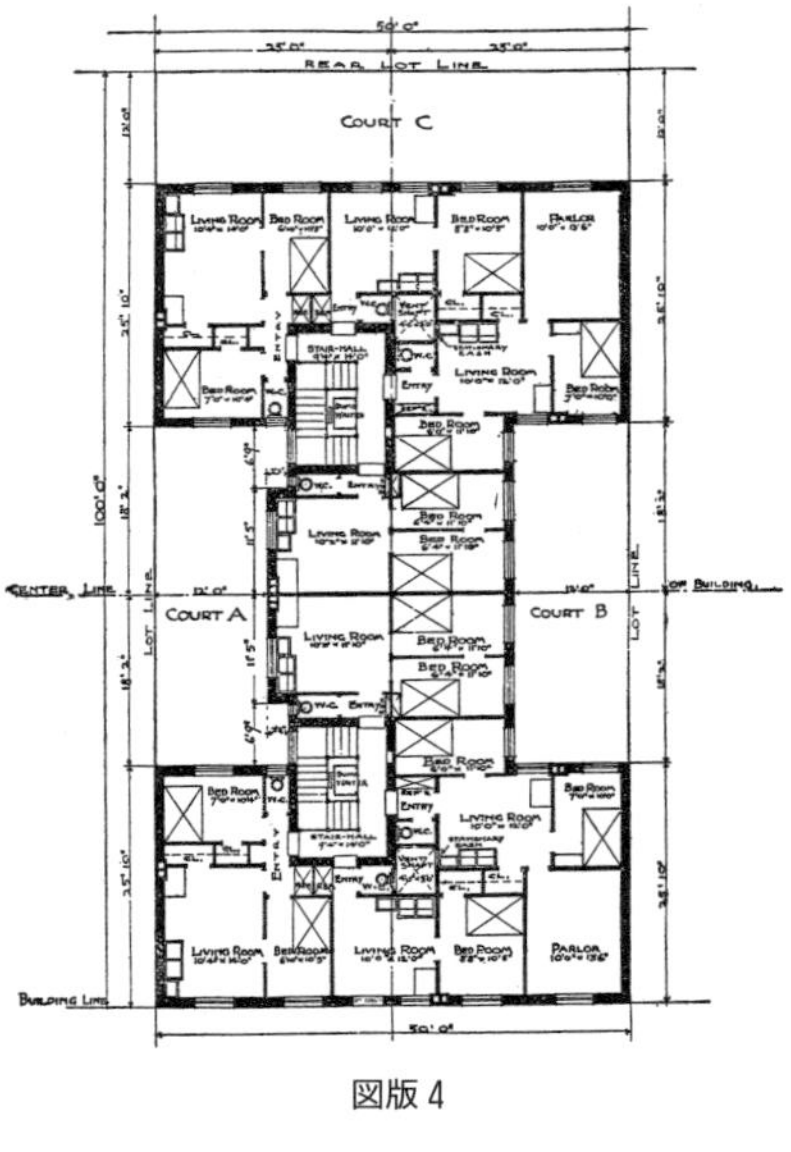

50' 0"
REAR LOT LINE
COURT C
LIVING ROOM
BED ROOM
PARLOR
STAIR-HALL
ENTRY
COURT A
COURT B
CENTER LINE
OF BUILDING
LOT LINE
BUILDING LINE
50' 0"

図版 4

そうした「意志」が顔を覗かせるのは、科学的な記述がふとしたはずみで道徳的な物語へとずれ込んでしまう瞬間である。例えば、スラムの通気と採光にかんする劣悪な状況について述べるくだりで、ヴェイラーは空気孔の狭さを具体的数字をあげて実証しているさなかに、突然ある教区司祭からの手紙を引用し、「道徳的な諸悪」について語り出す。

数人の若い女性から私［司祭］が直接に聴いた告白によって知ったことですが、何人ものご婦人が自分の家の鼻先で誘惑されているのです。パーティー、観劇、ダンス、ワインを飲みながらの遅い食事、それらはみな帰宅途中の寂しい街路での、それからスラムのアパートの暗く人気ないホールや階段での、破廉恥な放埒へと結びついていくのです。そして罪がなされ、眠れる母親とアパートの薄いドア一枚を隔てたところで、娘は過ちを犯してしまうのです。もうこうなってしまったら、彼女は手込めにされるだけ。絶叫をあげてアパート全体を揺り起こすことなど、恥辱のためにとうていできない話ですから。（De Forest & Veiller 19）

冷徹な客観的データに切れ目なく紛れ込む世話物まがいの教訓談。そこでは、事実とレトリックが渾然として併記される。というか、むしろ客観的データ自体も強烈なひとつのレトリックとして作用し、お互いがお互いを修辞的に補強しあう関係になっているといえよう。つまり、フィールド・ワークを積み重ねた結果、スラムの実態を発見した、というのではなく、あらかじめ形成されたスラムをめぐる言説がまずあって、それをデータで追認していくという作業がそこではなされているのである。ユートピア小説における労働者の表象やリースのスラム探検記、そして「ある教区司祭」からの手紙のような出所も不確かな教訓談が言説のネットワークを織りなしていき、ついでそれを写真や数字が支えていくという構図がそこにはあるのだ。

ヴェイラーが次のようにいうとき、彼の仕事がすでに形成された言説、あるいは枠組みにいかに拘束されているかが露呈してこよう。

スラムは病、貧困、悪徳、犯罪の発祥地である。そこは、泥棒や酔漢、娼婦になってしまう子どもたちがいることではなく、きちんと自尊心をもった大人になる子どもたちがいることと自体が驚きであるような場所なのだ。(De Forest & Veiller 10)

「病」、「貧困」、「犯罪」といった決まり文句に如実に示されるように、リースがスラムを描くのに用いた語彙がここには繰り返されている。いや、リースに出典があるわけではない。それは、産業革命そしてそれに続く大都市の出現以来、生産・再生産されてきたスラムをめぐる言説群からの引用であるのだ。さらに、現実をありのままに映し出すはずの写真もまた引用であるといえよう。ヴェイラーとリースが撮った写真を見比べたとき、その酷似ゆえにどちらが誰のものか困惑すら覚えてしまう。それもそのはず、撮るまえにすでに視るべきものは決定されていたからだ。スラム言説の場合と同じように、撮影のさいの対象選択、アングル、効果がひとつのフォーマットとしてあらかじめ形成されており、あとはそれにしたがってシャッターを切るばかりなのである。

ヴェイラーをはじめとするスラム対策委員会は、スラムの劣悪な環境を発見してその改善に乗り出したのではなく、改善すべき「病、貧困、悪徳、犯罪の発祥地」という前提を携えてスラムへと乗り込んでいった。そう、実際に視察するまえから、いや視察という儀式を踏まえなくとも、スラムははじめからコントロールすべき対象としてあったのである。そもそも「スラム」と名指したとたんに答えは出ていたのだ。なぜなら、「スラム」という現象自体、所与のものでも何でもなく、そこに諸々の意味作用をまとわり付かせた言説の効果、分節化にすぎないからである。(細谷　一八頁)

ベラミーがユートピアを夢想した時代には、スラムへの、そしてそこに住む労働者への不安と、それを統御したいという欲望が社会に広く流通していた。都市に野蛮が孕まれるという逆説。そして、抑えの効かなくなった文明と自然をいかにリセットし、理想的に混合していくか、という課題のもとに呈示されたのが、二〇〇〇年のボストンというハイブリッドな空間であったのだ。

都市と自然、文明と野蛮の織りなす悪しき弁証法は、もちろんアメリカに限った問題ではなかった。とりわけ産業革命発祥の地イギリスは、アメリカよりも半世紀早くこうした問題に頭を悩ましていたのである。十九世紀の半ば、まだアメリカでは南北戦争以前の牧歌的ともいえる時代に、すでにエンゲルスが『イギリスにおける労働者階級の状態』を執筆し、ヘンリー・メイヒュー(Henry Meyhew, 1812-87)がロンドン貧民街の探検記を『モーニング・クロニクル』紙に連載していた。したがって、エベネザー・ハワードがベラミーのユートピアを読んで大いに感化されたことは、不思議でも何でもなかった。ハワードにとって、『顧みれば』は、アメリカではなくイギリスのために、ボストンではなくロンドンのために与えられた啓示と思えたに相違ないからだ。こうして陰惨なスラムを通り抜け、いよいよ輝ける田園都市が地上に現れることになるのである。

5 ガーデン・シティー――ハワードのレッチワース

著者は数多くの見識豊かで興味深い書物を読んでいるようで、味気ない練り粉のような著者自身のユートピア的な計画のなかで、そこからの引用が美味なるプラムのように添えられている。とにかく、現存の都市を最大限に活用することが大事なのであって、新しい都市を建築しようなどと真面目に提案することは、ウェルズ氏が描いた火星人来襲にたいして防衛プランを練るのと同じくらい有益なことだろう。（Osborn 11, 強調筆者）

一八九八年、フェビアン協会[2]の機関紙『フェビアン・ニュース』一二月号の書評欄で、H・G・ウェルズ（H. G. Wells, 1866–1946）のSF小説まがいに荒唐無稽な内容と皮肉混じりに酷評されたこの本の題名は『明日――真の改革に向かう平和な道』、作者はエベネザー・ハワードであった。しかし、書評の意に反して、この「ユートピア的な」構想は言葉の厳密な意味で「何処にもない場所《ユートピア》」ではなかった。というのも、わずか十年のうちに、何処にもない場所であったはずのものが現実に実を結んでしまうからである。

田園都市の生みの親として、ハワードほどその外見も経歴もそぐわない人物はいなかったであろう。作家でありフェビアン協会の重鎮、ジョージ・バーナード・ショウ（George Bernard Shaw, 1856–1950）をして、「無能な変わり者として株取引所をクビになった精彩を欠いた老人」といわしめた凡庸きわまる風采。（Osborn 23）（図版5）ロンドンの下層中産階級の出身で、一五歳で教育を終えて商店の店員となり、その後職を転々、『明日』を自費出版したときは議会の議事録を作成をする一介の速記者であった。（Buder 5-13, 東　三八―六三頁）

2▼ フェビアン協会――一八八四年、イギリスで設立された社会主義団体。本文中でも言及されるシドニーとビアトリス（Beatrice Webb, 1858–1943）のウェッブ夫妻、バーナード・ショウ、H・G・ウェルズらが中心的なメンバーであった。革命ではなく漸進的な社会改革を目指すという理念はベラミーのユートピア思想とも通底しあい、アメリカ版『フェビアン論集』（*The Fabian Essays*, 1984）にベラミーが序文を書くなど、実際に両者には交流があった。

図版5

この経歴からも分かるように、彼が都市計画や建築についてまったくの素人であったことはいうまでもない。

そのような経歴の男を田園都市構想へと駆り立てた最初の転機が、一八七一年から約五年間続いたアメリカ滞在である。(Buder 7-8, 東　四四—六頁) ハワードは二人の友人と連れだって、自作農を試みるべくシカゴへと渡る。しかし自給自足の生活はあえなく挫折、裁判記録の速記者として都市部に職を求めざるを得ないはめになるが、それでもシカゴでの経験は彼にとって大きな財産となった。ハワードが渡米した一八七一年は、ちょうどシカゴが歴史的な大火に見舞われた年であり、翌年彼が都市部に移ったとき、街は急速な復興作業のさなかにあった。文字どおり灰と化した廃墟が刻一刻と近代都市へと生まれ変わっていく様子を眼にして、自分が生まれ育ったロンドンを一回ゼロに戻して新たに造り直したら、という幻影をハワードが抱いたと仮定しても、あながち的外れではないだろう。しかも、ミシガン湖畔に位置するシカゴは当時、水と森からなる「田園都市《ガーデン・シティー》」と呼ばれていた。(Osborn 26) そして、約二十年後の一八九三年、ウィリアム・ディーン・ハウエルズが「地上のユートピア」として絶賛したホワイト・シティーこと世界コロンブス博覧会が開催されたのも、その地シカゴであった。

一八七六年にイギリスに戻り、議会の議事録作成の仕事に係わるようになると、ハワードは議会で終始議論される都市問題や労働問題に関心をもつようになる。ショウやシドニー・ウェッブ (Sidney Webb, 1859-1947) といったのちのフェビアン協会の主導者たちも在籍した「懐疑協会」(Zetetical Society) という勉強会に参加したり、また「土地単税論《シングル・タックス》」で有名なアメリカの土地改革者ヘンリー・ジョージ (Henry George, 1839-97) のロンドン講演を聴きに行き、彼の『進歩と貧困』(*Progress and Poverty*, 1879) をさっそく購入して読んだのもこの時期であった。(Buder 12, 33) こうした努力の成果は、『明日』の第一一章「諸提案のユニークな結合」(“A Unique Combination of Proposals”)に現れているといえよう。そこでハワードは、先行する三つの改革案、すなわち政治家エドワード・ギボン・ウェイクフィールド(Edward Gibbon Wakefield, 1796-1862)や経済学者アルフレッド・マーシャル(Alfred Marshall, 1842-1924)による移住論、土地改革家トマス・スペンス(Thomas Spence, 1750-1814)や社会進化論者ハーバート・スペンサー(Herbert Spencer, 1820-1903)の土地国有化論、ジャーナリストであり政治家ジェイムズ・シルク・バッキンガム(James Silk Buckingham, 1786-1855)の都市計画を縦横無尽に論じ、自分の豊富な読書量を見せつけることになる(もっとも、『フェビアン・ニュース』においてそれは格好の嘲りの対象となってしまうのだが)。

ロンドン子として都市の弊害を自らの肌で感じ、またそれをめぐる先人の思想を吸収しつつ、ハワードは田園都市構想を醸成していった。そのなかで出逢ったのが、ベラミーの『顧みれば』なのである。一八八九年、彼はアメリカ時代の友人から一冊のユートピア小説を送られる。さっそく繙いてみると、その内容に圧倒され一晩で読了。「私利私欲にではなく共同体への奉仕にもとづいた新しい文明」を提案したその書は、彼のいまだ漠然とした考えに焦点がぴったりと合ったイメージを提供したに違いない。感激したハワードはある出版社にイギリスでの出版を働きかけ、その結果、『顧みれば』は二年間で一千部の売り上げを記録することになる。(Buder 34-5)

東秀紀はハワードの思い描いた世界を「ベラミーの全体主義的な効率優先の社会とはまったく逆の世界」と捉え、『顧みれば』が与えた影響を過小評価している。(東　五八頁)たしかに、中央集権的なユートピアと住民主体の共同体である田園都市を同列に語るわけにはいかないであろう。しかし、統治形態に表層的な相違を見るのではなく、認識論レベルにおいて両者を接続させた場合、田園都市はまさしく二〇〇〇年のボストンの正統なる後継者として現れてこよう。これから見ていくように、それは都市と農村の幸福な結合だけでなく、『明日』の副題「真の改革に向かう平和な道」が示すように、階級の「平和」的結合をも模索するハイブリッドな欲望に貫かれているのである。

『明日』の冒頭で開口一番、ハワードは都市と農村の問題がいかに深刻な事態に陥っているかを切り出す。

> あらゆる党派を超えて、イギリスだけでなくヨーロッパ全土、そしてアメリカや連邦諸国においても異口同音に認めざるを得ないのは、すでに過密な都市部にさらに人口が流れ込み、農村部ではさらに過疎化が進んでいるというひじょうに嘆かわしい事態であろう。(Howard 2-3)

それを解決する「マスター・キー」として彼が呈示するのが、三つの磁石のダイアグラムに示された「第三の選択《サード・オルタナティブ》」である。(図版6) 図の上部にある二つの磁石はそれぞれ「都市」と「農村」を指し、その長所・短所が列挙される。まず都市は、高い就業機会、高い賃金、多様な娯楽、文明の利器の充実といった利便性がある一方で、高い家賃、過酷な労働、群衆のなかの孤独、劣悪な環境など、リースやヴェイラーでお馴染みの暗い側面をもっている。農村のほうは、都市部にはない自然の美しさを存分に享受でき、地代も格安であるが、農業以外に就業機会はほとんどなく、娯楽もなければ人との交流も限られてしまっている。そのため、どんなに否定的な側面をもっていようとも、都市の磁石は強烈な「磁力《アトラクション》」を発し続け、人を引きつけて止まない。(Howard 6-9) この二つの両極端を理想的に結合させたのが図の下部に見られ

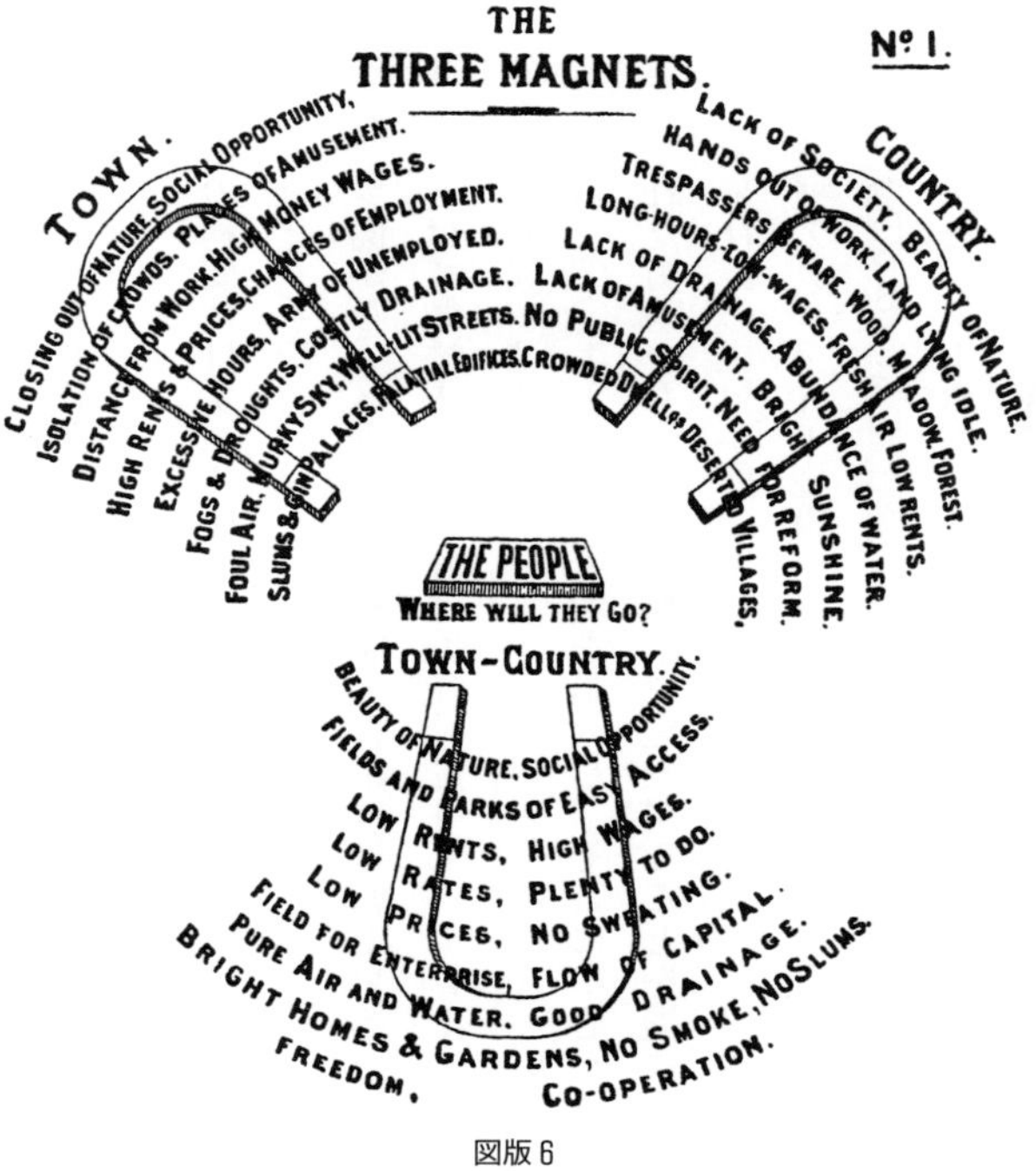
THE
THREE MAGNETS.
Nº 1.
TOWN.
CLOSING OUT OF NATURE. SOCIAL OPPORTUNITY.
ISOLATION OF CROWDS. PLACES OF AMUSEMENT.
DISTANCE FROM WORK. HIGH MONEY WAGES.
HIGH RENTS & PRICES. CHANCES OF EMPLOYMENT.
EXCESSIVE HOURS. ARMY OF UNEMPLOYED.
FOGS & DROUGHTS. COSTLY DRAINAGE.
FOUL AIR. MURKY SKY. WELL-LIT STREETS.
SLUMS & GIN PALACES. PALATIAL EDIFICES.
COUNTRY.
LACK OF SOCIETY. BEAUTY OF NATURE.
HANDS OUT OF WORK. LAND LYING IDLE.
TRESPASSERS BEWARE. WOOD, MEADOW, FOREST.
LONG HOURS - LOW WAGES. FRESH AIR. LOW RENTS.
LACK OF DRAINAGE. ABUNDANCE OF WATER.
LACK OF AMUSEMENT. BRIGHT SUNSHINE.
NO PUBLIC SPIRIT. NEED FOR REFORM.
CROWDED DWELLINGS. DESERTED VILLAGES.
THE PEOPLE
WHERE WILL THEY GO?
TOWN-COUNTRY.
BEAUTY OF NATURE. SOCIAL OPPORTUNITY.
FIELDS AND PARKS OF EASY ACCESS.
LOW RENTS, HIGH WAGES.
LOW RATES, PLENTY TO DO.
LOW PRICES, NO SWEATING.
FIELD FOR ENTERPRISE, FLOW OF CAPITAL.
PURE AIR AND WATER. GOOD DRAINAGE.
BRIGHT HOMES & GARDENS, NO SMOKE, NO SLUMS.
FREEDOM. CO-OPERATION.

図版6

る磁石、「都市-農村《タウン・カントリー》」という「第三の選択」なのである。

都市生活か農村生活かという二つの選択しかないように一般には思われているが、実際はそうではない。そこには第三の選択、すなわち活気ある華やかな都市生活の利点と、田舎の自然の美と喜びとが完全な結合のもとに確保できる選択があるのだ。(Howard 7)

農村の自然に恵まれながらも大都市の利便性はすべて備えている自律した共同体、この「第三の選択」こそが田園都市なのである。そして、ハワードはそれがどのようなものであるのか、交通や電気・水道といったインフラ面から、区画整備・税制・自治体運営といった行政面に至るまで、図表を描き具体的数字をあげて微に入り細に穿った説明をする。しかし、ここでは、その空間的な構成に絞ってそれを眺めていきたい。

図版7にあるように、ハワードは約六〇〇〇エーカーの土地を購入し、そこに中心から放射状に延び、それぞれ環状道路で連結された街路をもつ円形の都市を建設することを提案する。そこには、まさにジュリアンの見た未来社会の風景が展開されている。中心部にはタウン・ホール、美術館、図書館、病院などの各種アメニティー施設が設置され、その周りを「セントラル・パーク」という公園が取り囲む。(図版8)その公園の外周には、「水晶宮《クリスタル・パレス》」と呼ばれる鉄とガラス建築で造られたショッピング・センターおよび温室があり、さらにその外側には街路に樹々が整然と植えられ、ゆったりとした土地に瀟洒な住宅が建ち並ぶ。この住宅地を二分化している「大通り《グランド・アヴェニュー》」には、公園、学校、教会といった施設が割り当てられ、一番外側の環状道路には工場、倉庫、資材置き場が並び、その円環の外には農地が広がっている。

人口は三万二〇〇〇人。鉄道が都市を貫通、あるいはその周辺を走り、どの住民も鉄道から

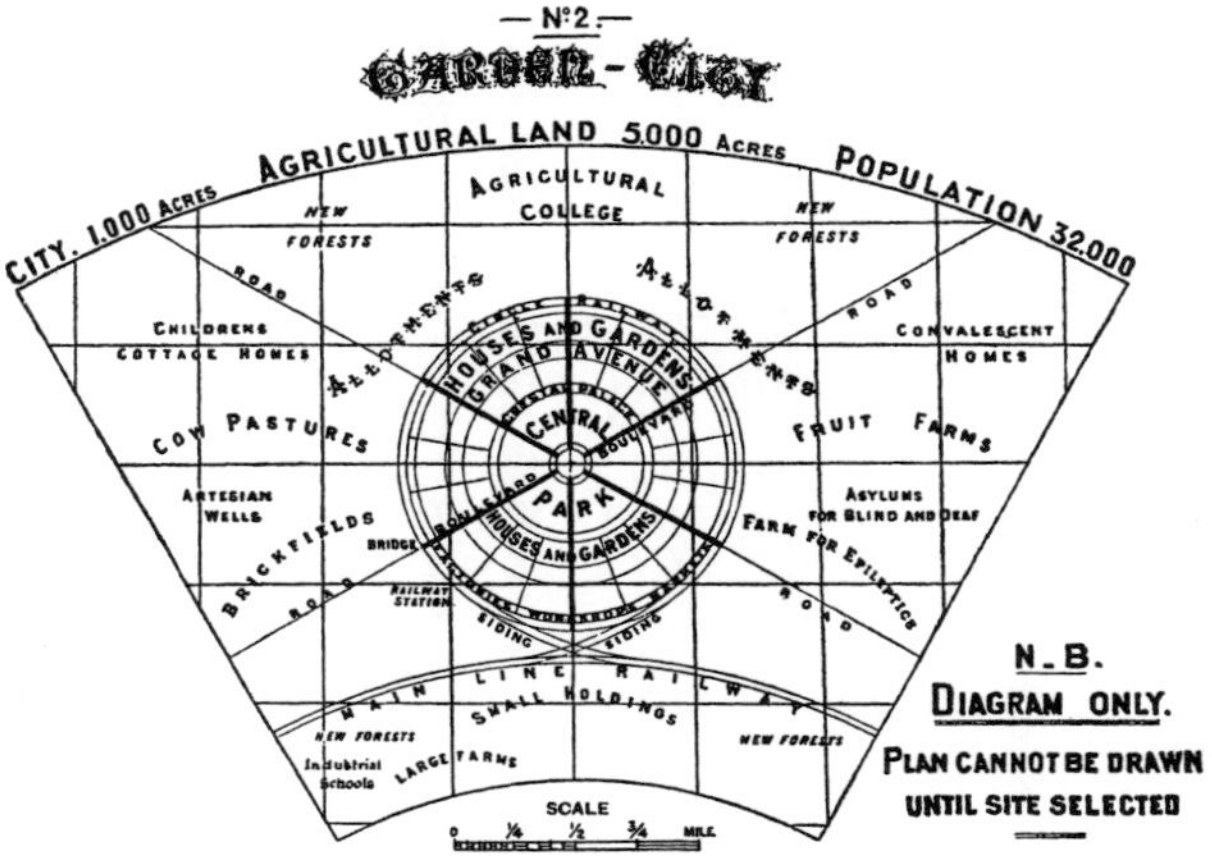

— N°2. —
GARDEN - CITY
AGRICULTURAL LAND 5,000 ACRES
CITY. 1,000 ACRES
POPULATION 32,000
AGRICULTURAL COLLEGE
NEW FORESTS
CHILDRENS COTTAGE HOMES
CONVALESCENT HOMES
COW PASTURES
FRUIT FARMS
ARTESIAN WELLS
ASYLUMS FOR BLIND AND DEAF
BRICKFIELDS
FARM FOR EPILEPTICS
ALLOTMENTS
HOUSES AND GARDENS
GRAND AVENUE
CENTRAL PARK
BOULEVARD
BRIDGE
RAILWAY STATION
ROAD
SIDING
MAIN LINE RAILWAY
SMALL HOLDINGS
Industrial Schools
LARGE FARMS
SCALE
0 ¼ ½ ¾ MILE
N.B.
DIAGRAM ONLY.
PLAN CANNOT BE DRAWN UNTIL SITE SELECTED

図版 7

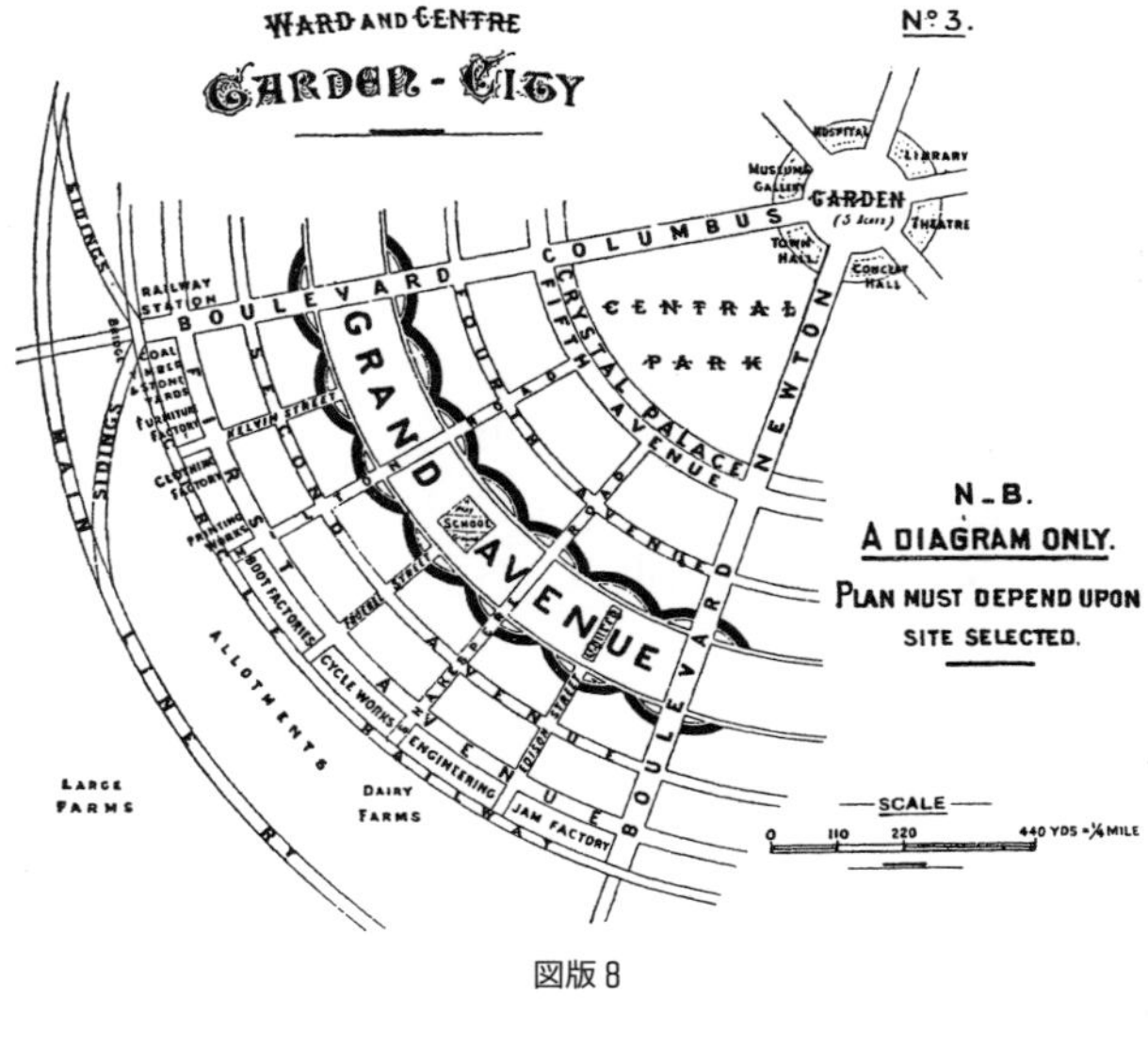

WARD AND CENTRE
GARDEN - CITY
N°3.
HOSPITAL
LIBRARY
MUSEUM
GALLERY
GARDEN
THEATRE
TOWN HALL
CONCERT HALL
COLUMBUS
CENTRAL PARK
CRYSTAL PALACE
FIFTH AVENUE
NEWTON
BOULEVARD
GRAND AVENUE
SCHOOL
RAILWAY STATION
SIDINGS
FURNITURE FACTORY
CLOTHING FACTORY
PRINTING WORKS
BOOT FACTORIES
CYCLE WORKS
ENGINEERING
JAM FACTORY
ALLOTMENTS
DAIRY FARMS
LARGE FARMS
MAIN LINE RY
N.B.
A DIAGRAM ONLY.
PLAN MUST DEPEND UPON SITE SELECTED.
SCALE
0 110 220 440 YDS = ¼ MILE

図版 8

六六〇ヤード以内の所に住んでいるというアクセスの良さ。これひとつ取ってみても分かるように、田園都市は、ともすれば「田園」という訳語に仄めかされる都市からの脱却、ルイス・マンフォードのいう「退行的ユートピア」をけっして意味しない。(Mumford 15) 事実、そこは公園や農地が広がる自然豊かな空間であると同時に、近代的な下水道設備や発電施設を完備したすぐれてテクノロジカルな空間でもあるのだ。街の中心部にある商業地区を「水晶宮」と命名したことにも、そのことは明らかだ。一八五一年の第一回ロンドン万博で、イギリスは鉄とガラスからなる最新の建築技術を駆使し、「水晶宮」という名の会場を建設した。テクノロジーの力を遺憾なく見せつけたその建築物の名前を拝借することで、ハワードは田園都市の近代的側面を強調しようとしたのであろう。

このように、都市と農村、自然とテクノロジーが見事に調和したハワードの田園都市は、ベラミーが約十年前に夢想したユートピアをより現実性をもって描き直したものにほかならない。しかし、このハイブリッドな欲望は空間的なものだけに留まらない。ベラミーの場合と同じように、二極化した階級をいかにして調整するか、というイデオロギー的なレベルにまでそれは及んでいる。したがって、都市、農村、都市-農村を表した三つの磁石は、中産階級、労働者階級、そしてその理想的混合というふうに読み換えることもできるのである。

『明日』のなかには、ドネリーやリース、ヴェイラーが労働者階級にたいして示した露骨な嫌悪感や恐怖などは微塵も読み取れない。それでも、『顧みれば』に漂っていたような漠とした不安が、その底辺に拭いがたくまとわりついていることは否定できない。実際、「都市」を示す磁石に「過酷な労働時間」、「多数の失業者」、「豪邸とスラム」が否定的な要素として挙げられているように、田園都市は都市部の労働者をつねに視野に捉えつつ構想された。ハワード自身、それが労働者に高い賃金と快適な環境を提供するのを「主目的」としていることを言明している。

要するに、その目的は、あらゆる種類の誠実な労働者のために健康と快適さの水準を上げることにある。この目的を達成する手段こそが、自治体所有の土地で展開される、都市と農村の健全かつ自然、そして経済的な混合なのである。(Howard 13)

つまり、田園都市は、そのブルジョワ的な響きに反して、ともすれば都市を廃墟に帰してしまうような階級闘争を回避する安全弁としての機能をもっていたのである。「真の改革に向かう平和な道」という副題の意味はまさにそこにあった。それは、都市と農村の結合をもって、中産階級と労働者階級を融和させ、そこに幸福な結合を実現しようという欲望の所産であったのだ。

階級をめぐるハイブリッドな欲望は、ハワードの「準自治体《セミ・ミュニシパリティ》」という発想にも確認できる。ベラミーと同じように、共同体社会の必要性を唱えつつも、ハワードは自分が社会主義者と見なされることに抵抗を覚えていた。(Buder 66) しかし、個人主義にもとづく自由競争を容認するわけにはいかない。なぜなら、それは社会進化論に裏打ちされた生存競争を激化させ、社会を「ジャングル」に変えかねない脅威であったからだ。それゆえ、彼が共同体の運営方法を案出するとき、都市と農村の結合よろしく、この両極端な立場をいかに調整するかということが課題となる。

この問題に答えを求めようとするとき、必ず二つの対立する見解が生じてしまう。ひとつは社会主義者の見解で、それによれば富の生産と分配をもっともよく管理できるのは共同体ということになる。他方、もうひとつの見解、個人主義者のそれによれば、そうしたことは個人に任せるのが一番ということになる。(Howard 64)

そこで個人主義と社会主義の折衷として捻出されたのが、住民主体の法人組織が管理・運営を行うという半官半民のシステム、「準自治体」であった。これによって、民間事業の柔軟かつ迅速な対応と国有化の共同精神は確保しつつ、前者の営利追求や後者の中央集権的な管理は忌避できることになろう。それは、「完全に協調した社会活動と完全たる個人の自由」をともども保証する、行政面における理想的なハイブリッドであった。(Howard 143, 西山 二五―八頁)

この個人主義と社会主義の幸福な結合が、階級融和のメタファーであったことはいうまでもない。両者の対立は、資本家の論理と労働者階級の論理の対立と簡単に読み換えることができるからだ。このように、ハワードのハイブリッドな欲望は空間的だけでなく、イデオロギー的なレベルにおいても機能する。スラムや生存競争といった文明が不可避に孕んでしまう野蛮、またはそこから生じるかもしれない壊滅的な結末。それを統御・忌避すべく、いかに両者を混淆させるかという欲望。「都市と農村の結婚」は、この世紀転換期における不安と欲望の究極的な顕れといえるのである。

そして、この欲望は現実化する。『明日』出版直後の一八九九年、わずか一二名の有志によって「田園都市協会」(Garden City Association)が設立される。(Buder 77-95, Osborn 12-3, 西山 七四―八二頁、東 七八―八二、一三六―四〇頁)しかし、その二年後、政治家で弁護士のラルフ・ネヴィル(Ralph Neville)が協会会長の座につくや、賛同者は急増、一九〇三年に田園都市実現のための会社「第一田園都市株式会社」(The First Garden City Company, Ltd.）が組織される。そのとき資金を提供したのが、ジョージ・キャドバリー（George Cadbury, 1839-1922）やウィリアム・リーバ（William Lever, 1851-1925）といった資本家たちであった。現在も企業名にその名を残しているように、キャドバリーはチョコレート会社、リーバは石鹼会社をそれぞれ経営しており、両者とも労働者のためのモデル住宅を造っていた。（片木　一七四―九二頁）この点を見ても分かるように、企業家とユートピアは思ったよりも身近な関係にあったのであり、カミソリ王ジレットがユートピア小説を書いたこともこの文脈で理解されなくてはならない。

第一田園都市株式会社は、ロンドンの北方約三五マイルのところにある三八一八エーカーの土地を購入、その地レッチワース（Letchworth）が世界最初の田園都市として誕生する。しかし、土地の広さからも分かるように（ハワードは六〇〇〇エーカーを提唱した）、現実の田園都市は彼の理想とズレがあった。そうした不満は、一九二〇年に彼が半ば独断で第二田園都市ウェリン（Welwyn）を企画し、強引にその開発を進めたことにも現れていよう。ウェリン完成後、彼は即座にレッチワースから移住し、一九二八年に死ぬまでそこに住みつくことになる。

実際、レッチワースの設計担当者レイモンド・アンウィン（Reymond Unwin, 1863-1940）による最初の設計図を見ると、そこにはハワードの提案した放射状道路と環状道路からなる円環ではなく、地形や土地区画を考慮し、より現実に則した有機的な形態が描かれている（街は基本的にこの図案にそって開発された）。（図版9）そして、農村の自然と都市の文明を兼備した自律した共同体という理念も、住民の大半がロンドンへ通勤することで、あっさりと裏切られてしまう。（Buder 90）大都市の磁力はけっして衰えることなく、レッチワースはたんなる郊外住宅地という田園都市の形骸化した様相を早くも晒すことになったのである。

1913.

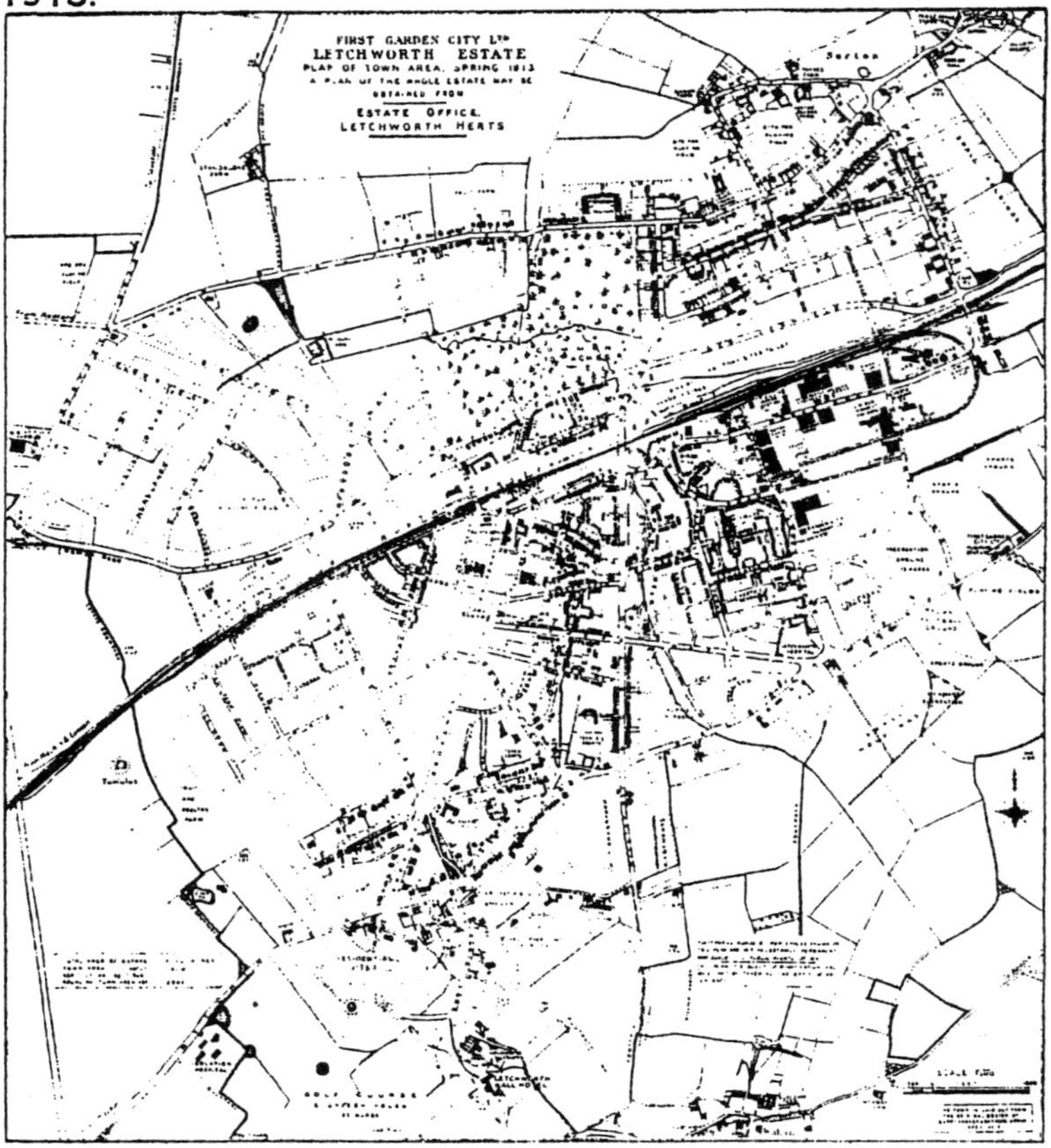
FIRST GARDEN CITY L^TD
LETCHWORTH ESTATE
PLAN OF TOWN AREA, SPRING 1913
A PLAN OF THE WHOLE ESTATE MAY BE OBTAINED FROM
ESTATE OFFICE,
LETCHWORTH HERTS
Norton
Tumulus
GOLF COURSE
LETCHWORTH HALL HOTEL

図版9

さらに階級の宥和にかんしても、思うようにことは運ばなかった。開発当初、レッチワースに移り住んだ約四〇〇人のうち、そのほとんどは中産階級であった。理由は、労働者階級を寄せつけない家賃の高さにあった。労働者が来ない、したがって現地に職場のある自律した共同体を営めないことから、一九〇五年に労働者向けの住宅を展示した「低廉住宅展示会」(Cheap Cottage Exhibit) を開き、労働者階級の住民を誘致することになる。しかし、誘致をしたらしたで、労働者からは禁酒や啓蒙的な講演など、街を支配するブルジョワ倫理にたいする不満の声が上がり、逆に中産階級は「望ましからぬ住民」として労働者を疎むようになった。(Buder 91-3) 都市と農村、中産階級と労働者階級、この両極端の幸福なる結合は、現実においてはやはり何処にもないもの《ユートピア》を求める欲望とならざるを得なかったのである。

しかし、レッチワースは、第二次大戦後のニュー・タウン法における国有化にも、また大企業支配の民間化にも粘り強く抵抗していったその歴史が語るように、住民主体の共同体というハワードの理念だけは守り続けてきた。(西山　九三―一〇一頁) また、ハワードの後継者たるフレドリック・J・オズボーン (Frederic J. Osborn, 1885-1978) が「政策に影響する」ほど「田園都市」は誤読され誤解されたと嘆いても、それでもハワードの構想がヨーロッパ諸国のみならず、アメリカやオーストラリア、そして日本の都市計画のフォーマットを造ったことは評価してもし足りない。(Osborn 26) どんなに不完全な形であれ、またどんなに判別しがたいほど変形されていようと、世紀転換期のハイブリッドな欲望の記憶が、私たちの街の至るところに半ば無意識となってまどろんでいるのである。

6 今日の田園都市——私たちの「田園調布」

大正八（一九一九）年、澁澤秀雄はヨーロッパとアメリカに旅立つ。目的は、田園都市株式会社による宅地開発のモデルを視察するためである。訪れた街のなかには、当然レッチワースも含まれていた。しかし、世界初の田園都市にたいする秀雄の反応は、あまりぱっとしないものであった。

一九一九年の冬、私もレッチワォスへいってみた。まだ完成していなかったから、家も少なく人影もまれで、道路をさしはさむ広い空地は枯草に覆われ、寂しくて住む気になれない所だった。（澁澤秀雄『わが町』、東他より　二〇〇頁）

一九一九年といえば、レッチワースが開発されてすでに十五年が経っている。当初はわずか四〇〇人に過ぎなかった人口も、創設十年の一九一四年には八五〇〇人を数えた。それから考えれば、秀雄が当地を訪れたとき、お世辞にも活気ある場所ではなかったにしても、「寂しくて住む気になれない所」とまではいいきれなかったはずだ。いずれにしろ彼はレッチワースに魅力を見いだせず、かわりにサンフランシスコ郊外にあるセントフランシス・ウッド（St. Francis Wood）という田園都市に範を仰ぐようになる。（東他　一六八―七一、二〇〇―三頁、猪瀬　一四―五頁）田園調布の放射状街路はここから由来したわけだが、レッチワースの有機的形態を拒否した結果、それがかえってハワードのダイアグラムに近いものとなったのは皮肉である。（図版10）

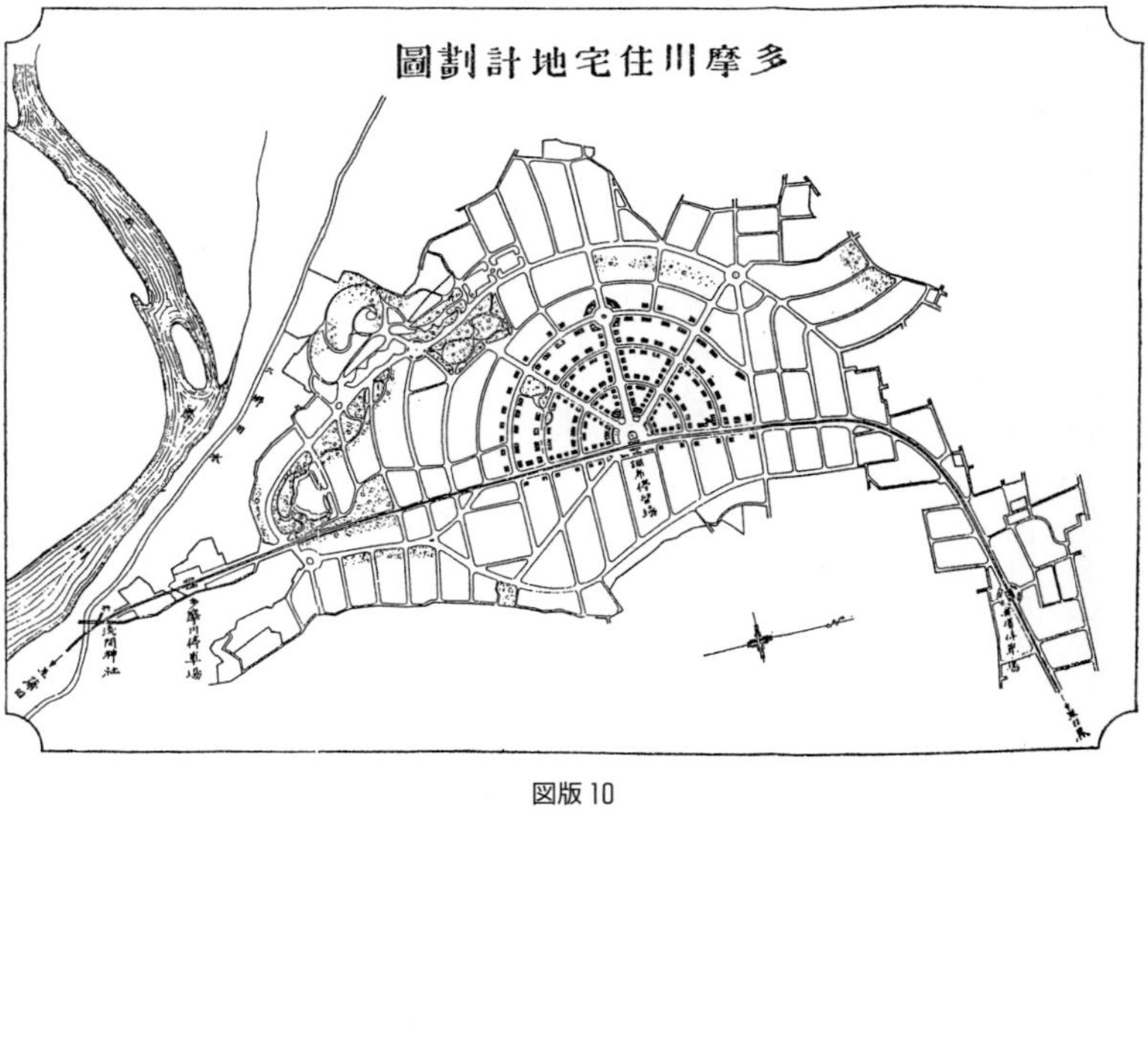

図版10

さらに皮肉なのは、形式においてこそハワードの思想は再現されているものの、本邦初の田園都市は、その思想が受けてきた誤読に次ぐ誤読から産み出されたものであるということだ。前述したように、田園調布建設の発端は日本の近代化が産み出した都市問題、労働問題にあった。それにたいするひとつの反応として、内務省地方局の役人が欧米の田園都市運動を参照しつつ、『田園都市』を出版したわけである。しかし、すでにこの時点で誤読ははじまっていた。まず第一に、キャドバリーやリーバ、そして「プルマン車輛」で有名なアメリカの車輌会社の経営者ジョージ・M・プルマン（George M. Pullman, 1831-97）らによるモデル住宅が、ハワードの田園都市構想と同列に扱われている。つまり、共同体による自主的管理と、資本家が上から労働者に施すような温情的管理とが、そこでは混同されているのだ。しかも、論点はむしろ後者のほうに置かれているのである。

このトップ・ダウン型の田園都市論は、「抑々國家をして健全なる發達を為さしむるは、究竟するに國家を組織する人々の性格如何の問題に歸着すべし」とあるように、その究極的な目的が国家の効率性にあったことに原因している。（内務省地方局有志　二四頁）都市問題、労働問題をしっかりと射程に入れながら、都市と農村の結合ばかりを説いて、ハワードのもうひとつの重要な課題である中産階級と労働者階級の幸福な結合には言及しないでいるのもこの事情によるのであろう。もちろん、ハワードも階級闘争、そしてそれによる都市、ひいては国家の壊滅という不安を抱えながら田園都市を構想した。だが、彼は飽くまでもそれを住民が自主的に解決するべきものと提案した。そうした民主的な身振りは、『田園都市』では跡形もなく消えている。社会主義という形ではないにせよ、ハワードの嫌った国家の介入がそこには露骨に現れているのである。

内務省の役人に誤読された「田園都市」は、澁澤、畑を経て田園都市株式会社を経由し、田園調布の造成に辿り着くまでに、さらなる誤読をされることになる。「東京市の近傍に田園都市を設けて理想的住宅地を設けたならば、都市問題の解決に資すること甚大であろう」という前出の畑の言葉どおり、彼と澁澤は『田園都市』で提起された都市問題を引き受ける形で田園調布の建設を推進した。しかし、実際の分譲段階となると、『田園都市』にはまだ残っていた都市問題・労働問題の要素すらごっそりとこそぎ落とされてしまう。それは分譲時のパンフレットを読めば一目瞭然である。

所謂田園都市に於ては工業地域の工場へ通勤する労働者の住宅地を主眼とするに反して、我が田園都市に於ては東京市と云ふ大工場へ通勤される智識階級の住宅地を眼目と致しますす結果、勢ひ生活程度の高い瀟洒な郊外新住宅地が建設されて行くことは自然の数であると存じます。(田園調布会　三九―四〇頁)

田園調布が、中産階級と労働者階級の宥和した自律した都市で**は**、**な**、**い**ことが、戸惑うほどあからさまに述べられている。それは大都市依存型のベッドタウンであり、労働者を排除した「智識階級」の住むブルジョワ・ユートピアと化してしまっているのだ。「分譲」ということ自体からして、住民が払う地代を住民に還元して活用するという田園都市の経営理念からは逸脱したものとなっている。まさにイデオロギーを忘却するというイデオロギーがここには働いているといえよう。

とはいえ、レッチワースがそうであるように、田園調布にはハワードの記憶が他のどの街よりも色濃く残っていることは事実である。自治組織の田園調布会が強調するとおり、田園都市株式会社の都市開発がどうであれ、少なくともその住民はハワードの意志を実践していった。

ここではただ一言、生みの親の田園都市会社が消滅し、まま母の電鉄会社からうとんじられるようになったことが、産みおとされた田園調布の新住民たちを逞しく一人歩きさせることになったということをいっておきたい。(田園調布会　六〇頁)

建物の高さ、建ぺい率、騒音規制、そして生垣の造り方に至るまで、この街には種々の規制がある。しかし、これらの規制は行政がトップ・ダウンで押しつけたものではなく、住民自らの合意によるものだ。高級住宅地でありながら、住民は「一種の下町的・共同体的な絆」をもって街を育てていったのである。(田園調布会　二四二頁) そもそも、今回この雑文を書くにあたって大変有用な資料となった『郷土誌田園調布』のように、国家や自治体、研究者ではなく、住民がその歴史を記録し残すような街が果たしていくつあるであろうか。

他方、首都圏だけでも無数にある田園調布の末裔たちはといえば、色褪せたコピーのコピーとしてその原型すら留めていない。「ガーデン・シティー」といういまだよく使われるキャッチ・コピーにもかかわらず、あるのは申し訳程度の都会と自然の組み合わせだけで、そこには住民による自主管理すらないといえる。二、三軒先にはもう誰が住んでいるのか分からないような空間は、けっしてガーデン・シティーとは呼べない。

バブル期の頃、田園都市線にたまたま乗ったときに、その沿線地域の住宅が二億、三億という値で売りに出されている広告を眼にしたことがある。今でも住んでいる人には申し訳ないが、正直いって「こんな辺鄙なところで……」と絶句してしまった。田園都市線沿線は、その路線名が示すように、昭和二八(一九五三)年、田園都市株式会社の元重役で、当時東急グループの総帥であった五島慶太が、「日本版レッチワース」をというスローガンのもと開発に着手した地域である。(東他　二〇九頁) しかし、民間企業による営利追求型の開発は、ハワードが危惧したとおり、都市問題や労働問題などはなから捨象したものとなってしまった。そして、その悪弊は、あざみ野やたまプラーザだけではなく、新百合ヶ丘、南大沢、あるいは筆者の住む聖蹟桜ヶ丘でも繰り返され、私たちの「田園都市」、私たちの「田園調布」として定着することになるのだ。

そういえば、田園調布駅前のロータリーには信号がない。信号がなくても、車は徐行、歩行者を優先して通らせる。自分の住むマンションのまえを通る狭い道路を猛然とスピードを上げながら通過していく車を見やりながら、やはりそこはユートピアなのかもしれないと漠然と思ってしまった。

［参考文献］

猪瀬直樹『土地の神話』日本の近代　猪瀬直樹著作集6、小学館、二〇〇二年。

片木篤『イギリスの郊外――住宅中流階級のユートピア』、住まいの図書館出版局、一九八七年。

津金澤聰廣『宝塚戦略――小林一三の生活文化論』、講談社現代選書、一九九一年。

田園調布会『郷土誌田園調布』、中央公論事業出版、二〇〇〇年。

内務省地方局有志（編）『田園都市』、博文館、一九〇七年。

西山八重子『イギリス田園都市の社会学』、ミネルヴァ書房、二〇〇二年。

東秀紀『漱石の倫敦、ハワードのロンドン――田園都市への誘い』、中公新書、一九九一年。

東秀紀他『「明日の田園都市」への誘い――ハワードの構想に発したその歴史と未来』、彰国社、二〇〇一年。

細谷等「写真的想像力――十九世紀における自己の肖像／他者の表象」、『接続』1所収、二〇〇一年。

安田孝『郊外住宅の形成――大阪―田園都市の夢と現実』、ＩＮＡＸ出版、一九九二年。

横山源之助『日本の下層社会』、岩波文庫、一九八五年。

エンゲルス、フリードリッヒ『イギリスにおける労働者階級の状態』上・下、一条和生・杉山忠平訳、岩波文庫、一九九〇年。

Bellamy, Edward. *Looking Backward, 2000-1887.* Ed. Cecelia Tichi. Penguin 1982.

——. *Equality*. New York : AMS Press. 1970 [1897].
Buder, Stanley. *Visionaries and Planners : The Garden City Movement and the Modern Community*. Oxford : Oxford University Press. 1990.
Cox, Jesse. “Objections to Nationalism” *The Nationalist* III. New York : Greenwood Reprint Corporation. 1968 [1891]. 325-30.
De Forest, Robert W. and Lawrence Veiller. Eds. *The Tenement House Problem*. New York : Arno. 1970 [1903].
Donnelly, Ignatius. *Caesar's Column : A Story of the Twentieth Century*. New York : AMS Press. 1981 [c1890].
Gillette, King Camp. *The Human Drift*. Delmar, New York : Scholar's Facsimiles & Reprints, Inc. 1976 [1894].
Hofstadter, Richard. *The Age of Reform : From Bryan to F. D. R.* New York : Vintage Books. 1995. 邦訳 リチャード・ホーフスタッター『改革の時代——農民神話からニューディールへ』清水知久他訳、みすず書房、一九八八年。
Howard, Ebenezer. *To-Morrow : A Peaceful Path to Real Reform*. New York : Routledge. 1998.
——. *Garden Cities of To-Morrow*. Ed. F. J. Osborn. Cambridge, Massachusetts : The M. I. T. Press. 1965. 邦訳 エベネザー・ハワード『明日の田園都市』長素連訳、鹿島出版会、一九六八年。
Hyden, Dolores. *The Grand Domestic Revolution : A History of Feminist Designs for American Homes, Neighborhoods, and Cities*. Cambridge, Massachusetts : The M. I. T. Press. 1981. 邦訳 ドロレス・ハイデン『家事大革命——アメリカの住宅、近隣、都市におけるフェミニスト・デザインの歴史』、野口美智子他訳、勁草書房、一九八五年。
Lipow, Arthur. *Authoritarian Socialism in America : Edward Bellamy and the Nationalist Movement*. Berkeley : University of California Press. 1991 [1982].
Mumford, Lewis. *The Story of Utopias*. Gloucester, Mass. : Peter Smith. 1959. 邦訳 ルイス・マンフォード『ユートピアの系譜』関裕三郎訳、新泉社、二〇〇〇年。
Osborn, F. J. Preface to *Garden Cities of To-Morrow*. Cambridge, Massachusetts : The M. I. T. Press. 1965.
Olerich, Henry. *A Cityless and Countryless World : An Outline of Practical Co-operative Individualism*. New York : Arno Press. 1971 [1893].
Patterson, John. “From Yeoman to Beast : Images of Blackness in *Caesar's Column*.” *American Studies* 12 (1971). 21-31.
Pfaelzer, Jean. *The Utopian Novel in America, 1886-1896 : The Politics of Form*. Pittsburgh, Pa : University of Pittsburgh Press. 1984.

Ridge, Martin. *Ignatius Donnelly : The Portrait of a Politician.* St. Paul : Minnesota Historical Society Press. 1991 [1962].

Roemer, Kenneth M. *The Obsolete Necessity : America in Utopian Writings, 1888-1900.* The Kent State University Press. 1976.

Rosemont, Franklin. "Bellamy's Radicalism Reclaimed." *Looking Backward, 1988-1888 : Essays on Edward Bellamy*, ed. Daphne Patai. Amherst : The University of Massachusetts Press. 1988. 146-209.

Stange, Maren. *Symbols of Ideal Life : Social Documentary Photography in America 1890-1950.* Cambridge : Cambridge University Press. 1989.

＊参考文献で現在入手可能な邦訳のあるものは明記してあるが、本文中の訳はすべて筆者によるものである。

ダイアローグ

田園都市の夢いまいずこ

小林一岳

澁澤榮一の孫として実業界で活躍するとともに、日本の民俗資料の収集・保護と研究に精力を尽くした澁澤敬三は、一九二一(大正一〇)年からのロンドン在住中、ロンドンの動物園について次のようなエッセイを残している。

動物園を見た後の気持ちは思ったほどいいものではない。それは絵画や彫刻とは違って、先方が人間より以下の動物であって、かつ如何にも下品な情けない性情や行動を、露骨にみせつけられるためである。……コンドルが兎の頭の毛をするどい嘴でむしりとっているのを見るといやになる。金太郎と一緒に遊んでいる熊や猿や鹿は可愛いけれど、現実のものを見るといわゆる幻滅だ。……たしかに人は動物園に居る間それぞれの動物と同等の地位にまで低下している。低下せねば檻の中の動物はイタイタしくて見られまい。

(「倫敦の動物園を見るの記」)

このように敬三は動物園への嫌悪を明らかにしている。それはここに述べられているように、人間が動物の地位まで堕落する事への嫌悪である。別のことばで言えば、動物園の中で人間も動物であることを再確認させられることに対する嫌悪感ということもできよう。ただし、敬三は動物園という存在そのものを全面的に否定しているわけではない。その後で、敬三は次のように述べる。

> ハーゲンベック（ドイツのハーゲンベック動物園の創始者—引用者注）のやり方も「自然」という見地から見て、人と動物の露骨な対照を避けたものだが、僕の考えでは気持ちの悪い動物を抜きにした動物園を作ることが一番だと思う。
> それは猛獣と禽獣を抜きにすれば、動物園の動物はもっともっと人間と友達になって、人間が動物と敵対する気持ちを起こさずに、動物という仲立ちによって、人間が一時自然に帰る—低下するとは異なる—ことが出来ようと思うのだ。（同右）

ここにみられるように、敬三にとっての自然とは、あくまで人間との関わりの中にある自然である。つまり、人間によって選択・改変され、馴らされた、括弧付きの「自然」である。そのような「自然」に対比されるものとしての、いわばむき出しの自然を象徴するものとしての「動物」は、嫌悪されるべきものだと述べるのである。

敬三は、このような「自然」を象徴する理想郷として「一つの空想的計画」を提言している。それは、多摩川沿いの二子（現二子玉川）に、多摩川の「両岸にまたがる一大公園」をつくるという計画である。そこに上野の動物園を移転してもっと大規模なものにするとともに、公園内に多摩川の水を引き入れて「淡水水族館」とし、海水は東京湾から運んで海水産の水族館もつくろうとするのである。その大動物園こそ、「毎日の工場の煙と、生活難と、市内の雑踏に疲れ切った市民の神経」を安めるものであるという。

この多摩川河畔に建設されるべき大動物公園こそ、敬三の構想した理想的な「自然」であるといえよう。そしてそれは、都市生活に疲れ果てた住民を癒すためにこそ存在する「自然」であった。

このような自然のとらえ方は、近代という時代になって生み出されたものであるとみることができる。そしてこの近代的自然観のもとで構想されたものとして、敬三の祖父榮一を中心に導入された田園都市という構想も位置づけられよう。

細谷は田園都市という構想が、資本主義社会が進展する中で大きな社会問題が生じてくる一九世紀後半のヨーロッパ社会で生まれ、それが日本社会に移植される道筋を明らかにしてくれる。この田園都市について細谷は、「自然とテクノロジーの理想的な混淆状態」を創ることを目的としたものだと述べ、それを「ハイブリット」という形で表現する。興味深い議論であるといえよう。しかし、これは自然とテクノロジーという対立するものが融合するというものではなく、人間の自然に対する観念の大きな変化を意味するものではないだろうか。人間が自然を完全に克服し、そこからの利益を余すところ無く利用しようとする、資本主義という構造そのものが自然観の変化の原動力であるとともに、それに対する軌道修正の中から、人間により保全される「自然」に価値を求めようとする考え方が生まれてくるということもできるであろう。

ただここで注意すべきことは、細谷がはっきり指摘しているように、資本主義の進展により本来の自然が駆逐され、改変されていくだけでなく、本来自然を克服すべき資本主義の落とし子であるべき都市そのものも、弱肉強食の自然状態になるという点である。この点についてこの論文では、ホルクハイマーとアドルノが『啓蒙の弁証法』で指摘した、近代そのものが野蛮を生み出すという指摘をベースに議論されていると思われる。自然を駆逐するべき近代が、その内部に新たな野蛮＝自然を生み出してしまうというジレンマである。

この点を考えに入れて先の澁澤敬三のエッセイに戻るならば、敬三のいう動物園の「動物」とは、本来の自然であるとともに、新たに資本主義社会の中に生まれた自然＝弱肉強食であったと読み込むこともできよう（井上潤によれば、敬三自身は幼少期から動物・生物学者を志していたという。つまり、自然界の弱肉強食の生態など彼にとっては自明のことであった）。敬三はそのような社会の現実の中で、その問題を軟着陸させるための一つの地点として、大動物園というユートピアを構想したとみることもできる。田園都市や大動物園は、本来の自然と新たな自然の「はざま」に構想されたユートピアとしての「自然」だったのである。

細谷が述べているように、田園調布そのものはその本来目指すべき労働者のための町という性格を離れ、資産家のためのユートピアとなっていった。しかし、本来の田園都市の理念は、東京の都市化の現実の中に受け継がれていく。

例えば、田園都市の現実化は、関東大震災の義捐金により設立された同潤会によってなされていった。同潤会は震災後の東京復興のための住宅供給を目的とし、有名な初期集合住宅としての同潤会アパートとともに、一戸建て住宅の供給事業を行った。内田青蔵によれば、それは「勤め人向けの住宅として約三十坪前後の規模の木造住宅が東京と横浜の二十ケ所に数十戸のかたまりとして建てられた」ものであった。その中で、本来田園都市として構想された松江（江戸川区）住宅地は、田園調布などと比較してより小規模な分譲がなされるとともに、住宅が取り囲む中央の中庭に共同の井戸がおかれ、そこは子供の遊び場であるとともに、地域のコミュニティーの中心となっており、そしてその住宅地に隣接して工場の誘致がなされていたという（佐藤滋）。

このような勤め人や工場労働者向け住宅は、理想的なユートピアではなかったかもしれない。しかもそれは、国家による社会事業として国家の側の主導によって行われたという限界性を持っていたのは確かであろう。しかしそれは、当時の都市住民にとっては実際に叶えられる「夢」であったということはできるであろう。

この時期の新興の分譲住宅地を題材とする映画として、二本のものを掲げることができる。それは一九三四（昭和九）年封切りの島津保次郎監督作品「隣の八重ちゃん」と、一九三二（昭和七）年封切りの小津安二郎監督作品「生まれてはみたけれど」である。どちらも松竹蒲田撮影所で撮影されたものであり、平井輝章によれば、島津作品のロケ地は目蒲線沿線、また小津作品は池上線沿線でロケされたものであるという。

目蒲線の開通は一九二三（大正一二）年であり、一九二二（大正一一）年に開通した池上線が五反田まで延長されるのが一九二八（昭和三）年であることから、これらの映画は蒲田を中心とした大正末から昭和初期の私鉄沿線の新興住宅地の姿をよく示しているといえよう。川本三郎は、東京の「郊外」から日本の近代を見通そうとする中で、これらの映画を昭和初期のサラリーマン生活を描いた「小市民映画」としてとらえ、そこからかれらの「夢」と「現実」をみようとしていて、興味深い。

島津作品は、主人公の高校生八重ちゃん（逢初夢子）と隣の帝大生（大日向伝）との恋ともいえない親密な関係を描いたものである。住宅地の隣合う二軒に住む二人は大の仲良しであり、両親共々頻繁に互いの家を行き来している。隣の帝大生は腹が減ったと八重ちゃんの家に上がり込み、勝手にご飯を食べるような関係である。この映画には、新興住宅地の中で生まれる隣人との豊かなコミュニケーションが描かれていて、本来見も知らぬ人々が集まり居住する新興住宅地であっても、そこには豊かな生活の内実が生まれていたことがよく示されている。

ここには郊外の新興住宅地を「小市民」のユートピアとみる見方が反映されているということができよう。

しかし、小津作品ではそれとは少し異なった視点から同じ世界が描かれる。主人公の父親(斎藤達夫)は会社勤めのサラリーマンであり、都心に通勤している。二人の息子は地域の子供同士のコミュニティーの中では小さなボスとなっている。ところが、彼らは父親とともに近くの重役の家のホーム・ムービーの映写会に呼ばれ、そこで父親が重役に「媚びへつらう」姿を、日頃の遊びの中では従わせている重役の息子とともに見ることになる。そしてその結果、息子達は父親と決裂してしまうのである。映画の最後ではとりあえずの和解がなされるものの、本質的な問題はなお残されたままとなっている。

ここには地域のコミュニティーにも、会社の上下関係に象徴されるような格差の構造、いわば制度化された弱肉強食が持ちこまれ、それが家族という共同体の核にさえ「ヒビ」をいれていく状況が描き出されている。地域や家族という共同体も、ユートピアではないことが露呈されているのである。これらの映画にみられるように、田園都市に夢をいだく昭和初期の「小市民」は、住宅地に形成された隣人としてのコミュニティーを持ちながらも、しかしそれは近代になって成立した新たな自然=弱肉強食による動揺に常に曝されていたということができよう。

それに比較して、現在の私たちはどうであろうか。田園都市というユートピアのイメージのもとで、本当に豊かな生活や豊かなコミュニティーを獲得できているのだろうか。私たちは現在に至るまで小津が示した地平から逃れることはできず、より深刻化した延長線上に位置しているように思えてならないのである。

［参考文献］

井上潤「生物学者への夢と挫折」『屋根裏の博物館—実業家渋沢敬三が育てた民の学問』横浜市歴史博物館展示図録、二〇〇二年。

内田青蔵「同潤会の戸建て住宅」『東京人』一六四号、二〇〇一年。

川本三郎『郊外の文学誌』新潮社、二〇〇三年。

佐藤滋「同潤会、その運動と軌跡　１９２４—１９４１」『東京人』一一五号、一九九七年。

澁澤敬三「倫敦の動物園を見るの記」、『澁澤敬三著作集　第一巻』平凡社、一九九二年所収、初出は一九三三年。

平井輝章『実録　日本映画の誕生』、フィルムアート社、一九九三年。

マックス・ホルクハイマー／テオドール・アドルノ『啓蒙の弁証法』徳永恂訳、岩波書店、一九九〇年

Ⅱ

交差点

Cross Road

台湾人家庭のなかの外国人労働者

仲介業者J.C.インタビュー記録

洪　郁如

【解題】

昨年の旧正月、家族が入院したため、台北の大学病院に泊まり込んで一ヶ月あまりの看病生活を送った。それをきっかけに、現在の台湾における介護問題の実態について現場で観察することができた。真夏の酷暑を忍びつつ木陰の下の歩道を通って病院に出入りするたびに、何種類もの小さなビラが一日に何度も手渡された。その文面はいずれも「你需要外労・監護工嗎？請打×××× 。（外国人の付添婦は要りませんか？　××××までお電話を）」のようなものであった。このようなビラ配りは、警備員の目を盗んで、各病室にも侵入してきた。見知らぬ人物がいきなり踏み込んできて、「你要不要監護工？（付添婦要りますか？）」と聞かれることもよくあった。ビラ配りが警備員に取り押さえられる「現行犯逮捕」の現場にも何度か出くわした。介護仲介人による勧誘は、病院側にとっても悩みの種のようであった。平均寿命の伸長による社会の高齢化、また核家族化などを背景に、介護問題は今日のアジア各国、特に都市部において普遍化している。こうした文脈のなかで、九〇年代以降、外国人労働者は徐々に台湾の家庭で活躍し始めた。都市と農村の境界線が曖昧になっている今日の台湾にあって、これは全島規模の変化といってもよかろう。

一九八九年一〇月、台湾は本格的に外国人労働者の導入を開始した。行政院労工委員会の統計によれば、二〇〇二年一二月現在の外国人労働者数は三〇万三六八四人で、人材の主たる供給国はフィリピン、インドネシア、タイ、ベトナムなどである。当初は男性労働者を中心に、製造業、建設業などの業種に集中していた。ところが台湾経済が停滞に陥るにつれ、失業増加の原因を外国人労働者の導入に結びつける論調も現れ始めた。こうした世論の圧力の下で、政府は外国人労働者導入に関しては新規採用を中止し、二〇〇一年には、政府の重大建設プロジェクト以外の建設部門でも凍結された。以前は開放されていた業種・部門にも徐々に縮減の傾向がみられる。しかし興味深いのは、外国人労働者引き受けの凍結政策は、「監護工」を代表とする家庭サービス部門には及んでいないことである。その人数は減少するどころか年々増加の途を辿り、二〇〇二年一二月現在で一一万三七五五人と、業種別では第一位であった。

家庭サービス業に関連する職種は「監護工《チェンフーコン》」と「家庭幇傭《チァティンバンヨン》」の二種類がある。仕事内容に関する具体的な規定は設けられていないが、それぞれの申請条件から判断すれば、前者は老人性痴呆症、重症の患者、心身障害者などの介護を行うものであり、後者は幼児、高齢者がいる家庭での家事労働を行うものであるといえる。申請資格と要件（【表1】【表2】）から分かるように、両者の申請の難易度は大いに異なっている。老人介護問題を抱えた家庭のほとんどが、「監護工」の申請条件をクリアすることができるのに対し、「家庭幇傭」の申請は容易ではない。申請資格は厳格であり、所定の点数（十六点）に達していなければならない。例えば、一歳から二歳未満の子供一人、二歳から三歳未満の子供一人、八十歳から九十歳未満の高齢者が

表1　外国人監護工の申請資格

行政院労工委員会の公示（2001年7月27日付）に基づき、以下の条件にあてはまる家族構成員がいれば、外国人監護工の申請が認められる。	
申請資格	1．重度以上の平衡機能障害が証明された者 2．重度以上の軀幹障害が証明された者 3．重度以上の知能障害が証明された者 4．植物人間 5．重度以上の老人痴呆症が証明された者 6．重度以上の自閉症が証明された者 7．重度以上の染色体異常症が証明された者 8．重度異常の先天代謝異常が証明された者 9．その他の先天の病気で重度以上と証明された者 10．多重障害者（上記の九項目のうち二つ以上障害が証明された者） 11．脳卒中で「自力で生活できない。他人の介護を必要とする者」 12．慢性の重症または重大の病気で「六ヶ月以上在宅の長期休養を必要とし、自力で生活できず、他人の介護を必要とする者」 13．重度以上の精神病が証明された者
備考	外国人監護工を申請できる者は、直系親族または同一生計の三親等以内の傍系親族、もしくは一親等以内の姻戚者に限る。例えば祖父母と孫嫁、または祖父母と孫婿のような二親等の姻戚者。申請の際には一戸一名原則で、但し被看護人が公的機関により発行された心身障害者手帳の保有者、植物人間に属する心身障害者、または医療機関の発行による「巴氏量表」の評点が零点にあたる者は、一名以上の雇用が認められる。
親族関係表	(1)一親等　(2)二親等　(3)三親等 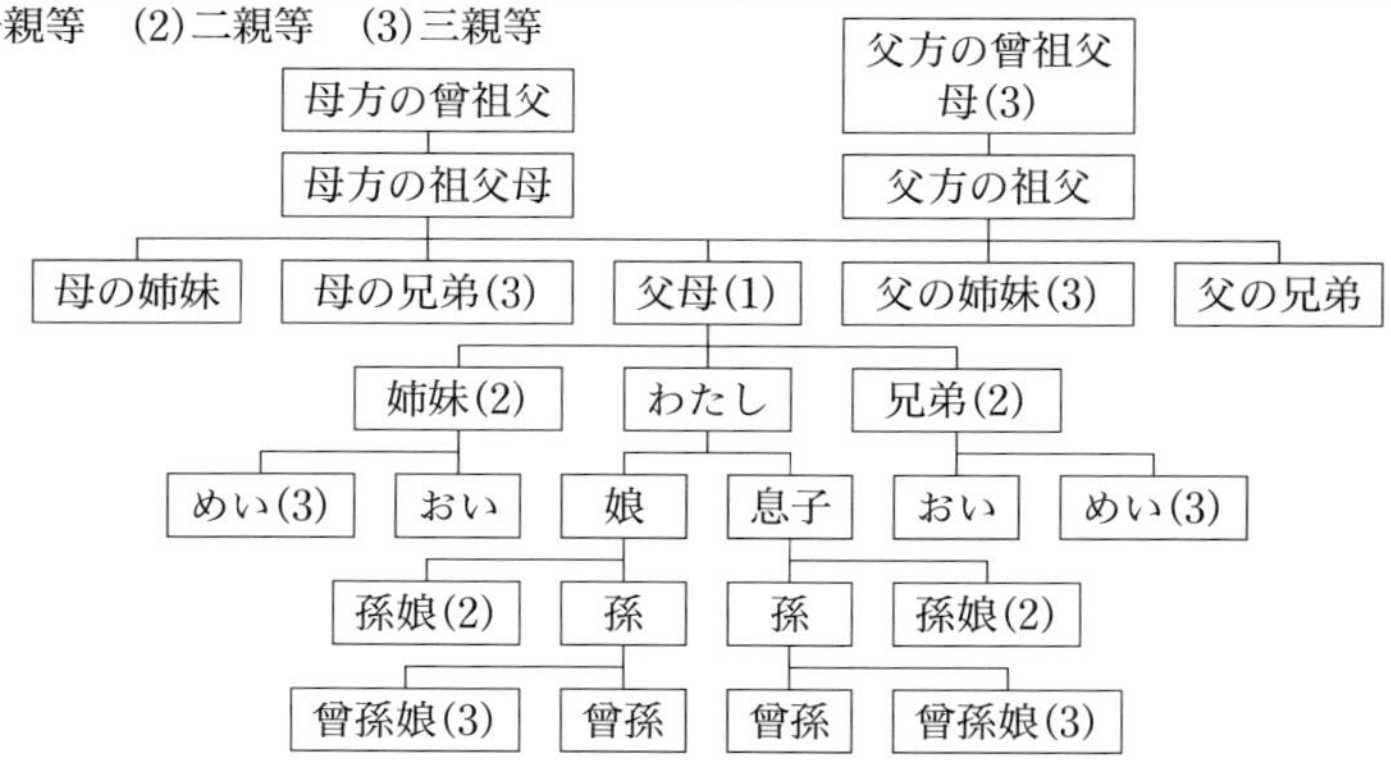

出所：Mr. J. C. 資料提供に基づき筆者作成

表２　外国籍家庭幇傭の申請資格：(専案申請)

<table>
<tr><td></td><td colspan="3">行政院労工委員会の公示(2001 年 11 月 7 日)によれば、雇用主と同一戸籍の者で、以下のいずれかの資格を持つ者は、専案申請の形で外国籍幇傭の雇用申請ができる。ただし外国籍幇傭は一戸に一人に限られる。</td></tr>
<tr><td rowspan="3">資格</td><td colspan="3">(1) 家庭内に年齢 3 歳以下の三人以上多胞胎を有する者。</td></tr>
<tr><td rowspan="2">(2) 家の中に以下の条件を満たす老人や幼児がおり、さらに以下の計算法で 16 点以上に達する者。</td><td colspan="2">(1) 6 歳未満の直系一親等。(卑親)</td></tr>
<tr><td colspan="2">(2) 75 歳以上の直系一親等または姻戚一親等。(尊親)</td></tr>
<tr><td rowspan="13">計算方法</td><td colspan="3">いずれかの条件に符合する者は以下の計算法に基づき点数を算出する。ただし、被世話人が別件申請の被世話もしくは被看護人の場合、あるいは被世話人が雇用主と別戸籍の場合は、計算対象から除外される。</td></tr>
<tr><td colspan="2">申請者との親族関係</td><td>点数（1 人）</td></tr>
<tr><td>直系一親等（卑親）</td><td>直系一親等または姻戚一親等(尊親)</td><td></td></tr>
<tr><td>年齢 1 歳未満の子女</td><td></td><td>7.5</td></tr>
<tr><td></td><td>満 90 歳以上の尊親</td><td>7</td></tr>
<tr><td>満 1 歳から 2 歳未満の子女</td><td>満 80 歳から 90 歳未満の尊親</td><td>6</td></tr>
<tr><td></td><td>満 79 歳から 80 歳未満の尊親</td><td>5</td></tr>
<tr><td>満 2 歳から 3 歳未満の子女</td><td></td><td>4.5</td></tr>
<tr><td></td><td>満 78 歳から 79 歳未満の尊親</td><td>4</td></tr>
<tr><td>満 3 歳から 4 歳未満の子女</td><td>満 77 歳から 78 歳未満の尊親</td><td>3</td></tr>
<tr><td>満 4 歳から 5 歳未満の子女</td><td>満 76 歳から 77 歳未満の尊親</td><td>2</td></tr>
<tr><td>満 5 歳から 6 歳未満の子女</td><td>満 75 歳から 76 歳未満の尊親</td><td>1</td></tr>
</table>

出所：Mr. J. C. 資料提供に基づき筆者作成

表３　在台外国人労働者の国籍と性別（2002 年 11 月現在）

国籍	合計	%	男性	%	女性	%
総計	306,657	100.00	136,750	44.59	169,907	55.41
インドネシア	95,969	100.00	9,814	10.23	86,155	89.77
マレーシア	36	100.00	32	88.89	4	11.11
フィリピン	68,877	100.00	22,181	32.20	46,696	67.80
タイ	114,921	100.00	96,828	84.26	18,093	15.74
ベトナム	26,854	100.00	7,895	29.40	18,959	70.60

出所：台湾行政院労工委員会職業訓練局　http://www.evta.gov.tw/

単位：人

いる家庭Aの場合、点数はそれぞれ六点、四・五点、六点で合計十六・五点となり、「家庭幇傭」の申請条件を満たすことができる。こうした申請基準の難易度を反映し、二〇〇二年一二月現在での外国人「家庭幇傭」は六、九五六人で、「監護工」人数の約半分となっている。

性別からみれば、初期の建設業、製造業は男性労働者が中心であったのに対し、今日の在台外国人の約三分の一が従事する「監護工」の業種は全て女性によって占められている。言い換えれば、外国人の労働市場においては、産業労働に従事する男性と家庭サービス業に従事する女性の間で棲み分けが形成されている。また【表3】により国籍と性別の関連を見てみよう。二〇〇二年一一月現在で外国人労働者数第一位を占めるタイからの労働者の八四・二六％は男性であった。これに対し、二位のインドネシアの八九・七七％は女性であった。

このような数字の背景にある実態を知るために、筆者はある仲介業者にインタビューの可能性を打診した。仲介業者は、仲介費の名の下に労働者から金銭を搾取する「悪玉」として見られがちであり、彼らの側もこれを意識した結果、聞き取りに応じてくれないのではないかと危惧したが、J．C．は筆者の実弟の幼なじみでもあり、インタビューを快諾してくれた。

J．C．はこの業界に入って三年余りになる。実家は個人病院を経営しており、父親が院長で、兄弟はいずれも医師である。J．C．本人はリハビリ学科の卒業で、仲介業に入る前は製薬会社で三年余り勤務したこともあり、医療や薬品に関する知識は豊富である。

J．C．の事務所は、中部の農業地帯に位置する人口約四万七〇〇〇の町にある。本社は台北にあり、二つの支社のうち、中部を拠点とする支社の代表がJ．C．である。建物の一階が事務所となっており、ガラス張りの扉から入ると、二〇平米の一室がオフィスとして使用されている。四名の台湾人スタッフのほか、インドネシア人スタッフも一人いる。背広姿のJ．C．は筆者をオフィスの裏の応接室に通した。最初、J．C．は少し緊張気味であったが、しばらく話すうちに徐々にリラックスした表情を見せた。結局、このインタビューは約三時間にも及んだ。

インタビューの内容は主に、仲介業界の状況、労働者招集の流れ、現場の労働状況、逃走問題という四つのトピックに整理できる。

第一に、仲介業界の状況については、様々な経営方式の類型を確認することできた。台湾の仲介業者の職業的バックグラウンドについては、①もともと労働力輸出国とビジネスの関係を持つ者、②不動産仲介業者、③民意代表、④弁護士、コンサルタントなど専門知識を有する者、⑤外国人労働者を雇用する経験のある会社、⑥非合法の仲介業者という六つの類型があるとされる。[1] この区分に従えば、J．C．は類型④に近いとも言えよう。彼の場合、病院経営を行う父親の地元における人望に加え、病院を中心に形成されたネットワークが、顧客の獲得に有利な条件を提供したと思われる。また、雇用主と労働者の双方に向き合うという仲介業者の両面性も興味深い。雇用主に対しては地元社会における「人情」の関係があり、労働者に対しては「義理」がある。実際の問題に対処する際、仲介業者は自らの利益を第一義に考えつつも、人情と義理の間の微妙なバランスを保とうとしていることが窺われた。

第二に、労働者の招集については、国境を越えたアジア労働市場の存在が浮上してきた。労働者と雇用主の間には、人員の輸出国の地元ブローカー、訓練と手続きを代行する現地の仲介会社、輸入国である台湾の仲介会社という少なくとも三つのアクターが介在している。労働市場の情報とネットワークを商品化した仲介業の国際的な位置づけが明白になると同時に、そこにヒトの移動とともに、仲介費と賃金を含む膨大なカネの流れがあることも暗示されている。労働者は母国のブローカーに巨額の費用を支払い、出稼ぎ先に着いてからも毎月の賃金から仲介費、サービス料などの諸費用を仲介業者に支払う。このインタビューでは招集ルート、訓

1▼王膺彰『外労仲介業之探討——以民間就業服務角度観之』台湾・政治大学労工研究所修士論文、二〇〇二年、三四—三五頁。

練、渡航などについて詳細に語られている。労働者と母国のブローカー、仲介会社の関係について、また台湾の仲介業者による輸出国の仲介会社への投資にも触れられている。そこからは、金銭資金によって結びつけられた三つのアクターの相互関係が読み取れる。

仲介業者が各種の名目を立て、外国人労働者の給料から多額な仲介費などを徴収する現状は、台湾社会では世論の批判を浴びている。仲介業が暴利をむさぼる業種と見なされるのは、雇用主からの仲介費と、外国人労働者からの手数料だけの収益だけでは大した儲けにならず、その総収益の大半を規定外の収益に依存しているためだという。この敏感な話題について、J．C．は直接的な語り方は避けていたが、仲介費に固執して度を超したために外国人労働者の権益を損なっている同業者の例をいくつか挙げて批判している。しかし、節度を踏まえたJ．C．自身も、自らの業種が「暴力的」な商売である点に何度も触れている。

第三に、現場の労働状況については、規定外労働の問題がある。外国人労働者を雇用することは、台湾人家庭にとってどういう意味を持っているのかが、そこに反映されている。政府の規定では「家庭幇傭」と「監護工」の二つの職種は明確に区別されているが、このような用語法による区分は一般民衆の日常的な感覚には馴染まない。病人や年寄りの介護が必要となり、家族員によるケア能力に限界を感じ始めた際、人々は外国人の「家庭幇傭」「監護工」を雇うという固い表現よりは、そろそろ「外労《ワイラオ》」または「菲傭《フェイヨン》」[2]を雇おうか、といった手軽な感じの言い方をするのが普通である。興味深いのは、外国人女性「監護工」のことを指す時、J．C．本人も中国語の「女傭《ニューヨン》」という、女性使用人を意味する言い方を頻繁に使用したことである。契約外労働に対する民衆の法認識の希薄さは、このような社会通念にも関連するのであろう。

外国人労働者に対する台湾人の心理的特徴を、ここに見出すことができる。雇用者は、外国人労働者を自らの家事労働の補助者として単純に捉える傾向がある。J．C．の言葉を借りれ

2▼ フィリピンの女性使用人の意味。早い時期では家庭サービス業に従事する外国人労働者のほとんどはフィリピン出身者であったことから固有名詞として定着した。現在ではインドネシアなど、ほかの国の出稼ぎ労働者に対しても使用される。

ば、それは「手が回らない家の仕事を手伝ってもらう」ためである。ここで、この「手が回らない家の仕事」の内容を歴史的に見てみよう。

清朝時期、台湾の裕福な家庭では、家事労働は「査某嫺《ツァボウカン》」と呼ばれる貧困層出身の少女によって担われた。人身売買の色彩が濃厚であったこの慣習は、日本統治時期に戸籍への登録が禁止されたあとは、「養女」または同居人の名義で登録されるようになり、実態としての変化はなかった。その一方で、一般家庭では他家の女児を家庭内で養育し、成長してから嫁にするという「童養媳《トンヤンシー》」婚の風習もあった。結婚費用の節約、嫁姑関係の円滑化などの目的が挙げられるが、家庭労働力の確保という側面も大きかった。[3] 他家からもらった娘（養女として登録される場合もある）は一般に従順であり、農作業、料理、子守などでも自分の娘に比べ良い働き手になる。この慣習は戦後にも引き継がれ、一九七〇年代になってようやく台湾社会から姿を消した。[4] 以降の二〇年間は台湾経済が著しく成長した時期でもあった。農業社会から工業社会へと変貌を遂げた時期、女性労働力は工業部門に吸収されるようになった。賃金の増加と教育水準の向上がその背景にあった。こうした歴史的背景を考慮すれば、外国人の女性労働者を住み込みの形で家庭の内部に受け入れることへの抵抗感の無さが多少なりとも説明されることになろう。

家庭内労働に携わる外国人女性労働者の登場は、九〇年代初期のことであった。法的整備がまだなされていなかったこの時期、政治家、企業家など一部の裕福層の家庭では、すでに「外労」と呼ばれる外国籍使用人を雇っており、料理、掃除、洗濯などの家事の手伝いをはじめ、子供の世話まで任せていた。九〇年代半ば頃から「外労」の雇用は一般家庭にも普及し、現在の台湾人が高齢者介護の必要に迫られた際、すぐに出てくる発想は、外国人労働者を雇うことにほかならない。台湾人が外国人労働者に求めているのは、まさに介護介助と家事労働を代行

3▼ 洪郁如『近代台湾女性史』勁草書房、二〇〇一年、二一〇―二一一、三二五頁。

4▼ 曾秋美『台湾媳婦仔的生活世界』玉山社、一九九八年、二三二頁。

してくれる伝統的な「女性使用人」そのものなのである。

第四に、外国人労働者の逃走問題は、本インタビューの大きな部分を占めている。逃走の主な原因についてJ．C．は、雇用側家庭のなかで起こった虐待や性的侵害の事例を挙げ、雇い主に問題があると指摘した。それに加え、うまい話に惑わされる外国人労働者の不用意さ、また仲介会社の無責任な態度にも問題があるとした。だが、問題解決に際して、その中間に位置する仲介会社の立場もまた微妙である。

台湾政府側はそれぞれの国の言語を用いたホットライン、または相談窓口の設置、情報提供を行うための各言語によるラジオ局の開設、入国申請の労働者への権利と義務を説明した小冊子の配布などを実施するようになった。

フィリピン政府に倣い、インドネシア政府が台湾で労工保護機構を設置する動きもあった。だが、母国による人権保護の措置が、逆にその国際労働力市場における競争力の低下を招来するという皮肉な現状があるという。現実に、外国人労働者の雇用を決め、国別に適切な人選を考慮する際には次のようなことが起こっている。すなわち、フィリピンの女性労働者の資質は優れており好評だが、彼女らの権益意識は強く「反抗的」であるといわれるのに対し、インドネシア人は学歴が高くないが「従順」であるため、逆に人気が高いのである。

こうしたJ．C．の証言の裏付けとして、別の仲介会社が客に提供している「あなたにピッタリなのはどの国の労働者？」という資料【表4】が参考になる。家庭内労働については、フィリピン出身者とインドネシア出身者が推奨されていることが分かる。フィリピン人は「賢く」「教育レベルが高い」が「逃走しやすい」と見られている。一方インドネシア人は「従順」な点でタイ人、ベトナム人と同列に評価されている。また、政府側は、労働者の輸入源を現在の四カ国以外にも分散させるため、すでに北朝鮮、インド、モンゴル、スリランカ、ミャンマー

表4　あなたにピッタリなのはどの国の労働者？

	タイ	フィリピン	インドネシア	ベトナム
工場で雇う場合は？	○	○	○	○
建設業の場合は？	○			
家庭内労働の場合は？		○	○	
賢いのは？		○		
勤勉なのは？	○		○	○
責任感があるのは？	○		○	○
宗教信仰が厚いのは？	○	○	○	
コミュニケーションしやすいのは？	○		○	○
教育レベルが高いのは？		○		
従順なのは？	○		○	○
逃亡しやすいのは？		○		

出所：台中市仲介会社Ｔ社提供の資料に基づき筆者作成

などに接触し、労働者輸入の可能性を検討している。[5] 国際労働力市場における競争と人権問題との矛盾がここに垣間見られる。

最後に、家庭内に外国人労働者を受け入れることに抵抗が少ないという台湾社会の文脈に立ち戻り、その社会的要因をこのインタビューに即して考えてみたい。一つは、高齢者の介護については、台湾人の伝統的家族観との融合が見られる。自分の手で世話ができない場合には、年老いた親を家から離れた老人ホームに入れるよりは、外国人労働者に任せる形で、家族とともに生活しつつ在宅介護を行うほうが、親孝行の倫理観にも合致するのだとJ．C．は指摘する。そのなかで、兄弟による外国人労働者雇用費の分担、および介護者付きの「吃伙脚《ジアホエカ》」〈親が既婚兄弟の間を順番にめぐり歩いて食事をする生活の仕方〉は、まさに諸子均分原則に基づく老人扶養形態の現代版であるとも言えよう。

もう一つは、夫婦共稼ぎが一般化しており、「主婦」が不在であるという台湾社会の特徴にも関連する。[6] 女性が老人介護に直接関わるよりも、共稼ぎを通じ家庭収入を増加させることで介護問題を解決する傾向が強いのである。台湾も高齢化社会に入りつつあるが、日本によくあるように、老人介護の重圧を一手に担う女性の姿はあまり見られない。これは、専業主婦を通じて伝統的な役割を果たすというより、男性と同様に就職し社会的ポジションと収入をもつという選択が台湾社会全体で推奨される傾向にあるためであろう。「倒れた家族一人のために自分の仕事を辞めるのは不可能だ。一人分の稼ぎがなくなり、収入が減るからだ」というJ．C．の言葉に隠されたジェンダー観は重要であろう。そもそも家族における女性成員の収入は、「監護工」や「家庭幇傭」などの外国人女性労働者を雇うための「親孝行」費用として、社会的にも評価されている。

5 行政院新聞局「経済発展諮詢委員会議就業組総結報告」二〇〇一年八月二六日。王膺彰『外労仲介業之探討—以民間就業服務角度観之』台湾・政治大学労工研究所修士論文、二〇〇二年、六四頁。

6 洪郁如「女性たち」若林正丈編『もっと知りたい台湾 第2版』弘文堂、一九九八年。

二〇〇二年八月、ちょうどこのインタビューが行われた前後に、台湾政府はインドネシア外国人労働者の新規申請に対する一時受け入れ中止を実施した。[7] その理由は、二〇〇一年からの一年間に逃走した労働者数の半数以上がインドネシア人であったことと、およびインドネシア政府が台湾の仲介会社に対し出稼ぎ一年目の同国人一人につき毎月三〇〇〇元(約一万二〇〇〇円)を天引きし、同政府への納入を義務づけたことへの抗議であった。一時期、両国の外交関係は緊張状態に陥ったが、その後、互いに政府官僚を派遣して問題解決を試みた。同年一一月にはインドネシア労働部門の局長ソエラマイホノ(Mr. Soeramaihono)が訪台し、台湾の労工委員会職業訓練局長と会談し、受け入れ解禁に向けて具体的な問題解決策を示した。現代家族が抱える介護と家事問題の国境を越えた形の展開については、今後において国家間の比較分析も必要であろう。

7▼ 行政院労工委員会公告「公告自本(九一)年八月一日起、送件申請之外籍労工招募案件、全面暫予停止自印尼引進外籍労工」二〇〇二年七月三一日。

【仲介業者J.C.インタビュー記録】

1 仲介業界の状況

ビラ広告とネットワーク

台北の病院の周辺には、ビラを配布する人を多く見かけますが、それは決して効率の良いやり方ではないと思います。私はいままで一回もビラ広告を配ったことはありません。おもに口コミに頼っています。お客様がまた別のお客様に紹介してくれるのです。

もし病院に出向いて直接勧誘する場合でも、私のやり方はちょっと違います。まず、相手に病状を尋ね、自分の専門知識を活かして病気について話題を向けます。看病というのは大変疲れることで、誰かが話し相手になってくれれば、うれしくなるものです。まずはそうして雑談し、最初はこちらの身分を明かさないで、相手の家族に思いやりを示します。なぜなら最初から何かを売り込む目的で来る者に対しては、誰もこころよく受け入れはしないでしょうから。

お喋りをしながら、現在の外国人「監護工」の雇用状況や、「就業服務法」の規定などに話題をだんだんと移していき、「監護工」が代行してくれる仕事の範囲などにも触れていきます。そうすると、雇った経験のない人はここでいろいろな疑問をもち、こちらに質問してきます。そこで専門知識が豊富であれば、相手もこちらを信用してくれるというわけです。

この状況になって初めて、外国人「監護工」の申請を考えてみないかと切り出します。そして会社のパンフレットを渡し、現地には訓練学校もあり、専属の台湾人教師もいることなどを説明します。このようなやり方をすれば、相手に外国人「監護工」を申請する意欲がありさえすれば、かならず私の所にもどって来るのです。

それから金額の問題ですが、私の会社の場合は、初期申請費用は二万元（約八万円）です。初期申請の費用が無料の会社もあり、各社のセールスポイントは異なります。それなりのサービスが伴っていれば、お客様もこの費用に納得してくれます。自分の専門知識を使って相談に乗るのです。第一に、どうやってお客様の介護負担を減軽するか、第二に、どうすれば倒れた家族の世話をお客様が安心して外国人「監護工」に任せられるかを考えます。相手が経済的に裕福ではない場合は、その状況に合わせて調整します。ただしあまりにも貧しすぎる人については、その後の仲介費を回収できないリスクもあるので、あっせんしないようにしています。

このような方式はむやみにビラを配るより契約率が遙かに高いのです。ビラは「乱槍打鳥《ルアンチアンターニャオ》」（下手な鉄砲も数打ちゃ当たる）です。私の場合は、ターゲットを絞ってからいきます。チューブがたこ足みたいに挿入された患者は、外国人「監護工」を雇っても恐らく三ヶ月以上はもたないでしょうから、あまり利益にならないので勧誘対象から除外します。脳卒中の場合は長引くことが多いので、積極的に接触します。

仲介業とは

私はこの業界に入ってから三年余りになりますが、非常に特殊な業種だといえます。「営利事業登記」では「特許」に属します。特許証があり、特許業に指定されています。本音を言えば、相当に「やくざな業種」です。私の乗っている外車だって、実は外国人労働者からの贈り物みたいなものです。とてもやくざな商売だと思います。ただし成功するためには努力しなければなりません。

私の実家は病院を経営していて、父親は院長、兄弟はいずれも医師です。私はリハビリ学科の卒業生で、製薬会社に三年余り勤務したことがあるので、薬には詳しいのです。

最初、フィリピン人を相手にしていた時期に、私は一生懸命彼女らと英語で話をしようとしました。少しでも語学の基礎があれば、間違いを恐れず、一生懸命話しかけることです。相手と同じ言語でコミュニケーションすれば、フィリピン人もこちらを信用してくれ、何でも包み隠さず話してくれます。インドネシア人の労働者も同様です。インドネシア人が商売相手となってから、私はインドネシア語の勉強を始め、少しはできるようになりました。少し話しだけでも、相手のインドネシア人はもう話しだして止まらなくなります。

もちろん向こうの言っていることがすべて聞き取れるとは限りませんが、大事なのは「大丈夫」「助けてあげるよ」などと伝えれば、彼女らは非常に感動し、こちら信用してくれて、心を開いて何でも話してくれるようになることです。

2　労働者招集の流れ

現地社会における労働者招集のルート

インドネシア国内の各地で出稼ぎ者招集の役割を担うのは、地元で影響力を持つ郷長、鎮長、里長、警察、軍人などの人々です。彼等は一ヶ月の収入など、台湾に出稼ぎにいくメリットを一般民衆に宣伝します。

当地の一般的な収入水準は、一ヶ月一〇〇〇元（約四〇〇〇円）前後、良くても一五〇〇元（約六〇〇〇円）程度、高学歴者の月収もせいぜい三〇〇〇~四〇〇〇元（約一万二〇〇〇~一万六〇〇〇円）に過ぎません。しかし台湾に行けば、最低給与金額は一万五〇〇〇元（約六万円）が保証されます。どう考えても出稼ぎに行った方が有利です。台湾での一ヶ月分の収入を得るためには、インドネシアで何ヶ月も働かなければなりません。そのため、このような賃金情報が得られると、ほとんどの者が出稼ぎを希望します。

このような出稼ぎ者の勧誘を行う者は、現地では「牛頭《ニウトウ》」と呼ばれています。これらの「牛頭」は各地から集めた出稼ぎ希望者を、インドネシアにあるそれぞれの仲介会社に引き渡します。「牛頭」が出稼ぎ希望者から紹介費を取る場合もあれば、仲介会社の方から「牛頭」に紹介費を支弁する場合もあります。

入国前の訓練と手続きの流れ

台湾に来る前に、労働者は二、三ヶ月の中国語の授業を受けなければなりません。訓練費用は仲介会社が負担します。訓練のために現地に投資して「訓練センター」を設け、三人の台湾人華僑を教員に雇って、中国語と家事を教えています。文化や習慣が異なる彼女らに台湾式のやり方を教え、来る前に基本的な認識を持たせるためです。台湾に来て右も左も分からないという事態を避けるために、基本的な言語能力を身に付けさせます。そのために、彼女らは現地では最低三ヶ月の訓練が必要となります。

中国語以外に、介護法と家事の授業も設けられています。私の訓練センターは、おもに現在の在台外国人労働者数で最多のインドネシア人を対象としています。料理法、日常会話、生活規範など、全て中国語・インドネシア語対照の教科書を使用します。病人介護の箇所では、その手順、注意事項が細かく説明されています。例えば、病人の歯を磨く方法、動けない病人の顔を洗う方法などが具体的かつ詳細に教授されます。

労働者輸出国は基本的に国の経済状況が良くなく、就職口も少ないため、労働力を輸出せざるを得ないのです。お金もなく、就学の機会にも恵まれていません。そのため、普通、彼女らの学歴は中卒がほとんどで、全体の約七割を占めていると思います。残りの三割は高卒と小卒です。極めて稀な例で、私が接触した外国人労働者のなかに三人ほど大卒者がいました。

インドネシアの場合はそういう状況ですが、フィリピンの場合は高学歴の労働者が比較的多くなっています。しかし高学歴者は早い段階で台湾に渡ってきて大金を稼ぎ、帰国してしまっている者がほとんどです。多く稼いだ者が再び来ることはありません。現在、台湾に出稼ぎに来ようとするフィリピン人は、ほとんどが農村出身者で、中卒、高卒が多くなっています。

ベトナムの場合も大体同様で、小卒と中卒が多いのは、高学歴の人は現地での就職もさほど悪くはないからだと思います。金銭欲が少なくて、何とか生活できる程度より上を求めないならば、まずまず良い仕事が現地にもあるのでしょう。しかし学歴が低く、職を見つけられない者は肉体労働か、技術性のない仕事しかできません。多くの場合、現地の人間に紹介され、仲介会社に連れられてきて、訓練を受けたうえで外国に派遣されます。

仲介会社に来たインドネシアの女性は、まず健康診断を受けます。問題がなければそれぞれの履歴書を作成し、氏名、身長、住所、体重、親の氏名、姉妹兄弟などの家族構成、趣味、職歴、学歴などが書かれた履歴書を台湾に送ります。これを見て、台湾の雇用希望者は条件に合う「家庭幇傭」または「監護工」を選びます。選定が終わったら、台湾側はインドネシアの仲介会社に確認を行います。現地側は該当者の必要書類を用意し、台湾側の書類が届いてからビザ申請をし、台湾に渡航することになります。

台湾の労工委員会は、インドネシアの現地人経営の仲介会社七社に労働者の訓練と試験とを委託しています。インドネシアの仲介会社の数は一千を越えますが、台湾に出稼ぎに来る人は、台湾政府が指定するこの七箇所のどこかで試験を受けなければなりません。外国人労働者は当該仲介会社で訓練を受け、技術などに関する試験を行います。指定された七社にはインドネシア政府から試験官が派遣されています。試験に合格した者には証書が発行され、それを持って台湾のインドネシア駐在機構にビザを申請します。だから合格しなければ台湾に来ることはできません。

試験科目は一般試験と実技の両方があります。実技については、試験場でマネキン人形が用意され、病人がベッドで排尿した状況を想定して、受験者の処理能力を採点します。たとえば両足を挙げ、お尻を拭くなど、それまで学んだことを実演して見せ、実際に看護することができるかどうか、処理能力が評定されるわけです。口頭試問では、たとえば試験官が現地語で「Popok」と言い、受験者が中国語で「尿布《ニャオプー》」〈おむつ〉と答えるといったものです。現地に行けば、受験を控えたインドネシア人たちがこの教科書を手にして勉強する姿をよく見かけます。

受験者は一定期間勉強し、台湾の仲介業者もこちらで履歴表を作成し、雇い主に選ばれたら、健康診断を受け、合格すればそれから受験する。試験にも合格し証書を取得し、外国の書類も届いたら、証書を持ってビザを申請し、いよいよ台湾に渡航します。

「家庭幇傭」または「監護工」を必要とする台湾人は、仲介会社に依頼して労工委員会に申請を行います。家族の中に、確かに外国人労働者を必要としている該当者がいることを証明できれば申請が可能になります。申請が通れば、労工委員会から「核准《ホージュン》」〈許可証明〉が発行されるので、申請者はこの書類を持って、国外での人員の募集を行います。申請の過程には約二ヶ月の時間が必要になります。

私は頻繁にインドネシアに出張しますが、それは主に「家庭幇傭」「監護工」の現地応募者に対する教育と訓練のためです。私の顧客は数が多く、「家庭幇傭」または「監護工」の選択基準や希望条件もさまざまです。現地に赴き、選定された外国人労働者に対し、雇用側の希望や、将来してもらいたいことに合わせて教育と訓練を行うのです。また仲介会社で訓練を受けている女性達に対し、中国語能力、学習態度、台湾への基本認識などを確認するために面接を行います。というのは、一部の者は現地の「牛頭」が常に使う「台湾へ行ったら宝の山だ」、「働かなくても楽々と金が手に入る」などの甘い宣伝文句を信じ込んでいる場合があるからです。現地に行き、実際に教育して、全体の状況を把握するのです。

3 現場の労働状況

「監護工」と「家庭幇傭」

「就業服務法」の規定によれば、「監護工」と「家庭幇傭」の両者の性質は異なっています。「家庭幇傭」の仕事内容は単に家庭の中の、子供の世話、掃除、料理、洗濯などを含む家事であるのにたいして、「監護工」の仕事内容は病人の世話、生活上の世話です。「監護工」の仕事の範囲には「家庭幇傭」の部分は含まれていません。理論上、両者の区別は明白です。しかし実際の雇用状況では規定外の仕事を強制される場合が多いのです。「監護工」にただ介護の仕事だけをさせる台湾人はむしろ稀で、恐らく二割に達していないくらいでしょう。残りの八割は規定の範囲を超えた仕事をやらせています。

名目だけの「監護工」の氾濫は、「家庭幇傭」の名目による申請が非常に厳格に規定されている点に起因します。「家庭幇傭」の申請は「監護工」の申請と異なり、「専案申請」となります。申請費用も、政府に納付する「規費《クイフェイ》」[8]も「監護工」より高く設定されています。「家庭幇傭」の賃金、「規費」、健康保険料、超勤手当などの諸費用は、「監護工」に比べて一ヶ月三〇〇〇元（約一万二〇〇〇円）ほど高く、長期にわたれば、雇う側にとって大変な負担になります。もちろん、裕福な人にとっては問題は感じられないかもしれませんが。

また、「家庭幇傭」の申請条件をクリアすることは、今日の台湾社会では非常に困難です。普通の家庭にとっては子供の養育費だけでも大きな支出になるのに、さらに「家庭幇傭」の費用を負担することは事実上、不可能でしょう。そのため、多くの台湾人は工夫し、「監護工」

8▼ 就業安定費に回る。すなわち国民の失業手当、職業訓練基金、逃走した外国人労働者の検挙基金などの財源。

の名目で申請を行い、実際には幇傭の仕事をさせているのです。政府の資料によれば、「監護工」の違法使用は、全体の約六、七割を占めています。

次に、外国人「監護工」と台湾人「監護工」の賃金を比較してみましょう。

外国人「監護工」の毎月の賃金が約二万元（約八万円）であるに対し、台湾人「監護工」の賃金は六～七万元（約二四～二八万円）です。台湾人「監護工」には半日と一日の二種類があります。一日の料金は、臨時の雇用なら日給二五〇〇元、長期雇用は日給二〇〇〇元。その上、台湾人「監護工」は、病人の介護のみを行い、それ以上余分の仕事は絶対にしません。外国人「監護工」のメリットは賃金が安いだけではありません。まず、外国人「監護工」は二四時間病人に付き添ってくれるため、病人の世話のほかに、家事も多かれ少なかれ分担してくれます。安く、しかもより多くのことを引き受けてくれるというわけです。台湾人雇い主の多くがそう考えるようになったことが、外国人「監護工」増加の一因です。

もう一つの原因は、外国人「監護工」を必要とする人口が多すぎるため、それを凍結することができないという点です。仮に凍結しても、台湾労働市場における雇用機会の増加に結び付くわけではありません。今日の台湾社会では、自分の賃金がどれほど低くとも、また「監護工」の給料がどれほど高くとも、みな「監護工」の仕事に就こうとはしないのです。病人の世話は非常に疲れることだからです。

一昔前の台湾人は、株の売買に熱中しました。当時はまだ台湾経済は良好で、金儲けは簡単でした。みなの経済力が高まった結果、社会的地位の低いと見なされる仕事や、肉体労働を敬遠するようになったのです。給料が低く、納得できない仕事は簡単にやめることができたので、レストランの皿洗い、工事現場など一部の職種は働き手を集められなくなりました。専門技術と関係のない仕事には誰も就こうとせず、働いても長続きしない。そこに外国人労働者が徐々に入り込んできたのです。外国人労働者は契約が存在するので、安定性も高く、賃金も台湾人より割安です。そのため、みな外国人労働者を雇うようになりました。

規定外労働の現実と法律感覚

規定外労働の問題は、台湾人が「小聡明《シャオツォンミン》」（知恵を働かせて抜け道を利用すること）に慣れていることにも関連します。なぜなら、規定に違反するのは、別に大した罪でもないためです。規定外労働が違反しているのは行政規定です。バイクに乗る人がヘルメットを着用していないとか、スピード違反などと同じで、別に犯罪ではありません。多くの台湾人はこのような感覚でグレーゾーンを利用するのです。玄関を閉めれば、家の中で何が起こっているのか、他人には分かりません。この実態が徐々に表面化してきたのは、みな規定外労働に慣れてしまい、それを隠すことに気をつけなくなったからです。いい加減になってきたのです。

「外労」は外で子守をしたり、道ばたで野菜売りをしたり、豚肉売りの手伝いや、市場、工場など、彼女らが実際に働いている仕事の内容は多岐にわたっています。花の栽培、ビンロウ採り、駅前のビンロウ売り、田圃仕事、野菜売り、魚養殖、スッポン養殖、お茶栽培などもしていますし、「花瓶《ホアピン》」になっていることもあります。「花瓶」とは「ただの飾り物」という意味です。雇用主が賭博場を経営しているケースでは、その娘《こ》は賭博場でお茶を入れたり、疲れたお客のマッサージをしたりしてチップを稼いでいます。あらゆる公共的な場所で、恐れず、堂々と仕事をさせていて、こういう現象は相当に氾濫しています。

性的伴侶を求める年輩者もいます。その場合は外国人「監護工」を申請するときに、そうした条件を付記します。われわれ仲介会社が彼の希望に合う、台湾に「嫁入りしたい」勇気のある女性を捜しに行きます。「進口新娘《チンコウシンニャン》」（輸入花嫁）という選択もありますが、あえて外国人

「監護工」にこだわる理由は、遺産の問題です。一旦相手と結婚すれば、死んだ後の遺産は、外国人配偶者のものになってしまいますが、相手をそれほど簡単に金持ちにしてしまうのは許せないということです。さらに一旦結婚すれば、男性の方が離婚したくても相手の女性が応じなければ不可能ですし、最悪の場合は家庭裁判所に持ち込まれることになります。

逆に外国人「監護工」の名義で実質上の「妻」をとる場合はそんな心配もないので、相場より多めに支払うことに抵抗はありません。実際にその男性は彼女に月給三万元（約一二万円）を支払っています。これは相場の二倍にあたります。もし相手を気に入って、彼女の態度に心を動かされた場合は、その時点で正式に結婚しても良いのです。そうでなければ、契約期間終了の時点で帰国しなければなりません。その男性は六十代で、不動産と現金をたくさん所有する相当の資産家です。

プラスの面を挙げれば、台湾人には素朴な一面があるといえます。ある雇用主は、外国人労働者の不手際に文句を言いながらも、親切に一から教えていきました。帰国する以前に、外国人労働者の母親が病に倒れたことが分かると、その雇い主は、朝鮮人参、冬虫夏草などの高額な漢方薬三万元分を購入し、お土産としてインドネシアに持ち帰らせたという例もありました。

宗教問題

インドネシアはイスラム国家で、民衆も信仰心が厚いので、台湾に来てからは宗教問題で雇用主との間に衝突が起こることがよくあります。

第一に、彼女らは豚肉を食べません。台湾の食生活では、豚肉と関係ないのは、菜食主義者だけで、料理には豚肉は欠かせません。外国人労働者の反応はさまざまで、料理はするが自らは食べないという人もいれば、一緒に食事をし、皿の中の豚肉だけを避けて食べるという人もいます。第二に、一日五回の祈禱の問題ですが、敬虔な信者は荷物の中に祈禱用のマットまで携帯しています。

女性は白衣を着て目以外は全て隠していますが、その服装は、台湾の喪服に非常に似ているため、雇用主の顰蹙を買うことがよくあります。

私の会社の扱ったあるケースでは、雇用主が「一貫道《イークアンタオ》」▼9の信者でした。外国人労働者に要求されたのは、主人が畑仕事に出掛けるとき、あるいは忙しいときには、代わりに祭壇に礼拝し、線香を供えることでした。しかし外国人労働者はこれを断りました。主人はどうせ家にいないので、あなたは線香を香炉に供えればそれだけでいい、礼拝までしなくとも主人には分からないだろうと言って、私は彼女を説得しようとしました。問題は、その主人が一貫道の礼拝儀式を強要しようとしたことです。線香を供えるところまでは妥協したものの、結局、その女性は自分の信仰を曲げず、仕事を辞めることになりました。

政府機関のチェック機能

外国人「監護工」の在留目的は、通常は病人を介護することであるため、必ず被介護者の側に付き添い、宿舎ではなく雇い主の家に住み込むよう規定されています。雇用側は外国人「監護工」に個別の部屋を用意しなければなりません。被介護者が入院したら外国人「監護工」も付き添って入院します。雇い主の兄弟姉妹の各家庭を月ごとに廻って生活することもあります。

県政府（県庁）の労働局は、雇用する家庭に対し定期的に抽出調査を実施します。県庁の調査員が各家庭を訪問し、外国人生活管理書を作成するのですが、その目的は、第一に、雇用さ

9▼
一貫道は清末の中国で創立され、『論語』の「吾が道一以て之を貫く」から名付けられた民間宗教である。一九四六年以降、台湾にも伝わったが、国民党政府によって邪教と見なされ、禁止された。基本教義は儒教の倫理思想、仏教の輪廻観、道教の宇宙観の混合である。系統的かつ壮大な入道儀式に最も特徴があり、入道後は朝晩、祭壇の神仏に叩頭したり、焼香したりするなどの儀式を行う。一九七八年に解禁された後、台湾社会で再び急速に発展し、信者数は仏教、道教に続いて第三位を占めている。

れる外国人「監護工」の身分を確認すること、第二に、違法使用の有無を確認すること、第三に、住居環境が規定に符合するかどうか、また賃金支払いの滞納がないかどうかを確認することにあります。政府機関はとりわけ外国人労働者の権益を重視します。

外国人生活計画管理書は外国人「監護工」に直接記入してもらうのではなく、調査員が雇い主に質問を出して記入します。もしくは通訳が同行し外国人労働者にも質問します。内容は、虐待に遭ったかどうか、雇い主による不当行為〈セクハラなど〉がなかったかどうか、給料は支給されたかどうか、金額は正確かどうかなどです。質問はすべて外国人労働者の権益問題に関するものです。この視察で何らかの問題が発見されると警察当局に通報します。

「就業服務法」は、以前は刑法扱いで、違反した場合には罰則の対象となりました。しかし罰則は厳しくはなく、罰金、懲役数ヶ月などでした。現在の「就業服務法」は行政法に変わり、懲役の代わりに罰金が強化されています。違反者には高額の罰金が科されます。現在の規定では、外国人に規定外の仕事をさせた場合、最低三万元（約一二万円）の罰金となっています。

4 逃走問題

逃走の原因

外国人「家庭幇傭」「監護工」の逃走は非常に深刻な問題です。

私の会社を含め、逃走が起こらなかった仲介会社は恐らくないと思います。一昔はフィリピン人の逃走率が最も高かったのですが、現在はインドネシア人の逃走率がトップを占めています。逃走の原因については、台湾人の側が反省しなければならないと思います。逃走原因の半分以上は、雇用側に落ち度があるケースです。

第一に、賃金の遅配で、とくに最近は、台湾経済の不振のため、雇い側が給料を支給できない事例が増加しています。長く雇い、雇われていると互いに情が湧く面もあるとはいえ、外国人労働者は、はるばる海外に来てお金を稼がなければならない立場です。その場合、外国人「家庭幇傭」や「監護工」は、「別の所へ働きに行きます」と、公然に雇い主に「逃走」を告げることもあります。窮地に陥った雇い主の側も、この「逃走」を黙認するしかありません。

第二に、セクハラ、性的侵害の問題があります。器量の良い外国人「家庭幇傭」「監護工」は、介護される年寄りや、またはその家の主人からのセクハラに常に遭います。もっと酷い事例もあります。また、奥さんからの嫉妬や、嫉妬による虐待もありました。これは逃走原因のおよそ四割を占めていると思われます。共同生活により生ずる問題です。

例を挙げれば、私の会社が仲介したきれいな外国人女性使用人〈「家庭幇傭」〉がいました。インドネシア人は薬を飲むのが下手で、水なしでそのまま飲み込んでしまう人もいます。ある日、彼女は病気になりましたが、薬を飲むことができないので、バナナに薬をはさんで飲み込もうと考え、バナナがないかどうか主人に尋ねました。すると、もう夜一〇時をまわっていたにも関わらず、主人はバイクに乗って、バナナを買いに出掛けました。この主人の行動は、妻の嫉妬を引き起こすことになりました。「私が病気の時は、何もしてくれないのに」というわけです。

第三に、すでに逃走して外で違法に働いている労働者が、金を目当てに、休日の集会など何らかの機会を利用し、自国の労働者を雇われている家庭から誘い出すというものです。「どこで仕事しているの」と尋ね、「そのご主人は酷いね」「仕事はきつすぎるよ」「仲介費も払わなければならないでしょう」「そんな苦労しても意味はないよ。その家を出てきなさい。良い仕事を紹介してあげるよ。給料もいいし、仲介費も要らない。そして仕事も楽だよ」等々と売り込むのです。そうすると一部の意志の弱い者は騙されて雇用先から逃げ出すわけです。

しかし、一旦出てきたら、相変わらず相手に紹介費はとられるし、どこに連れられていったかは、声をかけてきた人物は責任をとりません。最初言っていた条件と違っていても、金を取られた後は誰も関知しません。

総じて言えば、逃走の原因の六割以上は、雇用側に問題があります。その他は、本人の判断力の問題です。普通なら不案内な外国に来て、本人自ら好きこのんで逃走するわけはないのです。暴力、虐待、セクハラなどに直面して逃走するしか方策がなくなったのです。もっとも、台湾に来る前から集団的に計画されていた逃走もありましたが。

きっかけは健康診断

外国人「監護工」が台湾の家庭で勤務する期間についてですが、着いてまもなく逃げる人もいれば、数ヶ月、または一年後に逃走する者もいます。普通は少なくとも半年以上経たないと逃走しないと思います。

逃走のきっかけは健康診断です。外国人労働者に対しては半年に一回の健康診断が義務づけられていますが、その時期になると、仲介会社は健康診断の専門会社に連絡をとり、小型バスで各地を回って外国人労働者を乗せ、健康診断の会社に送り届けます。これが外国人労働者が互いに交流する機会となり、勤務してから半年、一年、あるいは一年半になる労働者たちがここで互いに知り合うのです。

そうすると仕事歴の長い者が、新しく来た者にいろいろと話しかけ、どこで働いているのか、そちらの主人はどうかなどと、情報を交換し始めます。そこで電話番号を聞きだしたりして、（携帯電話があればなおさら好都合ですが）最終的にはバスの中の全員が互いに知り合いになります。そうすると「そちらの環境は悪いからこちらにおいで」などと、誘い出すことがあるわけです。これが逃走の発端となります。バスの中の世話好きな者が、さらにほかのグループの人間に紹介し、輪がどんどん拡がっていくのです。これで逃走の確率がさらに高まります。

台湾に渡航して最初の半年間、大部分の者は外に出掛ける機会もなく、ただ真面目に働いています。ところが一旦外の空気に触れて、同郷の出身者にも会い、興奮して互いに連絡を取るようになります。それ以降、互いに電話で話すようになって、何らかの問題にあったら、すぐに逃走することを勧め合うのです。相手の誤りを指摘して、真面目に働けと勧めることはまずないでしょう。

雇用側にとって、外国人労働者の逃走は非常に厄介な問題になります。台湾の雇用規定によれば、高度の介護が認定された場合を除いて、原則的に二人以上の外国人「監護工」を雇用することはできません。一人の被介護者につき、一人の外国人「監護工」が認められるだけです。逃走しても、このポストは埋められたままになるので、逃走した外国人「監護工」が逮捕、送還されるまで、雇用側は再申請することができません。他人の名義を借りて申請することも当然認められません。外国人「監護工」の逃走は雇用主にとって非常に不利なことです。しかし台湾人の雇用主はこの問題の深刻さを最初から意識していないので、事件が起こってから腹を立てるばかりです。

性的侵害と仲介会社の対応

性的侵害は雇用主ではなく、被介護者によって起こる場合もあります。精神上の病気や、老人ボケなど、自分の行為に判断力を持たないこともあり、介護する外国人「監護工」に欲情を感じたら衝動的にセクハラをしたりするので、全てが意図的な行為とは限りません。このようなことが起きた場合は、ふつう外国人労働者が私たち仲介会社に訴えてきます。こうした訴えが来たら、仲介会社は必ずその家庭に行って雇用主に説諭します。不当な行為をやめさせるためには、仲介会社は強硬な手段を使うことも惜しみません。

問題は、「うちの父親はそんなことをするはずはない」などと、多くの雇用主が事実を認めないことです。事実を知っていながら問題が表面化するまで黙認していることもあります。外国人「監護工」はそれに耐えられるわけがありません。それなのに普段は放っておいて、一旦問題が起こってから怒ったり焦ったりするのです。このような例はたくさんあります。

私の顧客の中には、雇っている外国人労働者に対して暴力を振る舞う人もいました。彼女を連れて病院に行き、また医師の証明も取り、雇用主を告訴する準備までしました。もしも労工委員会に通報して表沙汰になれば、この雇用主の雇用許可も取り消されますし、一旦告訴されると間違いなく刑事訴訟になります。そのため、雇用主はかならず和解を求めてきます。

それが仲介会社の収入になります。例えば二〇万元（約八〇万円）の示談金の中から、せいぜい五万元と帰国の航空券とを外国人労働者に渡してやると彼女は喜んで帰国するはずです。それでも仲介会社は十五万元儲かります。もちろん私は度を超えた残酷なことはしません。しかし外国人労働者の人権が侵害されたときには、仲介会社は問題解決のために、雇用主との間に入らなければなりません。仲介会社としては報酬金を取らないわけにはいかないのです。

逃走の原因の中では、雇用側に問題がある場合が大部分ですが、多くの仲介会社に落ち度があることも確かです。「就業服務法」の規定を十分に理解している業者が何人いるのかという感じです。専門知識が足りないのです。こうした業者達は、彼女らの給料から毎月の仲介費を天引きして、取るべき仲介費を全額取ったら、もう後のことは関知しないのです。外国人労働者が訴えてくる問題には取り合わず、それ以上のサービスを提供しないのです。

しかし、仲介者としての責任はあり、道理上、仲介費の引き落としが完了しても契約期間中であれば彼女たちの問題に対処する必要があるのです。仲介会社が助けてくれないなら、外国人労働者は逃げ出すしかありません。したがって逃走率が高いのは、仲介会社にも責任があります。

それから、一年間の仲介費を取り終わったら、外国人労働者の利用価値もなくなったと考える一部の悪質な業者は、雇用主の姿勢にも影響を与えます。業者は雇用主を訪れて、外国人労働者の仕事ぶりについて尋ね、相手が少しでも不満を漏らしたら、外国人労働者の入れ替えを勧めるのです。彼女も充分に稼げたことだし、一年で国に送り返そうというのです。こうした現象は南部に比較的多く見られます。

また、三、四ヶ月あるいは半年働いて、運悪く被介護人が死亡した場合などは、まだ契約期間の途中なので、仲介会社が外国人労働者に新しい仕事先をあっせんする責任がありますが、一部の悪質な業者はとくに満期直前の外国人労働者に対し、仕事を紹介しないことがよくあります。その理由は、どうせ仲介費も充分に取ったし、新しい雇用先を紹介するよりも母国に送還して、改めて新規採用した方が商売になるということです。不慣れな土地でもあり、外国人労働者は仲介会社の指示に従うしかありません。仕方なく帰国してしまいます。七割の人はおとなしく帰国し、残り三割の外国人労働者は反抗して逃走する道を選びます。

逃走した外国人労働者は普通、仲介会社とも連絡を取らなくなります。台湾にいることは分かっていても、実際に探し出すのは困難です。雇用主に捕まることはほとんどありませんが、自分の不注意で警察に捕まることもあれば自国人に密告されて見つかることもあります。そのほかには、充分に稼いだし、国に帰りたいと思って自首する人もいます。逮捕されるまでは、パスポートがあっても出国できないからです。

逃走を確認し、または七二時間以上の行方不明という逃走の要件を満たせば、労工委員会と現地の管轄警察署に書面で通報します。警察側は人口データの中に該当者の逃走を記録します。そうすれば、彼女はパスポートと航空券があっても、空港でチェックインする際に逮捕されるのです。

台湾における外国人の犯罪は、台湾の法律を適用することになっています。まずは、逃走の申告から逮捕するまでの時間により罰金を科します。それは逃走の時点で、雇用許可が取消になるために、逃走の後の期間は、在留資格のないまま不法滞在、不法就労を行ったと見なされるからです。現在の逃走率は六割にのぼっていて、非常に深刻な問題になっています。逃走率が高すぎるため、台湾政府はインドネシアに対し労働者輸入を凍結しました。

労働者の人権

これまで外国人「監護工」のパスポートは、雇用主の所で保管される場合がほとんどでした。仲介会社が保管するところもありました。ところが最近、台湾政府は外国人労働者の人権を重視するようになってきました。これまで外国人労働者個人の証明書類は雇用主と仲介会社が代わりに保管しても問題ありませんでしたが、規定は厳格になり、今では禁止されました。在留証明書は本人に交付しなければなりません。違反すると三〇〇〇元の罰金が科されます。

パスポートも同様です。それから給料も本人に渡さなければなりません。さもないと検挙される可能性もあります。これ以前は、外国人労働者自身が保管すると、乱用、紛失、逃走などにつながるという恐れから、トラブルを避けるために雇用主が代わりに保管することが多かったのです。

自身の権益に関わる意識は、労働者の出身国によって異なります。初期のフィリピン人労働者は教育水準が比較的高く、フィリピン政府の労働部門も自国の労働者の権利保証に努めていました。外国に渡航する前、フィリピン政府は出稼ぎ労働者に対し、台湾での権利と義務について詳しい説明を行います。また、台北、台中、高雄の三箇所に「マニラ経済文化弁事処」という事務所を設けていました。各事務所には二〇〜三〇人の弁護士が駐在し、毎日フィリピンの出稼ぎ労働者からの電話に対応します。不合理な待遇について事務所に告発すれば、事務所から雇用主に話が行きます。

最近では、インドネシア政府もフィリピンに学び、対応窓口を設立する動きがあります。

しかしながら、インドネシアの労働者が現在の「監護工」市場で人気が高い原因は、「扱いやすい」という定評があるからです。元々労働者数が第一位であったフィリピン人の位置がインドネシア人に取って代わられた最大の要因でもあります。今のように発展していくと、インドネシアは昔のフィリピンの轍を踏んでいくことになるでしょう。当然、告発のための窓口があれば、多くのインドネシア労働者が逃走しなくてすみ、逃走率も減少するでしょう。

ただし、今後のインドネシア労働者の雇用率はまさにこの点に影響されると思います。フィリピン人はよく告発をし、トラブルが起こりやすいために、徐々に労働市場で敬遠されるようになったのです。この先はベトナムの出番がやってくるでしょう。なぜならベトナムはこのような労働者を保護する機構がまだ設置されていないためです。

仲介会社の立場から言えば、当然トラブルを避けたいわけです。労工委員会にまで訴えられると、雇用主は不利を被るし、仲介会社も同様です。フィリピン人は権利意識が高いため、契約書にサインする前に、必ず契約内容を一行ずつ確認し、分からないところがあれば必ず質問し、納得するまでサインはしません。しかし、インドネシア人労働者はその辺の知識が少ないため、指示されれば簡単にサインをします。しかし彼女らも騙される経験を積み重ねて、最近では賢くなってきました。今度はベトナムの番になるでしょう。

5 台湾社会の家族観

養老施設よりも外国人「監護工」

外国人「監護工」を雇用する習慣はこれからも続いていくと考えられます。現在の台湾社会では、若い世代は外で一所懸命仕事をして稼いでいます。そういう核家族が多いのですが、核家族のもっとも大きな制限は、住居の問題、続いて人手の問題です。稼ぐ能力を持つ者は、みな外で働いている状況です。ほとんどはサラリーマンです。大家族は田舎にしか存在しません。大家族は人手が多いのですが、稼ぐ能力を持つ者であれば、みな外で仕事をしています。

家族の中で誰かが病気で倒れたらどうするかですが、経済的能力がある者は多くの場合、外国人「監護工」を申請します。経済力がなく裕福ではない家庭は、兄弟姉妹が協議して分担し、共同の形で外国人「監護工」を申請するのです。「久病無孝子《チウビンウーシャオズ》」（長患いでは孝行も尽きる）という諺があります。みな外で一所懸命働くのも生活のためです。倒れた家族一人のために自分の仕事を辞めるのは、一人分の稼ぎがなくなり、収入が減ることになるので実際には不可能です。看護しなければならない者がいても、自分の手ではできないわけです。誰かが代わりに家族を看護してくれればと考えたとき、外国人「監護工」の雇用は台湾人が真っ先に検討する解決策となるのです。

介護が必要になったとき、通常は二つの選択肢が考えられます。一つは、病人を老人ホームなどの施設に送りこむこと。もう一つは病人の面倒を見る外国人「監護工」を雇うことです。比較的良心のある者は、外国人「監護工」を雇うことを選択します。年老いた親が少なくとも家族と生活を共にすることができ、退勤後、毎日顔を合わせられる方が、「対得起老人家《トゥイダチーラオレンチア》」（年寄りに申し訳が立つ）だからです。年老いた親を施設に入れてしまうと、費用は必ずしも高くないかも知れませんが、どのように扱われるかは保証の限りではありません。台湾の老人ホームの質は施設ごとに一様ではなく、専門知識を有するスタッフは多くないからです。看護婦と医師も常駐しているとは限りません。

総じて言えば、第一に、老人ホームの生活環境は良くないこと、第二に、専門的な看護は望めないということ、第三に、親を施設に入れっぱなしにすると、そう度々は会えないことなどがあって、自責の念に駆られるのです。そのために、大部分の台湾人は外国人「監護工」の雇用を選択します。のみならず、外国人労働者が家に来たら、掃除、子供の世話など、他の細かい家事も負担してくれ、食後の食器洗いからも解放されることになります。このような考え方が台湾に現れてからすでに相当な時間が経ち、社会に根付いてしまっています。外国人「監護工」は台湾では一種の潮流であり、今後も引き続きこの社会で役割を果たしつづけるでしょう。

ダイアローグ

海を越える労働者

毛利聡子

洪郁如「台湾人家庭のなかの外国人労働者――仲介業者J．C．インタビュー記録――」は、著者が台湾に帰省した際の実体験にもとづく。著者は病院での看病生活を通して、台湾社会における外国人労働者の問題に光をあてている。この論文が興味深いのは、単に病院での観察にとどまらず、著者が疑問に感じたことについて、実際に台湾の仲介業者J．C．氏にインタビューをしている点である。聞き取り調査をもとに、背後にある台湾社会の実情を明らかにしようとしているが、読むにしたがって、現在の世界が直面しているさまざまな問題が次々に想起される。

台湾における高齢化・核家族化の進展にともない、「監護工（付添婦・介護士）」と「家庭幇傭（家事労働者）」に対する需要が伸び、それが外国人労働者を引き付けているという。これは台湾において外国人労働者が増加している理由の一つであろう。しかし、なぜ、介護分野で増えているのか、なぜ女性が多いのか、なぜインドネシア人が増えているのかという疑問が残る。ここでは、台湾人家庭に入る外国人労働者の問題を、送り出す側の要因と受け入れる側の要因、ジェンダー、福祉国家の変容という文脈の中で考えてみたい。そうすることによって、台湾で見られる外国人労働者の問題が、実は大きなグローバル化の波に連動していることに気づくであろう。

1 送り出す側の要因

なぜ、途上国の労働者は自国から他国へ出稼ぎに行くのだろうか。東南アジアの中で最も多くの労働者を外国に送りだしているフィリピンでは年間八〇万人以上、インドネシアでは四〇万人以上が就労目的で国を出ている（数字は一九九九、二〇〇〇年）[1]。これらの国に共通しているのは、国内の所得格差が大きく、失業者が多いことである。例えば、所得の五分法という尺度で見てみると、フィリピンでは人口の最も豊かな二〇％の人々が、全人口の所得の五〇％以上を手にしているのに対し、最貧層にいる二〇％の人々はわずか五％である（一九九七年）。インドネシアでも同様で、最富裕層の二〇％にあたる人々が全所得の四一％を占め、最貧困層にいる二〇％の人々は九％にすぎない（一九九九年）。これらの国では富が一部の豊かな人々に集中し、富裕層と貧困層との格差が著しく大きいといえる。

国内での所得格差に加えて、インドネシアでは二〇〇二年に失業者が三八三〇万人に達した。そして人口の五五％を越える人々が一日二ドルという貧困ライン以下の生活を余儀なくされている[2]。満足な仕事につけず、家族を養うのに十分な所得が得られない人々にとって、出稼ぎ労働に頼らざるを得ない状況が生まれる。送り出す国にとっても出稼ぎ労働者からの自国への送金は、重要な外貨獲得源である。こうして政府も積極的に自国の労働者の「輸出」を進めることになる。

1▼ 不法の出稼ぎ労働者を加えると、実際の数はもっと大きくなる。

2▼ 国連開発計画（ＵＮＤＰ）『人間開発報告書』国際協力出版会、二〇〇二年。

2 受け入れ側の要因

次に外国人労働者を受け入れている台湾の事情をみてみよう。台湾で外国人労働者への需要が大きい理由の一つとして、洪は、台湾人労働者との賃金格差をあげている。台湾より経済状況の悪い国からくる出稼ぎ労働者は、安い賃金で雇うことができる。それでもインドネシアの労働者にとっては、自国での稼ぎの一〇〜一五倍の給料になる。だから、彼／彼女らの労働条件は必ずしも法律で十分に守られていなくても、そして安い賃金であってもきつい労働をこなす。日本でも「きつい、きたない、きけん」といういわゆる3Kの仕事は日本の若者や新卒者に敬遠される。同様のことは、一九九五年に世界で初めて介護保険を導入したドイツでもみられる。ドイツでは、介護士の需要が増えたためドイツ人介護士の給与水準があがり、有資格者を確保するのが難しくなった。しかし、ドイツでも介護は肉体労働であるため若者がなりたがらず、低賃金外国人労働者への需要が増えた（同時に違法派遣も）のである。[3] 台湾の仲介業者J．C．氏とのインタビューでも同様のことが指摘されている。

〈今日の台湾社会では、自分の賃金がどれほど低くても、また介護士の給料がどれほど高くても、みな介護士の仕事に就こうとしないのです。病人の世話は非常に疲れることだからです。〉

台湾で外国人労働者が増加しているのは、彼らが低賃金で働くからだけだろうか。台湾社会の高齢化、女性の社会進出、サービス業へのシフト、福祉の民営化など、台湾の社会・経済構

3▼ 実際、ドイツでは外国人労働者の二割が介護の担い手となっている。

造の変化も、外国人労働者を引き付ける誘因になっているのではないだろうか。次に、ジェンダーの観点から外国人労働者の問題を考えてみたい。

3 外国人労働者の女性化

浜が指摘するように、〈今日の在台外国人の約三分の一が従事する「監護工」の業種は全て女性〉、外国人労働者が二番目に多い〈インドネシアの八九・七七％は女性であった〉ことは、ジェンダーの観点から二つの点で興味深い。一つは、外国人労働者が家事を請け負うということは、台湾の一般家庭における従来の無償労働（家事、育児、介護）が、一部、有償化、あるいは市場化しはじめたことを示している。台湾政府が外国人労働者の受け入れを凍結した際、家庭サービス部門は除かれたというのもこれを裏付けている。台湾でも核家族化が進み、コミュニティが徐々に弱体化していることの裏返しでもあろう。もう一つは、その家庭サービスの担い手の多くが途上国の外国人女性であるということである。ここには、台湾女性の社会進出を途上国の女性家事労働者が支えているという構図が透けて見える。これまで欧米で見られてきた先進諸国女性と女性移民労働者間の階層化の波が、経済発展をとげNIES《ニーズ》（新興工業経済地域）と呼ばれる台湾にも及び始めていると言えよう。

台湾における外国人労働者の女性化について、もう少し詳しい数字を見てみよう。インドネシアでは海外への移動労働者の総数は、二〇〇〇年に四五万人を越え、[4] その男女比は三対七の割合であった。このうち台湾への労働者数は五万人で全体の一一％を占めたが、男女比は一対九で、圧倒的に女性の方が多かった。女性労働者の割合が増加する傾向は、インドネシアからシンガポールへの移動労働者の男女比にもみられる。洪によると、台湾では一九九〇年代半ば

4▼ 四五万人のうちアジア太平洋を移動労働先に選んだ者は、七一％であった。

頃から一部の富裕層だけでなく一般家庭でも、家事・介護を代行する「外労」への需要が増えているとのことである。台湾の産業構造が製造業・建設業からサービス業へと転換するにともなって、女性使用人への需要が高まっていると考えられる。

私のシンガポール人の友人は、昨年、養女を迎えたが、その子の世話を友人の母親がするため、フィリピン女性が友人の年老いた父親の介護と母親にかわって家事をするため雇われていた。シンガポールの友人は、外資系企業での仕事を辞めることなく続けている。シンガポールでは、女性の社会進出が日本よりはるかに進む一方で、乳幼児の子育ては家庭でという意識が強く残っているという。このためシンガポールでは、働く女性は家庭での育児・家事代行を低賃金の外国人の女性労働者に求めるという選択が一般化されている。公的機関が保育サービスを担うカナダでも、エクステリア・デザイナーである知人に代わって、エルサルバドルからの移民女性が保育園への送り迎えをしていた。シンガポールとカナダの例に共通しているのは、男性と同じように社会的地位を得、収入を確保しようとする女性の社会進出が、皮肉にも家事労働者として途上国からの女性労働者の増加を促していることである。グローバリゼーションが先進諸国において経済のサービス化をもたらし、女性の労働力化を引き起こしている。これまで、先進国の女性が担ってきた家事労働や育児・介護という生命の再生産労働に途上国の女性が動員されるようになった。[5] ジェンダーに基づく新しい分業がドミノ式に国境を越えて形成されていると言えるが、これは全女性の地位が向上していく過渡期と捉えるべきなのか、それとも貧困層にいる女性たちへのしわ寄せが強まっているにすぎないのだろうか。

5▼
伊豫谷登士翁『グローバリゼーションとは何か』平凡社新書、二〇〇二年、一七七ページ。

4 福祉サービスの民営化

一九六〇～七〇年代、先進諸国では経済成長の結果、北欧諸国にみられる福祉国家が誕生した。このような福祉国家では、国家が国民全体に対して平等な福祉サービスを保障してきた。つまり、政府が保健・医療、福祉、教育など公的サービスを一元的に担ってきたのである。しかし、一九八〇年代以降、そのモデルとも言われるスウェーデンでも、次第に福祉国家の危機が叫ばれるようになった。公的セクターの非効率、財政的危機が問題となり、公的福祉システムの軌道修正が求められるようになったのである。その結果、規制緩和、自由化の波とともに公的サービスについても、民営化をめざす動きが出始めている。

台湾の場合、在宅での高齢者介護を外国人労働者に任せるというのは、〈老人ホームに入れるよりは、外国人労働者に任せても在宅介護の方が親孝行の倫理観に合致する〉という社会的慣習に適っているように見える。しかし同時に、福祉コストを削減したい台湾政府の意向も見え隠れする。なぜならJ．C．氏とのインタビュー記録には、台湾政府（労工委員会）は、インドネシア人経営の仲介会社七社に中国語と家事に関する「訓練」と技術等の「試験」を委託している、とある。これらのインドネシアの仲介会社と台湾の仲介会社との間には、おそらく両者を結ぶネットワークがあるのだろう。台湾人家族が共働きを続けてより高い収入を確保しながら、外国人の女性労働者による在宅介護を求める現実には、ジェンダーの問題とコスト削減をねらう政府の福祉政策が複雑に交錯していて興味深い。

5 日本と外国人労働者

最後に、日本における外国人労働者の問題を考えてみたい。周知のとおり、少子高齢化にともない、高齢者の介護を誰が担うのかは大きな問題となっている。ただし、日本では、「専門的、技術的分野」以外の単純労働では外国人労働者の受け入れは認められていない。このため、一九八〇年代後半以降、外国人労働者の流入は本格化したが、外国人労働者の労働力人口に占める割合は低く、一%台にとどまっている。[6] 家庭内労働者としての入国を認めるイギリスでは三・八%、介護スタッフの就労を認めるドイツは八・九%、住み込み介護者として外国人労働者を認めるカナダは一八・一%であるのに比べると、日本の外国人労働力人口は格段に低いことがわかる。[7] これは、日本人労働者の雇用を守るための措置で、介護は「専門的、技術的分野」にあたらない「単純労働」とされている。したがって、介護分野での外国人労働者も少ない。[8] しかし、高齢化が急速に進む日本では、介護の分野で今後、人手不足が深刻になるであろう。加えて雇用のミスマッチが解消されなければ、より一層の労働力が必要となるのは間違いない。早急に介護分野における外国人労働者の受け入れを検討し、それに伴う社会制度を整備する必要があるのではないだろうか。

台湾人家庭の中の外国人労働者を起点に、外国人労働者を送り出す側と受け入れる側の要因をはじめ、グローバル化に伴う外国人労働者の女性化、福祉の民営化の問題をみてきた。果して、洪が指摘するように、〈平均寿命の伸張による社会の高齢化、また核家族化などを背景に、介護問題は今日のアジア各国、特に都市において普遍化している〉と言いきれるだろうか。むしろ、高齢化の進む外国人労働者受け入れ側（雇用者側）と余剰の労働者を海外に送り

6▼ 『データブック 国際労働比較二〇〇三』によると、二〇〇〇年の外国人労働者数は約七一万人で、労働力人口の一・〇%であった。

7▼ 数字は、『データブック 国際労働比較二〇〇三』を参照。

8▼ ただし、日系人および配偶者が日本人の人は介護事業でも就労できる。

出す側との間で二極化が進行しているのではないだろうか。介護と家事問題の国境を越えた形の展開については、今後、国家間の比較分析が待たれるところである。

［参考文献］

伊豫谷登士翁『グローバリゼーションとは何か』平凡社新書、二〇〇二年。

国際労働研究機構『データブック　国際労働比較二〇〇三』(http://www.jil.go.jp/statis/databook/con5.htm)

「テネシー・キャラバン」の行方

ピーター・テイラーの「南部」と幼少年期の異文化体験

茅野佳子

一九二〇年代のアメリカ。南部から北部へ、田舎から都市へと人口の大規模な移動が続く中、テネシー州北西部の小さな町を出て東へ向かう一行がいた。故郷の「文化」をそっくり積み込んで、まるで砂漠の中を行くキャラバン隊のように車を連ね、目的地である州都ナッシュヴィルに向かって走っていた。一行はナッシュヴィルに定住することなく、二年後にはまた荷物をすべて積み込んで、今度は北西に位置するミズーリ州の大都市セントルイスへと車を走らせることになった。そして六年後、大恐慌の中で再びテネシー州に戻ってくる。その一行の中にいたまだ幼かった少年は、一五歳になっていた。三回に及ぶ「テネシー・キャラバン」の旅は、少年に一体どんな影響を残すことになったのだろうか。

1 はじめに――テネシーを描き続けた作家、ピーター・テイラー

一九三七年、ミシシッピ州のローカルな文芸誌『リバー』(*River*)の三月号と四月号に、続けて短編小説を発表した青年がいた。その名はピーター・テイラー(Peter Taylor 1917～

1994)。「テネシー・キャラバン」の中で最年少だった少年が、作家としての第一歩を踏み出したところだった。デビュー作の「パーティー」("The Party")、そして二作目の「奥様は洗練されている」("The Lady Is Civilized") は、いずれもテイラーの生誕地であるテネシー州北西部ギブソン郡の小さな田舎町を舞台とし、前者は、都会に出て行った友人たちとの再会の場面を通して、故郷に残った若者の心の揺らぎを抑えたトーンで描いており、後者は、白人女性と黒人女性のそれぞれの結婚生活の破綻をめぐる出来事を、アイロニーたっぷりに対比して描いている。二〇歳のテイラーが生まれ故郷の人々の暮らしぶりに抱いた強い関心は、その後六〇年近くに及ぶ作家生活を通じて薄れることはなかった。

テイラーは、七十六歳でその生涯を閉じる直前まで、短編を中心に、長篇、詩、戯曲等を書き続けた。中でも短編は初期の頃から高い評価を受け、ベスト・アメリカン・ショート・ストーリーズに何度も選ばれ、一九八六年には短編集『オールド・フォレスト』(*The Old Forest and Other Stories* 1985) でPENフォークナー賞を受賞、翌年には数少ない長篇のひとつ『メンフィスへ帰る』(*A Summons to Memphis* 1986) でピューリツァ賞とリッツ・ヘミングウェイ賞を受賞している。にも関わらずテイラーの知名度は低く、根強いテイラー・ファンや研究者たちは、テイラー亡き後も雑誌で特集を組み、伝記を出版し、その名と作品を広く知ってもらおうと努めてきた。ちなみに日本では、『メンフィスへ帰る』が一九九〇年に翻訳出版されているが、アメリカ文学研究者の間でもテイラーのことを知る人は少ない。

数珠玉の短編を発表し、少数ながら熱狂的なファンをもち続けているテイラーが、何故アメリカを(あるいはアメリカ南部を)代表する作家となり得なかったのかについては、いくつかの理由が考えられる。主な作品が短編であったこと、[1] 読者の多くが期待するような南部文学の特徴を欠いていたこと、つまり南部文学の特徴と考えられがちな奇怪さやグロテスクな描写は

1▼ 一九五〇年に中編小説を書いているが、一九八六年の『メンフィスへ帰る』まで長篇を書くことはなかった。

ほとんどなく、また『風とともに去りぬ』のように昔の南部をノスタルジックかつヒロイックに描いた歴史ロマンでもなく、微妙で複雑な心理描写の多い、どちらかと言えば地味な作風だったこと、それに作品の題材が、主にテイラーの生まれ育ったテネシー州という狭い世界の人々の日常生活から取られていたために、ローカルな作家というレッテルを貼られがちであったことなどが指摘されている。テイラーが作家の道を歩み始めた頃には、「南部文芸復興」(Southern Literary Renaissance)と呼ばれる動きの中ですでに多くの南部出身の作家が活躍しており、その中に埋もれてしまったとも言えるかもしれない。[2] 最近さまざまな視点を取り込んだ「南部文学」の再研究が盛んになり、あまり取り上げられることのなかった黒人作家や女性作家にも焦点が当てられるようになったが、テイラーの描く世界も、アメリカの中の異郷として見られがちな「南部」を多面的に理解するための、ひとつの鍵を提供してくれる。

人種分離政策の続く南部テネシー州の裕福な家庭に生まれたテイラーは、大恐慌を背景に、アメリカ南部の人口が北部へ、そして農村の人口が都市へと大移動した時代(一九二〇年代から三〇年代)に幼少年期を過ごし、大きな環境の変化を何度も体験し、その後六〇年近い執筆活動を通じて、独自の「動く視点」で当時の南部(特にテネシー州)の人種関係、階級意識、ジェンダーの役割、ジェネレーション・ギャップの実態、地域間の相違等を詳細に描いた。テイラーの描く世界は、彼自身が体験したこと、特に子どもの頃の様々な「異文化」体験に深く根ざしており、テネシー州の小さな田舎町とそこに暮らす人々、またはそこから出て行く人々の詳細な文化研究としても読むことができる。人が生まれ育った社会の制度・習慣・物の見方に強く縛られながら、そのことに気づかずに暮らしている様子が描かれる一方で、いろいろな背景をもつ人々が接触し交流することによって、社会の引いた境界線を気づかずに崩したり越えてしまう瞬間や、逆にその境界線の存在を固守するために理不尽な言動に走る瞬間などが作

2▼ 「南部文芸復興」は、一般に一九二〇年代から五〇年代頃にかけて見られた南部文学の興隆のことをさす。また、「アメリカ南部」というとき、南北戦争以前に奴隷州であった十州を指す場合や、南北戦争時に連邦を離脱して南部連合に加盟した十一州を指す場合があり、さらに、「南部」の中にも「深南部」(Deep South)や「高地南部」(Upper South)といった区別が存在する。

品の中にちりばめられている。

テイラーは、社会における「文化化」(enculturation)[3]を経た「自分」と「本来の自分」とのギャップを効果的に提示するために、記憶をたどりながら語る独自のナラティヴ技法を生み出し、「文化」の縛りとその恣意性・流動性を執拗に提示し続けたのだが、これは自分の生まれ育った社会を内と外から同時に見ることのできる視点によるもので、小さい頃の移動体験・異文化体験が大きく影響していると考えられる。本稿では、階層、役割、慣習、マナーといったことが重視された当時の南部社会や家庭環境、それに歴史的背景も踏まえ、テイラーの幼少年期の体験がどんなものであったのかを考察し、それがテイラーの作家としての視点に与えた影響を作品の中に探り、テイラーの描く「南部」を浮き彫りにしてみたい。

2 ピーター・テイラーの幼少年期と「テネシー・キャラバン」

テイラーは自伝を書かなかったが、インタビューやエッセイの中でよく子どもの頃のことを語っている。さらに、最近出版されたヒューバート・マクアレクサンダー(Hubert McAlexander)[4]による伝記や、テイラーをよく知る人たちから直接聞いた話、ヴァンダービルト大学とヴァージニア大学にあるテイラーのスペシャルコレクションズに収められた書簡等をもとに、その幼少年期をたどりながら、作品への影響を見ていきたいと思う。

ピーター・テイラーは一九一七年一月八日、テネシー州北西部の綿花畑の広がる小さな町トレントンの裕福な家庭に、四人兄弟の末っ子(次男)として生まれた。父親の名前をそのまま受け継いでマシュー・ヒルスマン・テイラー・ジュニア(Matthew Hillsman Taylor, Jr.)と命名されたが、まだ赤ん坊の頃に隣に住む主婦が、「可愛いピート(ピーターの略称)坊や」

3▼ アメリカの文化人類学者フィリップ・ボック(Philip Bock)は、『現代文化人類学入門』(*Modern Cultural Anthropology: An Introduction*)の中で、「文化化」(enculturation)を「自分の社会の伝統を学習する過程」と定義している。またボックは、別の著書『カルチャー・ショック——現代文化人類学読本』(*Culture Shock: A Reader in Modern Cultural Anthropology* 1970)において、異質の「文化」との接触やカルチャー・ショックが、自分の「文化」についての理解を深める上で重要な意味をもつことを指摘している。

4▼ 筆者は一九九七年から九八年にかけて、テイラーの代表的短編「オールド・フォレスト」を映画化しテイラーとも親交の厚かったメンフィス大学のスティーヴン・ロス教授、テイラーの高校時代の友人であるホワイト夫妻、エレノア・テイラー夫人にインタビューを行なった。

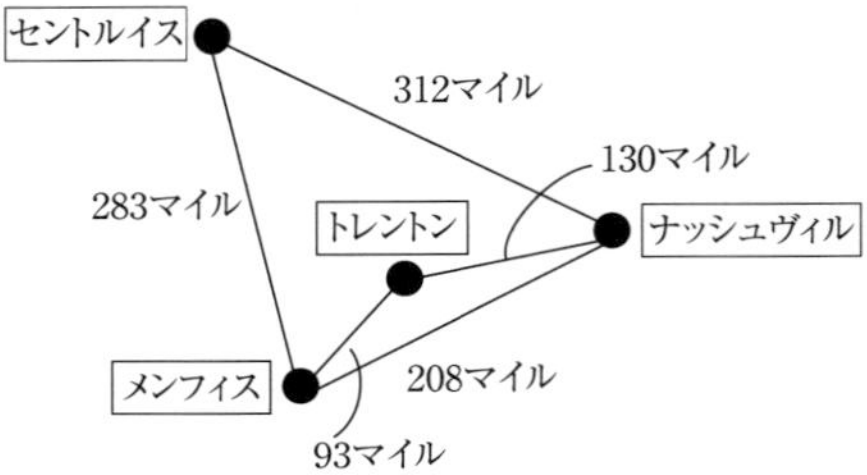

ピーター・テイラー略年表

1917年　テネシー州トレントンに生まれる。
1924年　同州ナッシュヴィルに引っ越す。
1926年　ミズーリ州セントルイスに引っ越す。
1932年　テネシー州メンフィスに引っ越す。
1936年　サウスウェスタン大学でアラン・テイトに才能を見い出され、ヴァンダービルト大学に移ってジョン・クロウ・ランサムのもとで創作を学ぶ。
1937年　『リバー』誌に短編小説を発表し、作家としてデビューする。

＊　＊　＊　＊　＊

1983年にヴァージニア大学の教職を辞すまで、多くの大学で教鞭をとりながら、執筆を続ける。

この間、『ニューヨーカー』誌や『スワニー・レヴュー』誌等に多くの短編小説を発表し，6冊の短編集と2冊の小説（一冊は中編、もう一冊は長編）、そして3冊の戯曲（集）を出版。

＊　＊　＊　＊　＊

1985年　短編集『オールド・フォレスト』を出版。
1986年　同短編集で、ペン・フォークナー賞を受賞する。
小説『メンフィスへ帰る』を出版。
1987年　同小説で、リッツ・ヘミングウェイ賞とピューリツァ賞を受賞する。
1991年　メリーランド州ボルティモアで、ピーター・テイラー・シンポジウムが開催される。
1993年　短編集『ストーンリー・コートのお告げ』を出版。
1994年　小説『テネシー地方で』出版直後に，肺炎で77歳の生涯を閉じる。

と繰り返し呼んであやしているうちに、これがファーストネームになってしまったそうで、ピーター・マシュー・ヒルスマン・テイラー（Peter Matthew Hillsman Taylor）という長い名前の載っている文献もある。親や祖父の名前をそのまま受け継いだり、ラストネームをファーストネームやミドルネームとして使ったり、そこに新しい名前を付け加えたりすることはよくあることで、特に南部では、このように長い名前をもつことは今でも珍しいことではない。ここで、テイラーが長男ではないのに父親の名を受け継いだことについて説明しておく必要があるだろう。

テイラーの母の結婚前の姓もテイラーで、こちらのテイラー家は政治家を輩出していた。テイラーの祖父ロバート・ラヴ・テイラー（Robert Love Taylor 1850〜1912）（民主党）は一八九七年に弟（共和党）と州知事選を争ったことで話題となり、州知事を三期勤めた後に上院議員となり、一族の誇りとして語り継がれた人物だった。テイラーも幼い頃から、この偉大な祖父の話を家族や親類から繰り返し聞いて育ち、人々の絶大なる信頼と尊敬を集め、影響力をもつ人物として作品の中に何回か登場させている。[5] この祖父の名前をテイラーの兄がそのまま受け継ぎ、二歳年下のテイラーが父親の名を受け継ぐことになったというわけである。長男は政治の道に進むことで家族や親類の期待に答えたが、弟の方は芸術や文学を好む感受性の強い少年で、かなり早い時期から作家になりたいと考えており、進路をめぐって父親と強く対立したこともあった。テイラーの作品に登場する父親は、権威的で子どもや妻に対し大きな影響力をもつ存在として描かれていることが多く、祖父の名を受け継ぎ政治の道に進んだ兄も、主人公とは性格の異なる兄として、よく作品の中に登場する。[6]

このように、政治家を輩出している家系に生まれながら文学を志すことによって生じる周囲との対立や葛藤は、作家としてのテイラーに生涯を通じてひとつのテーマを提供することにな

5▼
曾祖父ナサニエル・グリーン・テイラー（Nathaniel Greene Taylor）は、インディアン監督局の局長を勤めていたそうで、彼もテイラーの最後の小説に登場する。

6▼
テイラー夫人はインタビューの中で、兄とよく比較されたために、ある種の劣等感を抱いていたようだとコメントしている。テイラーの劣等感の原因のひとつは、当時の上流階級の男性には必須であったスポーツや乗馬が大の苦手だったことにもあったようだ。

る。テイラーの分身と思われる文学志向の少年や若者が「一風変わった者」あるいは「周囲から浮いた存在」として描かれ、一方で他の者には見えないものが見えたり、気づかないことに気づくといった役割を果たすのであるが、結局周囲の圧力に屈したり、妥協した道を歩む結末になっている場合が多い。テイラー自身は作家の道に進んだが、周囲の反対や期待を完全に無視できたわけではなく、創作活動をしながら大学で教鞭を取り続けることで、自分なりに折り合いをつけていたようである。特に南北戦争とその後の再建時代を通じて屈辱を味わった南部では、南部文芸復興の動きが生まれる頃まで、優秀な人材は政治の世界に進む傾向が強く、作家という職業はあまり認められていなかったという背景がある。実際、若き日のテイラーの才能を認め、作家となるきっかけを与えたのは、南部文芸復興において中心的役割を果たしたジョン・クロウ・ランサム（John Crowe Ransom 1888～1974）、アラン・テイト（Allen Tate 1899～1979）、ロバート・ペン・ウォレン（Robert Penn Warren 1905～1988）といった作家たちで、こうした先輩たちも大学で教鞭を取りながら創作を続けていたのだった。[7]

テイラーの父は、トレントンで、代々受け継がれてきた綿花農場を経営するかたわら、南北戦争の退役軍人である祖父とともに法律事務所を開いていた。テネシー州西部の主な産業は農業（特に綿花栽培）であり、州の黒人人口の約半分が住み、労働力を提供していた。テイラーの父も多くの黒人を雇っており、引っ越しの際にはいつも何人かを家族ぐるみで連れて行き、大恐慌の際には、故郷の黒人を大勢呼び寄せ仕事や住むところを提供していたという。最初の引っ越しは一九二四年、テイラーが七歳の時に父方の祖父が亡くなり、テイラーの父が大学時代の親友の経営する大きな証券会社の法律顧問を勤めるため、州都のナッシュビルに移ることを決めたときであった。その会社は銀行や不動産の買収にどんどん手を広げており、二年後にはミズーリ州セントルイスの保険会社を買収し、テイラーの父を責任者として送る事になっ

7▼ 高校卒業後テイラーは、奨学金を得てニューヨークのコロンビア大学で文学の勉強をする予定だったが、父の猛反対によってあきらめざるを得なかった。半年後にメンフィスにあるサウスウェスタン大学（現在のローズ・カレッジ）で受講したフレッシュマン・コンポジションのクラスで、担当のアラン・テイトに文才を認められ、やがてテイトの勧めで、ナッシュヴィルにあるヴァンダービルト大学で教鞭をとるジョン・クロウ・ランサムのもとで学ぶようになり、作家としての道を歩み始めたという経緯がある。

た。再び大規模な引っ越しを行ない、まもなく社長に就任したテイラーの父は、六年後の一九三二年、大恐慌の真只中に会社の不正事件が発覚したことで、不正への関わりはなかったが、テネシー州に戻ることを決意する。迷った末に父親が決めた引っ越し先は、故郷トレントンでも州都ナッシュヴィルでもなく、綿花の取り引き所として栄えるようになったミシシッピ河岸の都市メンフィスだった。つまり、テイラーは七歳から一五歳までの間に三度引っ越しをし、テネシー州を代表する二つの都市と中西部の新興都市セントルイスの暮らしを経験したわけだが、常に新しい場所との比較の対象として、生まれ育った田舎の町トレントンが大きく存在していた。

テイラーは七歳までしか暮らしていないトレントンの町や人々の様子をはっきり覚えていた。初期の作品の多くは、この町をモデルとするソーントンという架空の町を舞台に、自分の家族や親類をモデルとするトリヴァー一族が繰り返し登場し、この町に住み続ける人やこの町を出ていった後もその暮しぶりにこだわる人の生活ぶりが描かれている。テイラーの記憶の中にトレントンの記憶がいつまでも鮮明に残ることになったのは、両親が引っ越しのたびに古い家具調度類をすべて運び出し、何台もの車を連ね、使用人の黒人夫婦や家族も含めて、まるでキャラバン隊のように何百マイルもの道のりを移動し、引っ越し先でもトレントンにいるときと同じ生活ぶりを続けたことに負うところが大きい。家の中では、故郷の町や人々のことがよく話題になり、また、トレントンにいるときと同様に多くの親類が訪れ、テイラー一家もまた、夏休みやクリスマスなど事あるごとに故郷を訪れたようである。従ってテイラーは、新しい環境の中で当然カルチャーショックも経験したが、以前の生活の影響が色濃く残る中で、昔の記憶が薄れることもなく、徐々に新しい環境に適応していったようである。

あるインタビューの中で、テイラーはセントルイスでの暮らしを振り返り次のように語っている。

僕たちはセントルイスの中で自分たちだけの「南部」を作り上げそこに暮らしているようなものだった。テネシー西部の父の綿花農場で働く何人もの使用人がセントルイスの家で働いていて、おとなたちは黒人も白人も南部のことばかり話していた。(『ピーター・テイラーとの会話』*Conversations with Peter Taylor* 1987より引用　筆者訳)

こうしておとなは故郷の暮らしを守り続けていたが、子どもは家の外で新しい世界に触れ、戸惑いながらも適応していく。新たな「文化化」が進むその過程では、それまで当然と思っていたことが崩れ、おとなが気づかないことにも気づくようになる。それは、人種関係に関することばかりではなく、特にそれまで考えたこともなかった「南部」という地域についてであり、また「南部人」というアイデンティティについてでもあった。別のインタビューの中でテイラーは、セントルイスで南部訛りをひどくからかわれたことなどを回想し、南部の外に出てみて初めて、自分が南部の出身であることを強く感じ、南部がどう見られているのかもわかるようになったと語っている。

カルチャー・ショックを経てようやくセントルイスの生活に馴染み、やがてすっかり溶け込んだ頃になって、テイラーは再び南部にもどるという事態に直面することになった。しかも、南部とは言え、今まで住んだことのある小さな田舎の町でも州都のナッシュヴィルでもなく、ミシシッピ州との州境に近い、綿花の集積地として栄えた商業都市メンフィスであった。テイラーにとって、このときの環境の変化への適応が一番大変だったという。思春期真只中の一五歳という年令や、セントルイスでの贅沢な暮らしぶりも、大恐慌の中で始まった新しい生活への適応を一層難しいものにしたことだろう。こうして、三度の「テネシー・キャラバン」の旅を終え、再びカルチャー・ショックを経験しながらもメンフィスの生活に適応していく過程において、生まれ故郷のトレントンだけではなく、セントルイスそしてナッシュヴィルも比較の対象になったことは言うまでもない。中でもテイラーの関心は、テネシー州を代表する二つの都市ナッシュヴィルとメンフィスの比較に向けられていき、それぞれの住民がお互いの都市に対して抱いているネガティヴなイメージを含め、両都市の社会や文化についての理解を深めていくことになる。

テイラーは「テネシー・キャラバン——一九二〇年〜一九四〇年」(“Tennessee Caravan: 1920-1940” 1985) というメモワールの中で、子どもの頃の記憶でもっとも印象に残っているのは、いつも大規模に行なわれた引っ越しそのものであったと書いている。まだどこに行くにも飛行機ではなく車の時代だったので、長距離の旅や引っ越しは、場所によって大きく異なるテネシー州の地理的特徴を細かく観察できる絶好の機会を与えてくれたそうだ。[8] 例えば同じテネシー州でも、ミシシッピ河に近い赤茶けた平たんな土地の広がる西部と、緑豊かな丘の連なる州都ナッシュビルとは別世界のようであり、幼いテイラーはその違いに強烈な印象を受け、後にその印象を作品の中に生き生きと再現している。それに加え、テイラーの父はテネシー州西部の出身、母は東部の出身、そして両親とも中部に位置する州都ナッシュビルに暮らしたことがあり、それぞれの親類はテネシー州全土にちらばっていて、テイラー一家がどこに住んでいてもよく訪ねてきたという。おとなたちは皆話し好きで、テイラーは耳を傾けているうちに、三つの地方で話される英語の微妙な違いや、ちょっとした習慣の違い、さらに、それぞれの地方が別の地方をお互いどんな風に見ているのかということにも、自然に気がつくようになっていった。つまり、テネシー州内部に存在する多様性を理解するのに、家庭環境や大規模な

8▼テネシー州は、大きく三つの地方に分けて、平たんな綿花畑の広がる西部地方、緑の丘の起伏が続く中部地方、そして山々の連なる東部地方といった特徴が見られる。

引っ越しが大きな助けとなり、後に作家となったテイラーに尽きることのない題材やテーマを提供することになったのである。

3　見えてきた人種関係のパラドックス

「テネシー・キャラバン」には、父方の祖父にまつわる思い出話がいくつか紹介されている。南北戦争にまつわる話が多いが、近くにあるリールフット湖の漁業権や魚の販売を扱う会社の主要株主であった祖父が、覆面の「ナイトライダー」と呼ばれる暴徒に襲われ、湖にもぐって九死に一生を得たという話は繰り返し聞いたという。[9] この話は、「ミロ地方で」("In the Miro District" 1974) という短編の中で、表面上はジェネレーション・ギャップによって断絶しているように見える祖父と孫を、深いところで結びつける思い出話のひとつとして登場する。[10] また、メモワールの中でテイラーは、幼い頃にその湖で釣りをする父を近くの小屋で待っていた時に、以前聞いた祖父の話を思い出してだんだん恐くなり、一緒に待っていた黒人使用人イサークの膝にもぐりこんだことに言及し、そのとき歌をうたって元気づけようとしてくれたイサークも、本当は恐かったのかもしれないと当時を振り返っている。

生まれたときから身近にいて自分の世話をしてくれた黒人の使用人たちに、テイラーは家族同様の、ときにはそれ以上の親しみを抱いていたという。密かに画家や作家になりたいと思い始めていたテイラーが、詩や絵の話のできる相手は家事を手伝っていたルシールという黒人女性だけだったし、実際、教師の経験のある彼女からはずいぶん影響を受けたという。また赤ん坊のときからテイラーの世話をしてくれた乳母は、テイラーの父の世話をした乳母でもあったので、厳格な父の子どもの頃の話をしてくれたり、父のことをテイラーの目の前で子どものよ

9▼ ナイトライダー襲撃事件は、湖における漁業で生計を立てていた住民の会社に対する怒りが二人の株主に向けられたもので、襲われたもう一人の株主ランキンはテイラーの祖父の目の前で射殺され、テイラーの祖父は湖にもぐり、森をさまよい、やっと逃亡の機会を見つけ助かったという。この事件については、ギブソン郡の一五〇周年記念誌や『サザン・スポーツマン』(*The Southern Sportsman*) という雑誌にも詳しく取り上げられている。

10▼ この短編のナレーターによると、当時ナッシュヴィルの家庭では南北戦争の退役軍人である祖父と孫息子の仲睦まじいペアは自慢の種であったが、ナレーターはその風潮に強く反発し、祖父との間には越えることのできないギャップがあると信じていた。しかし、ストーリーの展開の中で、祖父の冒険話と女性に対する保守的な考えとをしっかり受け継いでいることがわかってくる。ここでは、世代間のギャップにも関わらず根強く受

うに扱うこともあり、昔と今が強くつながっていることを感じさせたという。また、乳母に対し逆らうことのできない父の様子は、テイラーにとってはひどくおもしろかったようだ。家事のやり方をめぐって、乳母が母に強く言い返すようなこともあった。一方、毎日の生活の中で、普段家族の一員のように暮らしている黒人使用人との間に、実は厳しい境界線が引かれていることや、大恐慌の影響をもっとも強く受けてしまうのが彼らであることなどにも徐々に気づくようになっていった。こうした家の中での人種間のやりとりは、さまざまな形で物語の中に現れる。[11]

南部文学の研究者であるフィリップ・ワインスタイン (Phillip Weinstein) は、メンフィスで一九四〇年代に黒人乳母に育てられた自身の経験を振り返りながら、南部特有の黒人乳母と子どもの間の関係が、奴隷制の遺物であり根本的に不平等な関係であることを認めながらも、そこに必然的に親密な感情のやりとりが生まれ、お互いに親子のような愛情の育つ可能性があったことを指摘する。幼い子どもにとっては、肌の色や話す言葉や社会的な地位の違い以上に、いつもそばにいて母親に代わって世話をし話をしてくれる身近な存在であるという事実が大きな意味をもち、家族の一員でありながら「他者」であるというパラドクシカルな関係を受け入れて成長していくことになる。また、南部女流作家のキャサリン・アン・ポーター (Katherine Anne Porter 1890~1980) は、「昔の秩序」(“The Old Order” 1930) という短編の中で、病気になった黒人乳母の代わりに、乳母の子どもを自分の子どもと一緒に世話することになった白人女性の経験を通して、乳飲み子を世話するという行為が、世話をする側にも大きなインパクトを与える様子を描いている。

テイラーの場合、こうした人種間のパラドクシカルな関係は、南部を出てセントルイスで暮らすようになったときにとりわけ浮き彫りになって見えてきたようだ。南部人としてのアイデ

け継がれていく「文化」が、テーマのひとつになっているのである。

11▼
二〇世紀前半の南部で子ども時代を過ごした作家は、みな分離政策 (segregation) の中での人種関係を体験しており、それについて書いていることが多いが、体験そのものも、その後の作家に与えた影響も、作家の生まれ育った環境によって当然大きく異なっている。一人の作家の体験で、当時の「南部」の人種関係を理解するのは不可能であり、黒人作家も含めた複数の作家の視点から全体像をつかむ必要があることは言うまでもない。その中で、テイラーの描く人種関係は、厳しく分離された社会の中に存在していた親密な相互依存関係と、親密さの影に隠れた根強い差別意識の両方を垣間見させてくれる。

ンティティ、つまり共有する故郷の伝統や思い出が、白人一家と黒人使用人たちを一層強く結びつけているように見えるのに、[12]両者の間に存在する境界線は決してなくなることはない。おとなたちは皆白人も黒人も話し好きで、興味深く耳を傾けるテイラー少年の頭の中では、彼らの語る話は切り離される事なく、一緒になって「南部」のイメージを形づくっていったのだが、同時に、新しい土地での新しい経験によって、これまで当然のことと思っていた「南部」の人種関係の特異さも見えてくるのだった。

セントルイスでの経験は、中編小説『資産家の婦人』(*A Woman of Means* 1950) の中に詳しく描かれているが、その中に、セントルイスの未亡人が、南部出身の再婚相手について次のように指摘するシーンがある。それは、使用人に接する態度があるときには妙に親し気でありながら、あるときには奴隷に命ずるように威圧的であり、見ていて戸惑ってしまうというのである。セントルイスでは、裕福な家に勤める使用人はヨーロッパからの移民が多く、主人と雇い人との関係も当然違っていることに、テイラーは幼くして気づいていたものと思われる。ここで一つ触れておきたいのは、当時南部の黒人は仕事を求めて大勢北部の都市に移住していたが、その多くは貧困に苦しみ、安い賃金で過酷な労働に従事し、環境劣悪なゲットーに暮らしていたということである。これに対し、テイラー家の使用人たちは、奴隷制時代の名残りとも言える主従関係は続いていたが、同じ家の中や敷地内に住む場所を与えられ、衣食住の心配をすることなく、南部の伝統的な生活を維持する上でなくてはならない役割を果たし、白人との間に相互依存関係を作り上げて暮らしていたのであった。

生まれたときから常に家の中で親密な関わりをもち続けていた黒人使用人との関係は、ほとんどの作品にも描かれており、人種関係に焦点をおいた作品も多数書かれている。その中からいくつか紹介してみよう。テイラーの小説に登場する白人の子どもたちは、テイラー自身の

12▼ 例えば、テイラーは、初めて書いた一幕ものの戯曲「ある親戚の死」("The Death of a Kinsman" 1949) の中で、故郷の伝統を共有する白人と黒人の連帯感を描いている。この劇では、デトロイトに住むテネシー出身の一家（幼い子どもたちも含む）とその黒人使用人たちが、最近雇ったニューヨーク出身の白人家政婦の言動に対し、ともに違和感・不快感を覚え、やがて両者の考え方の相違から、白人家政婦は辞めて出て行くことになるのである。

生まれ育った環境を反映し、生まれた時から黒人の乳母や使用人に囲まれ、身の回りの世話をしてもらって成長するため、そこに絶対的な信頼が生まれ、親密な関係が育っていく。

例えば、「幼いいとこたち」（"The Little Cousins" 1959）という短編では、黒人家政婦が、母親が病死した後幼い子どもたちの世話を一手に引き受けているのだが、子どもたちの父親の再婚が決まると、故郷に帰ることを決めて出て行ってしまう。言葉に表せない悲しみと喪失感に包まれてただ泣きじゃくる末っ子を前にして、父も姉もその原因がわからずにいる。同様に、母亡き後を乳母に育てられた息子たちが、成長し、都会に出て行って、それぞれ家庭をもつようになってからも、自分の親を訪ねるように、孫を連れて乳母のいる故郷を訪ね、乳母もそれを心待ちにしているという話[13]や、失恋の痛手を隠し親兄弟や友人の前では普通にふるまっていた青年が、年老いた乳母の部屋を訪れ、すべて打ち明けることによって、やっと平静を取り戻していくという話[14]もある。

しかし、ごく自然に人種の境界線を越えたり崩したりしていた子どもたちも、主従関係の上に成り立つ人種関係を根本的に変化させることはできず、親密な関係は続いていくものの、やがて根強く残る社会の構造と人種間に厳しく引かれた境界線を、当然のものとして受け入れるようになる。テイラーはその過程を描いた作品も数多く残している。「引退した二人の夫人」（"Two Ladies in Retirement" 1951）は、セントルイスに住むソーントン町出身のトリヴァー家の話で、最近一緒に住むようになった遠い親類である老婦人と、長年一家の世話をしてきた乳母とが、子どもたちの信頼と愛情を勝ち取ろうとして競い合うことになる。結局、昔ながらの手作りのお菓子や昔話の面白さでは絶対的に有利だった乳母が、トリヴァー家とは血縁の薄い老婦人のことを影で非難したことが知れたために、解雇されてしまう。同じ乳母に育てられた一家の父親にとっては、難しい決断であったが、乳母の言動は越えてはいけない境界線を越

13▼ "What You Hear from 'Em?" (1951). *The Collected Stories of Peter Taylor* に収められている。

14▼ "Memorable Eveing" (1939). テイラーが二年ほど在籍したケニオン大学の大学生による文芸雑誌 *HIKA* (March, 1939) に載ったものである。

えていたのである。その直後、乳母になついていた子どもたちは、居間に集まってトリヴァー家の家系と血縁についての話に神妙に聞き入っていた。テイラーは、「あたかも人生の重要なレッスンを受けてでもいるかのように」と付け加えている。

一方、おとなの場合も、伝統的な暮らしを維持する上で黒人使用人に全面的に依存しており、子どもと同様にかなり親密な関係を築いているのだが、時として彼らに対しひどく冷淡な態度をとったり、差別意識をむき出しにした言動に走ることもあり、しかもそのことの意味に気づいていないことが多い。こうした事は、特に見えない境界線の存在が危うくなったときに起こる。テイラーは、差別の実態をありのままに描きながら、人種を越えた同じ人間としての共通点を、当事者にはわからないが、読者だけが感じられるようにうまく描きこんでいることが多い。しかし、あくまで作者自身のコメントや判断は控え、客観的な描き方を貫いている。

「長い独立記念日」(“A Long Fourth” 1946)という短編では、黒人家政婦のマティとの間に絶対的な信頼関係と相互依存関係を築いている主婦ハリエットが、息子の徴兵の知らせにショックを受けることから始まる。そんなある日、マティが自分の子どものように世話してきた甥も兵役につくことになり、その悲しみをハリエットの悲しみと同じだと表現したことで、ハリエットは逆上し、差別意識をむき出しにした言葉をぶつけてしまう。二人の間に容易には消えないわだかまりが生まれ、その分断された関係は、翌日ハリエットの目に映ったマティが、白いエプロンも帽子もつけず薄暗い台所で真っ黒な姿で仕事をしていたという描写に象徴されている。しかし、ハリエットが思い出す幼い頃の息子は、マティの甥と一緒に川に泳ぎに行きたいと駄々をこねる姿であり、また、その息子が今では、マティの甥がハリエットに対し冷淡であるのと同様に、母親にはひどく無関心であることもわかってくる。自分の言動を反省する余裕を取り戻したハリエットは、マティの部屋を訪れて謝罪するが、徴兵前の最後の晩だというのに帰ってこない甥を待ち続けるマティの目には、ハリエットの言葉が何の慰めにもならないほどの寂しさが浮かんでいた。ハリエットは、自分と息子との関係を思い眠れない夜を過ごすが、マティの目に浮かんでいた寂しさが、実は同時に自分のものでもあることには気づいていない。あるいは、眠れない夜を過ごす中で気づき始めていたのかもしれないが、テイラーは他の多くの作品と同様に、はっきりした結末を与えず、読者に判断を委ねている。

4 少年の異文化体験——アイデンティティの揺らぎ

テイラーの作品にナレーター兼主人公として登場する少年たちの体験は、テイラー自身が幼少年期に体験したことをいろいろな形で反映していることが多く、作家が自分自身の経験したことの意味をひとつひとつ検証しようとしているような印象を与える。ほとんどの場合、おとなになった、あるいは成長したナレーターが一人称で記憶をたどりながら語る形式で書かれ、背景となる場所や、家族関係、出来事などがテイラーの生まれ育った環境と重なるために、なおさらそのように感じられるのであろう。一方、それぞれの物語において設定やテーマを少しずつ変えることにより、テイラーは、子どもの頃の体験にいろいろな角度からのアプローチを試みているようだ。また、ナレーターが記憶している内容だけでなく、「思い出す」行為そのものをストーリーの展開やテーマと深く関わらせることによって、体験というものが、一面的にとらえられるものではなく、ダイナミックで複雑な面をもつことを提示するのに成功している。

例えば、初期の中編小説『資産家の婦人』では、幼い頃に母を亡くしテネシー州の農場にいる祖母に育てられた少年クイントが、やがて地方販売外交員である父親の仕事のために学校を転々と移ったのち、父の再婚に伴いセントルイスの資産家の未亡人の家に移ることになる。そこでのさまざまな体験を、成長したクイントが振り返って語るのである。家族ぐるみで引っ越し、家の中で故郷の暮らしぶりを維持していたテイラー自身の体験とは異なり、幼少年期を過ごした田舎の生活から完全に切り離され、新しい環境に放り込まれたクイントは、カルチャーショックや田舎への郷愁に揺れ動きながらも、「南部から来た男の子」として学校中の注目を集めたことを利用して人気者になり、田舎のことを忘れていく。さらに、男の子が欲しかったという義母の寵愛と影響を受けて、少しずつセントルイスの生活にも適応していくのだが、その過程で、自分の生まれ育った「南部」という地域が急に特別な場所として意識される場面がある。

故郷では特別なことではなかったラテン語の響きをもつ長い名前（Quintus Cincinnatus Lovell Dudley）をからかわれ、南部訛りで“time”を“tahm”と言ったり“real”を“reeyul”と言うたびに大笑いされ、また一二歳の誕生日に田舎から送られてきて大喜びした祖父の形見の大きな金の懐中時計が、友だちのひとことで価値を失ってしまう瞬間などを経験する。そんなとき、祖母の農場で過ごした頃の思い出が次々と蘇ってくるのであった。かつて田舎にいた時には、息子を都会人に育てようとする父の方針で、そこに住むいとこや黒人の使用人の子どもたちと一緒になって思いきり遊ぶことができなかったクイントは、いつも寂しい思いを味わい、彼らのようになりたいと強く願ったものであった。新しい環境のもと、カルチャー・ショックの真只中にあって、クイントは、もし田舎に残っていたら、いつか自分も、いとこや黒人の子どもたちのようにたくましくなれたかもしれないのにと想像し、もう田舎の生活にはもどれないことを痛感するのである。ここで、クイントがいとこと黒人の子どもを同一視し、自分を部外者と考えていることにも注目したい。

セントルイスでは何とかみんなの仲間入りをしたいと願い、注目を集めるためにわざと南部訛りを強調したり、ときおり父に聞いた古い南部の話しを大袈裟に語ったりしているうちに人気者になってしまうのだが、新しい環境に馴染むにつれて、いったい「南部」とは何なのだろうという疑問が浮かんでくる。「南部」に暮らす人たちも、「南部」を特別な場所のように考えている外部の人たちも、疑問を抱くことなどないのだろうか。みんなが思うように本当に南部の人は違うのだろうか。どうしてそんな違いが生まれたのだろうか。答えの見つからない質問を問いかけているうちに、だんだんそんなことはどうでもいいことに思えてくるのだった。そして、一時的に芽生えた南部人としてのアイデンティティは薄れ、今度は義母の影響で、セントルイスの資産家の息子というアイデンティティが芽生えていく。しかしそれも、家庭内に生じた問題（異なる生い立ちや文化の縛りのために、父と義母の間に深刻な誤解が生じ、義母が精神を病んでしまったこと）とクイント自身の成長によってあっけなく消えていくのだった。アイデンティティが固定したものではなく、そのときどきの自分の意識や置かれた状況によって変化するものであることが、クイントの心の揺れと変化を通してさり気なく示されている。

テイラー自身はクイントのように故郷の暮らしを忘れてしまうことはなかったが、「南部」を意識するようになる過程や、もし田舎にとどまっていたらという仮定（つまりもうひとつの可能性を想像すること）、そしてひとつの文化が絶対的なものではないのだという認識は、テイラー自身のものと考えてよいだろう。テイラーはインタビューの中でそのような経験について繰り返し述べており、それが効果的に取り入れられた作品を他にも多数見つけることができる。もうひとつの可能性（選ばれなかった道）に思いを馳せ、今の自分の置かれた状況を疑問に思う習慣や比較する視点は、テイラーの多くの作品に一貫して見られる特徴なのである。この中編小説では、文化の縛り以上に、その恣意性や流動性に焦点をあてて子どもの体験を描いているが、その逆に、家庭環境が原因で、古いものにばかり強い関心を抱き、新しい環境に適応できない少年を主人公とする作品もある。次にその例を紹介しよう。

5 ソーントン町のトリヴァー一家
——歴史にとり憑かれた少年と歴史を振り捨てた母

『セントルイスのテネシー記念日』(*Tennessee Day in St. Louis* 1957)という四幕からなる戯曲は、セントルイスに住むテネシー出身のトリヴァー一家が、テネシー・デーと呼ばれる祝日[15]を盛大に祝う一日の出来事を描いたもので、セントルイスに移住したテネシー州出身者たちが、自分たちの故郷の伝統を守ろうと、事あるごとに集まっては昔話に花を咲かせ、新しい環境になじまず過ごしている様子が強調される。トリヴァー家には、故郷から連れてきた黒人使用人もいて、昔ながらの暮しぶりを維持するのに貢献している。そんな中で、末っ子のラニー少年は、おとなたちの語る故郷の話や歴史の中の出来事にとり憑かれてしまい、現実とのギャップに対処できなくなってしまう。しかし、こうした家庭環境のもつ危険性を認識している二人のおとなに諭されて、何とか危機を乗り越えたところで幕を閉じる。テイラー自身、南北戦争の戦跡の残るナッシュヴィルに住んだ頃から、歴史に強い興味をもつようになり、周囲のおとなの語る故郷の話には人一倍夢中になっていたそうだ。例えば、上院議員だった祖父の演説の原稿を屋根裏で見つけ、すっかり暗唱していたというが、この戯曲の中にも、ラニー少年が同様の事をするシーンが登場する。テイラーは何とか新しい生活に適応していったが、その過程ではラニー少年の直面したような危機も、おそらく何度か経験したことだろう。

テイラーは、前述のように故郷トレントンをモデルにソーントンという架空の町を作り、その町出身の家族をトリヴァーと名付け、町の中で起こることや、町を出て新しい土地で暮らし

15▼ テネシー州ナッシュヴィルで開業していた弁護士アンドリュー・ジャクソンは、英国との戦争における一八一五年のニューオーリンズの戦いで、六千人の兵士を率いてその倍の兵力をもつ英国軍を敗り、伝説的なヒーローとして有名になり、後に第七代大統領となった。この勝利の日(一月八日)がテネシー州の祝日となり、別名アンドリュー・ジャクソン・デーとも呼ばれていた。この日は、テイラーの誕生日でもあり、また両親の結婚記念日でもあったそうで、同じ設定がこの戯曲の中で効果的に使われている。

ている人たちの生活ぶりを、一連の短編小説としても描いている。『ソーントンの未亡人』(*The Widows of Thornton* 1954) という初期の短編集では、九つの短編のひとつひとつにおいて、トリヴァー一族を構成するメンバー(父、母、いとこ、黒人の乳母や使用人など)に順に焦点を当て、それぞれの視点に立って日常の出来事とそれに伴う心理状態を描き、タペストリーのように一族の全体像を浮かび上がらせている。例えば、短編集の最後に収められている「不吉な散歩道」("Dark Walk" 1954) という短編では、夫の仕事のためにテネシー州を出て各地を転々とし、現在はシカゴに住んでいる妻が、夫が病死した後故郷に帰るかシカゴに留まるかという選択に迫られる。そして、迷った挙げ句にどちらも選択することをやめ、見知らぬ土地で新しい生活を始めようと決意するまでの心の動きを描いている。引っ越しのたびにその指揮をとることを求められ、新しい土地では、仕事や学校のために新しい環境に次第に適応していく夫や子どもたちから取り残され、家の中で故郷の伝統を守る役割を担わされる妻の状況を、「未亡人」という比喩でとらえ、それが短編集のタイトルになっているのである。同様に南部の伝統的な生活を維持する役割を担わされていた黒人乳母や使用人の視点に立った他の短編も、この比喩を念頭において書かれているのがわかる。

6 『メンフィスへ帰る』
──被害者意識にとり憑かれたナレーター

さて、テイラーの分身と思われる少年の物語の中で、引っ越しそのものが詳細に描かれ、テーマと深く関わっている作品を検討してみたいと思う。ピューリツァ賞を受賞した長篇『メンフィスに帰る』では、父親が親友の裏切りにあって会社を辞め、引っ越すことになるという背景や、引っ越しそのものの様子、少年の年令や家族構成、引っ越し先でのカルチャー・ショック等、テイラー一家がセントルイスからメンフィスに引っ越したときの経験がほとんどそのまま描かれている。ただし、この小説の中ではナッシュビルからメンフィスへの移動となっており、テイラーがいつか書きたいと思っていたという、テネシー州内の二つの都市の文化比較が詳細になされ、それが作品のテーマと深く関わって展開していくことになる。語るのは四十九歳になった末っ子フィリップで、今はニューヨークに暮らしている。

ナッシュヴィル至上主義者であった権威的な父親は、メンフィスへの移動をあたかも「格下げ」や「都落ち」のように感じ、家族全員に「メンフィスにおいてもナッシュヴィルの暮らしを続ける」ことを命じ、家具調度から黒人使用人まですべてを伴って大移動を決行する。引っ越しの直前にフィリップ少年は、すべての荷物が積み込まれたことを確認する父の様子を見て、使用人も含めた家族全員が、引っ越し荷物と同様に父の所有物として扱われているような印象を受ける。また、ナッシュヴィルを出てメンフィスに向かう途中で綿花畑の広がる故郷ソーントンのそばを通り、車を止めて父と黒人使用人たちが一斉に故郷の方を眺めるシーンでは、一瞬両者が同じノスタルジアで強く結ばれる様子が描かれる。テイラーはインタビューの中で、実際引っ越しのときにこうした出来事があったのだと語っている。小説の中ではさらに、その後みんなに車にもどるよう命じた父の口調が昔の奴隷所有者のようであり、一瞬フィリップの脳裏に、逃亡奴隷の一団が故郷に逃げようとしたところを捕まってしまったシーンが浮かぶのだった。すでに述べたことだが、このように自分の生まれ育った南部の人種関係のもつ二面性――妙に親密な面と厳しく分けられた面――は、テイラーの作品の至る所に描かれている。

引っ越しの当時一三歳だったフィリップは、ナッシュヴィルの暮らしが気に入っており、初めてガールフレンドができて夢中になっていたこともあり、父の決断を恨み、その後自分の人生の歯車が狂ってしまったのは、すべて父のせいだと思い込んでいる。文化の大きく異なる（とフィリップが信じている）メンフィスへの引っ越しを父が強硬に実施し、無理矢理ナッシュヴィル流の生活をメンフィスでも全員に強いたために、自分だけでなく家族全員が犠牲になったとフィリップは思い込んでいた。そのせいで母は精神を病み、メンフィスの暮らしに適応できず志期に引っ越したことで二人の姉は結婚の機会を逃し、兄はメンフィスの暮らしに適応できず志願して戦場で亡くなり、フィリップは新しくできた恋人との中を父に裂かれ、ニューヨークでひっそりと古書の収集をして暮らすようになったのだと。[16] しかし注意して読んでいくと、随所に、フィリップの被害者意識をくつがえすような描写が見つかるのである。

フィリップの回想の中では、当然メンフィスとナッシュヴィルの違いが強調され、特にメンフィスに対するネガティヴな描写が、父やフィリップ本人の言葉によって提示される。例えば、州都ナッシュヴィルの伝統的で「上品なマナー」に対し、深南部ミシシッピに近いメンフィスの人々は粗野で品がないこと、そして服装や話し方、挨拶の仕方に至るまですべてが父親には気に入らなかった、といった具合である。しかし皮肉なことに、長く住むうちにその父親でさえも、いつのまにか見下していたメンフィスの生活に染まっていることがわかる。母が亡くなり、やがて父の再婚話がもちあがり、久しぶりにメンフィスを訪れたフィリップの目に映った父の服装は、以前のナッシュヴィル風とは違い、全体的にメンフィス流にまとめられていた。さらによく見ると、これまで暮らしたことのある場所や祖父の代から受け継いできた伝統の影響を、少しずつ残していることがわかる。帽子は相変わらずセントルイスの帽子屋で仕立てたもの、靴はナッシュヴィルのお馴染みの靴屋に注文したもの、そしてコートはメンフィス仕立てといった具合である。ユーモラスに描かれた父の姿は、文化の縛りと流動性を暗示するとともに、人は生活する場所から知らず知らずのうちに影響を受けるものだというメッセージ

16▼
フィリップと恋人との結婚を父が妨害したのは、その女性の階層が自分の家系にふさわしくなかったということが原因だったようである。

を発しているようだ。しかしフィリップは、父の変化の意味に気づくことはなく、ただショックを受けるだけである。

さらに、父が選んだ再婚相手は皆の期待を完全に裏切るタイプの女性、つまり明らかに階層の異なる女性であった。しかも、かつてメンフィスに移ってきた頃よく耳にした、広大な土地を所有するメンフィスの金持ちの家庭に生じる問題、つまり「父親の再婚に子どもたちが反対し、あらゆる手段に訴える」という問題を、フィリップの二人の姉が起こそうとしていることが発覚する。結局父は姉たちの妨害で再婚の機会を逃してしまう。この姉たちも、今ではメンフィスの生活にすっかり馴染み、メンフィスのファッションで身を包み、それぞれ不動産関係の仕事をもち自立した暮らしを送っているのだが、フィリップはそんな現実を直視できず、ナッシュヴィルで社交界デビューした頃の優しく美しかった姿を思い出しては、二人がこんなに変わってしまったのはあの引っ越しのせいだと恨んでいるのだった。父を裏切り引っ越しの原因を作った昔の親友に関しては、その男の名前を口にすることも許さなかった父であるが、晩年になって自分と同様年老いたその男に偶然再会し、すんなり和解してしまい、これもフィリップに衝撃を与える。そのフィリップも、やがて年老いた父を理解し許す気になるのだが、自分をずっと縛り続けてきた被害者意識の正当性を疑うことはなかった。

この小説の中で、もうひとつ異文化接触という点で興味深いシーンがある。フィリップがメンフィスの学校に転入したときに、生まれも育ちもメンフィスというアレックス少年に初めて出会うのだが、そのとき両者がお互いに対して抱いた印象が、おとなになってからの回想として描かれるシーンである。ショックを受けていたのは、フィリップの方だけではなかった。メンフィスの少年たちとは明らかに違う髪型（おかっぱの断髪）、服装（半ズボンやぱりぱりに糊の利いた襟）、話し方（「ナッシュヴィル訛り」）、本の抱え方（腕を曲げて小脇に抱える）

等、フィリップのすべてがアレックスの目には奇異に映り、まるで異星人にでも出会ったような驚きを覚えていたことがわかる。当時はお互いに、相手が自分に対して抱く印象など推し量る余裕はなかったのだが、その後フィリップはアレックスの協力を得てメンフィスの生活に馴染むことができ、やがて二人は親友になり、当時のことをあれこれ話すうちに、初めて会ったときのアレックスの印象をフィリップが知ることになったのである。記憶をたどりながら、進んだり、もどったり、脇道に逸れたりして語るテイラーのナラティヴが、一貫して一人称で語りながら、複数の視点をリアルに示すことに成功している一つの例である。同様に、フィリップが無意識にいろいろな視点を提供してしまうシーンが数多く見られるが、フィリップ自身はこうした異なる視点のもつ意味には気づかず、被害者意識にとらわれたまま話を進めていくことになる。

テイラーは、この小説を発表した直後のインタビューの中で、二つの都市の違いをやや誇張して描いたことを認めているが、そのことによって、ナレーターの被害者意識が現実味を帯び、家族がいつのまにかメンフィスの暮らしに馴染んでしまっていたという結末に、皮肉な含みをもたせる効果を生むことになった。また、ナレーターの認識に限界を設けることによって、地域間の違いが絶対的なダメージを家族に与えたわけではなかったことを、ナレーター自身が語るのではなく、読者が語りの中から次第に感じ取れるよう工夫しているようだ。テイラーの関心は、実際に二つの都市の間にどんな違いが存在するかということ以上に、違いを信じ込み、そこに優劣をつけることによって、人がいかに影響を受けてしまうかという点にあったことがうかがえる。テイラーは、メンフィスやナッシュヴィルを舞台にした作品や、一方から他方への移動を扱った作品を数多く残しているが、中でもこの小説は高く評価され、ピューリツァ賞を受賞することになった。テイラーが得意とする、過去と現在の間を自由に行き来しながら一人称で語るナラティヴ形式を最大限に活用し、自分自身の父親との葛藤を含めた幼少年期の体験を集大成した小説と言えるだろう。

7 「悪魔」の声――「本来の自分」の喪失と別の可能性

あまり注目を集めることのなかった初期の作品の中に、テイラーが生涯取り組むことになるテーマを、他の作品とは少し違った形で扱った「悪魔」("Demons" 1963)[17] という短編がある。この中でテイラーは、子どもが社会の慣習を学び、周囲の期待に合わせた生き方を身につけていく過程を描き、そこに田舎から都市への地理的な移動を絡めることで、寓話的に「文化」の縛りとその恣意性とを提示している。テイラーが自分の子どもの頃の経験を振り返るとき、ちょうど田舎から都市への移動の時期と、社会的な慣習を身につけていく時期とが重なり、そんな中で文学を志すことが周囲の期待に反することを知るようになった経緯もあり、こうした一連の出来事からインスピレーションを得てこの物語の構想が生まれたのではないかと思う。これまで紹介してきた作品と同様に、おとなになってから少年時代を回想する形で語られ、ナレーターの家族構成も、トレントンを思わせるテネシー州西部の小さな田舎の町から大きな都市へと引っ越していく設定も、ナレーターの性格や黒人使用人との親しい関係も、テイラー自身と重なっている。

「子どもの頃によく聞いたあの不思議な声のことをどう説明したらいいのだろうか」という質問が、始めと終わりに読者に向けて投げかけられるが、実はこの短編全体が記憶をたどりながらその答えを見つけようとするナレーター自身の試みでもあるのだ。内向的で、周囲に合わせたり社会の慣習を学ぶことが苦手な少年ルイスは、幼い頃から自然の中で遊ぶのが好きで、

17▼ 同じ年にこの短編は「不思議な話」("A Strange Story") というタイトルで別の雑誌にも発表されたが、一九九三年に出版された『ストーンリー・コートのお告げ』(*The Oracle at Stoneleigh Court*) という短編集には再び「悪魔」というタイトルで収められている。

風や木や動物の話す不思議な声をよく聞き、それを友だちや家族に無邪気に語っては奇異な目で見られていた。[18] また、ルイスは画家になりたいという夢をもっていたが、それも人に話すと奇異な目で見られるため、親身になって話を聞いてくれる黒人家政婦のアリスにだけ打ち明けるようになった。人に話していいことと話すべきではないことがあることを学んだルイスは、だんだん「不思議な声」のことを他人には話さなくなっていく。一家が都会に引っ越し、自然との接触が減っても、ルイスは校庭や家の中で「不思議な声」を聞き、思わずそのことを家族に話してしまうのだが、やがて自分がみんなから「変人」(rare bird) 扱いされていることを知ってショックを受け、ついに「不思議な声」に向かって叫んでしまう。「子どもを苦しめる悪魔の声なんか、もう聞かないぞ! 消え去れ!」それ以来、「不思議な声」は聞こえなくなった。

おとなになったルイスは、他人の言葉に注意深く耳を傾けるようになり、ついには季節の変化さえも自分では判断をくだすことができず、他人の言葉で確認しないと落ち着けない性格になってしまったことを告白する。こうして思い出を語り終えたルイスは、昔聞いた「不思議な声」について、次のように語るのである。

本当のことを言うと、僕は幼い時によく聞いたあの説明しようのない不思議な声のことを、だんだん好きになってきている。おとなになるまでにいろいろ学ばなければならないことがあったけれど、だんだんあの不思議な声が大切なものに思えてきたんだ。そしてついに、あの不思議な声はある種の智恵みたいなものになって、生きていくために身につけなければならないことのほとんどは、恣意的に決められたことにすぎないのだということを教えてくれるようになった。だから、いろんなことを学ばなければならないのは確かだ

18▼幼いテイラーは空想をして遊ぶのが好きで、トレントンの家の庭で、よく空想の中の誰かを相手に話をしていることがあったと、姉の一人が語っている。

けれど、そうでなくてもよかったのかもしれないということを、心の中ではわかっているんだ。ただあの不思議な声が何を言おうとしていたのかを理解することが必要だったんだろう。それさえできていれば、あの不思議な声をずっと聞き続けようとする人間が、変人扱いされるのではなく、正常な人間として扱われることだってあったんだと思う。(「悪魔」より引用　筆者訳)

しかし、もうルイスの耳に「不思議な声」が聞こえてくることはなかった。森の中を歩いていて木々の名前を思い出すことはできても、昔無邪気に自然と交感していた頃の自分にもどることは不可能だった。ただ、「不思議な声」の記憶が、別の可能性があったかもしれないことに気づかせてくれたのである。この短編は、誰もが避けることのできない社会における「文化化」とそれによる「本来の自分」の喪失を描いた物語としても読むことができ、テイラーは、「学ぶこと」「社会に適応すること」の意味と同時に、おとなの感覚ではとらえきれない子どもの頃の体験とその記憶の意味を問いかけているように思う。

ルイスが最後に気づいた「別の可能性」(another possibility)や、「おとなになるために学ばなければならないことのほとんどは、恣意的に決められたことにすぎない」という認識は、テイラーの多くの作品のテーマになっている。中には、生まれ育った社会の影響を強く受けて過ごすうちに、「別の可能性」に気づき、思いきって古い世界を捨て新しい生活を始める人も登場するが、大多数は、気づきながらもそこにとどまったり、あるいはまったく気づかずに暮らしている。いずれにしても、自分が選ばなかった(あるいは選べなかった)生き方が無意識のうちに「亡霊」のようにつきまとうことになり、それは、前者にとっては捨ててきた故郷の生活であり、後者にとっては、あきらめた夢や故郷を出て行った人たちの行方であったり、自分とは違う人種や階層やジェンダーの人たちの生活ぶりであったりするのである。[19]

例えば、初期の短編「おじさんたち」("Uncles" 1949) では、セントルイスで何世代も続く帽子製造業を営む家庭の長男である大学生が、クリスマスの休暇に帰省し、早く母や妹や祖母たちの待つ家でくつろぎたいと望みながら、駅で出迎えた父やおじたちにオフィスやビジネス仲間との昼食会に連れて行かれ、なかなか家に帰れず、がっかりしている様子が描かれる。家業を継ぐことが決まっている自分に対して、父やおじたちは大きな期待を抱いていて、それが青年には気が重い。また大学でも、教授や先輩や同級生らとのつき合いのほとんどが「男の世界」で、いささかうんざりしていることがわかる。青年には、母たちがつくる「女の世界」が、現実的で無味乾燥な「男の世界」とは対照的に、優しく、明るく、賢明な世界に思えてならないのであった。しかし青年は、自分が反発を覚えるジェンダーの役割(つまり男はこうあるべき、女はこうあるべきという規定)が、実は自分の惹かれる「女の世界」のイメージをつくり出していることや、女性もまたその規定された役割にうんざりしているのかもしれないということには気づいていない。同様にテイラーは、「男の世界」にあこがれる女性の登場する作品も書いているが、詳細は省くことにする。

テイラーの代表的短編のひとつ「オールド・フォレスト」も、社会が自分に期待する役割に違和感を抱き「別の可能性」を求めた青年の回想記である。しかしこの短編では、同時に女性の置かれていた状況にも焦点があてられ、まず、メンフィスに存在していた階層の異なる二つの女性のグループが紹介される。伝統的な社交界デビューによって結婚相手を選ぶことになっていた女性たち (debutante) と、仕事をもって自活し自由奔放な生活を楽しんでいた新しいタイプの女性たち (demimonde) とであり、裕福な家庭の青年が、結婚前の交際相手としては後者を、結婚相手としては前者を選ぶ特権をもっていたことがクローズ・アップされる。メ

19▼ テイラー自身が、度重なる引っ越しの影響や、作家になる夢を周囲に反対された経験から、自分が選ばなかった別の可能性を考え、さまざまな「亡霊」にとり憑かれていたのであり、作品の中でその「亡霊」たちと向かい合っていたのであろう。テイラーは、こうした妄想が実際に亡霊の形をとって現われる七篇の一幕ものからなる戯曲集『亡霊たち』(*Presences* 1973) を出版したことがある。

ンフィスでコットン・ブローカーの父の仕事を受け継ぐことになっている青年ナットは、大学を卒業し、すでに社交界デビューをしたキャロラインと婚約しているが、敷かれたレールの上を進むことにかすかなためらいがあり、漠然と別の道を求めて、大学でラテン語の講座を受けたり、結婚式の直前まで新しいタイプの女性リー・アンとのつき合いを続けていた。

結婚式を間近に控えたある日、ナットが自動車事故を起こし、同乗していたリー・アンがその場から姿を消してしまい、ナットは窮地に陥るのだが、彼女を見つけ出し、事態を収拾したのが、婚約者のキャロラインであった。この過程において、ナットもキャロラインも、それぞれ自分の属する階層やジェンダーの役割を受け入れながら、その役割を重荷に感じ、その枠を越えた世界を求めていたことがわかってくる。また、事故の後、リー・アンの捜索において全く無力なナットに対し、キャロラインは驚くべき行動力を見せ、二人のジェンダーの役割は逆転してしまう。一方、自由奔放に生きているように見えたリー・アンが、実は社会の目を気にしそれに縛られていたことや、安定した生活を保証されているキャロラインが、実はリー・アンのように自活して生きる女性の存在に脅かされていたことが明らかになり、階層による違い以上に、男性中心の南部社会に生きる女性として二人が共有する面が浮き彫りになってくる。二人は、ナットの事故がきっかけで、社会が引いた階層の境界線を一時的に越えて、それぞれの世界を垣間見ることができ、お互いの置かれた状況を深く知る機会をもつことになったわけである。しかし最終的に、二人はそれぞれの役割の中へもどり、キャロラインはナットと無事結婚式を挙げることになる。

階層やジェンダーの異なる三人の男女の置かれた状況の違いは、メンフィスに今も残る「古い森」(“the old forest”)に対するそれぞれの見方に象徴されているようだ。事故の後リー・アンは森に逃げ込むことで、社会のあらゆる目から逃れ、木々に囲まれて気持ちを落ち着ける

短編集『オールド・フォレスト』1985年初版
（ダブルディ・アンド・カンバニー社）

メンフィス市内にある私立大学ローズ・カレッジ（かつてのサウスウェスタン大学）
ここで、アラン・テイトと出会ったことが作家への道を開くことになった。この大学のすぐそばに「古い森」が残っている。

メンフィス市内の高級住宅地 Morningside Park の邸宅。1984年に「オールド・フォレスト」が映画化されたとき、ナットの家として使われた。テイラー家もこの地区に住んでいたことがある。

ことができたのだが、永遠にそこで守られていることはできないことに気づき、現実の中に戻ってきたのだった。メンフィスの中心にあるこの鬱蒼と茂った森は、現実社会を逃げ出した女性が姿を消した場所として昔から語り継がれており、ナットにとっては測り知ることのできない恐ろしい場所であり、一方、リー・アンのように森に逃げ込むことのできる自由をうらやましく思うキャロラインにとって、自分には得ることのできない自由を象徴する場所なのであった。「オールド・フォレスト」でテイラーは、様々な「文化」の境界線を一時的に崩しながらも、文化の縛りから逃れられない人間の状況を描いており、人種関係と同様に階級意識やジェンダーの役割が、特に当時の南部の社会において、いかに根強いものであったかを示唆していると言えるだろう。[20]

8 おわりに——最後の小説『テネシー地方で』

一九九一年の春、メリーランド州ボルティモアで、二日間に及ぶ初めてのピーター・テイラー・シンポジウムが開催され、研究者や読者やテイラーの教え子を含む作家たちが集まった。その数年前にテイラーは脳卒中の発作を起こしており、右手が不自由で、話すことにも影響が残っているようだった。しかし、皆に囲まれた七四歳のテイラーは元気そうで、研究発表や戯曲の朗読の後で、書き終えたばかりの短編小説の一部を独特の南部訛りで朗読し、まだまだ現役で執筆を続けている事を示してくれた。テイラーの話す英語は、ゆったりして独特の抑揚のあるいわゆる「南部訛り」として私の耳に聞こえたけれど、数年暮らしたことのあるミシシッピで耳にする英語とは明らかに違うことがわかった。その後間もなく短編集『ストーンリー・コートのお告げ』(*The Oracle at the Stoneleigh Court* 1993) が出版され、三年後には『メン

20▼ メンフィスとナッシュヴィルの「異文化」間結婚を扱った短編「大尉の息子」("The Captain's Son" 1976) では、さまざまな「文化」衝突が起こるけれど、結局同じ階層同士であるために結婚が成り立っている様子が描かれ、地域間の差を越えて同じような階層社会が存在していたことがわかる。

日本語版『メンフィスへ帰る』
1990 年（早川書房）小野清之訳

『テネシー地方で』1994 年初版
（アルフレッド・A・クノフ社）

1991 年　ピータ・テイラー・シンポジウムで、著書にサインするテイラー

対話集『ピーター・テイラーとの会話』
1987 年（ミシシッピ大学出版）
ヒュバート・マクアレクサンダー編

伝記『ピーター・テイラー：作家の生涯』
2001 年（ルイジアナ州立大学出版）
ヒュバート・マクアレクサンダー著

フィスへ帰る』と並ぶテイラー文学の集大成、『テネシー地方で』(*In The Tennessee Country* 1994) が出版された。最後の作品となったこの小説においても、テイラーの描く世界と、記憶をたどりながら語るナラティヴ・スタイルは一貫しており、ナレーターが子どもの頃から年老いた現在までの長い期間の出来事を回想し、その中に曾祖父や祖父の代の話から息子の歩むことになる道までを盛り込み、テネシー州西部・中部・東部地方の地理的・文化的・歴史的背景を描きこんだ、壮大なテネシー物語になっている。そしてその出版直後に、テイラーは肺炎で七七歳の生涯を閉じたのである。

後になって、テイラーが晩年口述筆記によって小説を書いていたことを知り、その筆記を担当していたブライアン・グリフィン (Brian Griffin) が、その頃の思い出について書いている一節を読む機会があった。テイラーの語り口には、自然なリズムと、聞く者に催眠術をかけてしまうような力があり、後述筆記を行なった当時は、小説の中のナレーターがテイラーの身体にとり憑いて語っているような印象を受けたが、今その著書を読んでいると、そばにテイラーがいて直接話を聞いているような錯覚に陥ると書いてあった。テイラーが得意とした螺旋系に進んでいくナラティヴ・スタイルは、話し好きだったというテイラー自身の語り口を反映したものだったのだろう。しかし、後に訪れたヴァージニア大学図書館のスペシャル・コレクションの中に見つけたテイラーの下書き原稿には、多くの加筆修正の跡が残り、全体を書き直すこともしばしばあったようで、テイラーが推敲に推敲を重ね、自然で効果的な語り口を苦心して作り上げていたことがうかがえた。

『テネシー地方で』の終わりの方で、自分の人生に起こったことの意味を理解しようと語り続けるナレーターは、テイラーに代わって次のようなことを問いかけているようだ。人は必然的にある環境の中に生まれその影響を受けて育つが、成長するにつれ、「本来の自分」といろいろなことを学び身につけた後の自分との区別がつかなくなる。そして、ふとしたときに、自分はなぜもうひとつの道ではなく、この道を選んだのだろうか、自分は本当に正しい道を選んだのだろうか、といった疑問が浮かび、実現しなかったもう一人の自分が亡霊のようにつきまとって離れないことがあるものだ。それにしても、自分はどうしてこの道を歩むことになったのだろうか。それは本当に自分の選択だったと言えるのだろうか。それとも環境のせいだったのだろうか。テイラーは、作家としての生涯を通じて、自分の体験したさまざまな出来事を振り返りながら、こうした問いに答えようとしていたのだろう。[21] テイラーの生涯を通じての探究に、幼少年期の体験が大きな意味を持ち続けたことは言うまでもない。

　本稿では、テイラーの描く「南部」とそこに見られる幼少年期の体験の影響について考察してきた。テイラーの描く「南部」はテネシー州という狭い世界に限られているが、その内にも歴史的、地域的、そして社会的に異なる「南部」が存在し、そこに暮らす人たちもまた、置かれた状況や生まれ育った環境によって様々である。テイラーは、自分自身の生きてきた環境を振り返り、地域、人種、階級、ジェンダー、ジェネレーション等において厳しく引かれていた境界線（当然のことと受け止められ、当事者には見えなくなっていた境界線）と、それが執拗に人々の言動に影響を与えていた様子を、日常の小さな出来事を通して詳細に描くことで、「文化」の縛りだけでなく、その恣意性・流動性までを浮き彫りにしたのであった。その結果、テイラーの作品全体がテネシー州の詳細な地域・文化研究になっていると同時に、狭い枠を越えた人間関係の研究、そして「本来の自分」を問う哲学的な探究にもなっている。同じ環境の中に暮らし続けていると見えなくなってしまう現象に、テイラーがこれほど一貫して目を向けるようになったひとつの大きなきっかけは、幼い頃の「テネシー・キャラバン」による強烈な異文化体験だったにちがいない。

21▼
上院議員を勤めた祖父のロバート・ラヴ・テイラーが、実は政治家よりは芸術家タイプの人物で、政治の手腕というよりは人を惹き付けるスピーチや人柄で人々の信頼と尊敬を勝ち得ていたことを知ったテイラーは、その祖父が政治家の道を選んだことについても、最後の小説のナレーターにいろいろな推測をさせている。また、上院議員の娘として厳しい躾を受けた母も、実は演劇を愛する情熱的な女性だったようで、これもナレーターの母の生き方に反映されており、「本来の自分」とのギャップについて問いかけているように見える。

後記　トレントンへの小旅行

ミシシッピ大学に留学していた一九九七年の夏に、日本から訪ねてきていた友人とピーター・テイラーの故郷トレントンを訪れたことがある。メンフィスから北東に約一〇〇マイルほど車を走らせると、広大な綿花畑を抜けたところにトレントンの中心であるコートハウス・スクエアがあった。南部の小さな町によくあるように、裁判所の建物を中心に市役所や商店街があり、人々の集う場所になっている。テイラーのメモワールによると赤や黄色のレンガを使った派手な裁判所の建物は、テイラーの祖父が主張して、古い建物を取り壊し建て直したものらしい。あちこち寄り道して行ったために、もう五時を過ぎていて、店やオフィスは閉まり、周辺は静まり返っていた。何かトレントンに関する情報はないものかと、商工会議所の窓から中を覗き込んでいると、後ろから声をかけられた。トレントン出身の作家の研究をしていて、この町の情報を見つけにミシシッピからやってきたのだと言うと、市役所におもしろい展示があるから見せてくれると言う。ちなみに、その人はピーター・テイラーという作家のことを知らなかった。昔、この町出身のフレデリック・フリードという医師が、趣味で六五〇にも及ぶティー・ポットを世界各地から集めてきて、それを町に寄贈したそうで、それが市役所の永久展示となり、今では毎年五月にティー・ポット・フェスティバルが開かれ、式典ではすべてのポットに火がともされるのだそうだ。どのポットも、下に火をつけてお茶を暖められるような台が付いているのである。町の入り口にも、スクエアにも、ティー・ポットの絵の描かれた旗や案内板があり、トレントンがお茶の産地だとは聞いていないし、これは一体何なのだろうと思っていた疑問がこうして解けた。

予想以上に見事なコレクションで、思いがけず得をしたような気分になっていると、その人は、私たちがゆっくり展示を楽しめるようにと、展示室の鍵を私に預け、後でドアの鍵をか

『ソーントンの未亡人』1954年出版
(ハーコート・ブレイス・アンド・カンパニー社)
ソーントンは、トレントンをモデルとした架空の町である。

町の入り口

ティー・ポットの絵の描かれた旗が
町中にはためいていた。

スクエアの中心にある郡裁判所前の銅像は、郡の創設者デイヴィー・クロケットのもの。
掲示には、1899年にテイラーの祖父によって現在の建物になるまでの経緯が書いてある。

け、隣の消防署の窓口の人に預けて帰るよう言い残して、出て行ってしまったのである。見ず知らずの外国人旅行者に、こんな高価な展示品のある部屋の鍵を預けて帰ってしまうなんて、私も友人も呆気にとられていた。それにしても、田舎の小さな町ののんびりした雰囲気と、わざわざ閉館後の展示を見せてくれた好意、人を信じて疑わない様子がうれしくて、テイラーに関することは何もわからなかったけれど、暖かい気持ちになってトレントンを後にした。テイラーだったら、こんな出来事も小説の中に効果的に取り入れてしまったことだろう。手作りの名刺を渡しておいたところ、二・三日後に商工会議所の人から、トレントンとギブソン郡に関する資料が送られてきた。その資料が、本稿を書くにあたっても、いくつか興味深い情報を提供してくれたことを付け加えておきたい。

〔参考文献〕

猿谷要『歴史物語アフリカ系アメリカ人』、朝日選書、二〇〇〇年。

ポール・ジョンソン『アメリカ人の歴史Ⅲ』、別宮貞徳 訳、二〇〇二年。

ピーター・テイラー『メンフィスへ帰る』、小野清之 訳、早川書房、一九九〇年。

フィリップ・ボック『現代文化人類学入門1～4』、江淵一公 訳、講談社学術文庫、一九七七年。

Philip Bock. *Modern Cultural Anthropology*. New York : Alfred A. Knopf, 1969.

——. ed. *Culture Shock : A Reader in Modern Cultural Anthropology*. New York : Alfred A Knopf, 1970.

Brian Griffin. "The Conversation Continues : Some Memories of... Peter Taylor." New Millenium Writings 2 (winter 1997-1998) : 144-150.

Albert Griffith. *Peter Taylor* (*Revised Edition*). Boston : Twayine Publishers, A Division of G. K. Hall & Co., 1990.

Philip Hanson. "Reconsidering Regionalism in Peter Taylor's Fiction." *Journal of the Short Stories in English* (*special Issue*) 9 (August 1987) : 93-99.

T. A. Hanzo. "The Two Faces of Matt Donelson." *The Sewanee Review* 73.1 (1965) : 106-119.

Alex Harris, ed. *A World Unsuspected*. Chapel Hill : The University of North Carolina Press, 1987.

Yoshiko Kayano. "Crossing the Boundaries : Peter Taylor's Literary Vision and His Childhood Experiences." Dissertation. University of Mississippi, 2000.

Kevin Kittredge. "Trenton Town of Taylors and Teapots." *Commercial Appeal* 19 April 1987 : B-3.

Linda Kandel Kuehl. "Voices and Victims : A Study of Peter Taylor's In the Miro District and Other Stories." Dissertation. Lehigh University, 1988.

——. "Public Occasions and Private Evasions in the Plays of Peter Taylor." *The Southern Quarterly* 34.1 (Fall 1995) : 49-62.

Lester C Lamon. *Blacks in Tennessee* 1791-1970. Knoxville : The U of Tennessee P, 1981.

Hubert H. McAlexander, ed. *Conversations with Peter Taylor.* Jackson : UP of Mississippi, 1987.

——. ed. *Critical Essays on Peter Taylor.* New York : G. K. Hall & Co., 1993.

——. *Peter Taylor : A Writer's Life.* Baton Rouge : Louisiana State UP, 2001.

Christopher Metress. "Peter Taylor and Negotiation of Absence." Dissertation. Vanderbilt University, 1991.

Joyce Carol Oates. "In Familiar Haunts (Book Review of *The Oracle at Stoneleigh Court*)." *The Time Literary Supplement.* February 19 : 21.

Katherine Anne Porter. *The Old Order.* 1930. New York : Harcourt Brace Jovanovich, 1960.

Barbara Raskin. "Southern-Fried : The Collected Stories of Peter Taylor." *The New Republican.* 18 October 1969 : 29-30.

David M Robinson. *World of Relations : The Achievement of Peter Taylor.* Lexington : UP of Kentucky, 1998.

James Curry Robison. *Peter Taylor : A Study of the Short Fiction.* Boston : Twayne Publishers, A Division of G. K. Hall & Co., 1988.

Louis D. Rubin, Jr., et al., ed. *The History of Southern Literature.* Baton Louge : Louisiana State UP, 1985.

Ernest G. Schachtel. "On Memory and Childhood Amnesia." *A Study of Interpersonal Relations : New Contributions to Psychiatry.* 1949. Ed. Patrick Mullahy. New York : Science House, 1967. 3-49.

Susan Scrivner. "The Short Stories of Peter Taylor." Dissertation. Florida State University, 1971.

William Styron. "This Quiet Dust." *A Herper's Special Supplement* April 1965 : 135-146.

Allen Tate. "The Profession of Letters in the South." *Allen Tate : Collected Essays.* Denver : Alan Swallow, 1959. 265-281.

Peter Taylor. *The Collected Stories of Peter Taylor.* 1969. New York : Penguin Books, 1987.

——. *In the Miro District.* 1974. New York : Ballantine Books, 1990.

——. *In the Tennessee Country*. New York : Alfred A. Knopf, 1994.
——. "Memorable Evening." *Hika* March 1939 : 5-7, 20-21.
——. *The Old Forest and Other Stories*. 1986. New York : Ballantine Books, 1988.
——. *The Oracle at Stoneleigh Court*. New York : Alfred A. Knopf, 1993.
——. *Presences : Seven Dramatic Pieces*. 1970. Boston : Houghton Mifflin Company, 1973.
——. *A Summons to Memphis*. 1986. New York : Ballantine Books, 1989.
——. "Tennessee Caravan 1920-1940." *Tennessee : A Homecoming*. Ed. John Netherton. Nashville : Third National Corporation, 1985. 59-66.
——. "Uncles." *New Yorker* 17 December 1949 : 24-28.
——. Unpublished letter to Robie Macauley. October 1941 (assumed). The Peter Taylor Papers. Vanderbilt Special Collections. Box 1 File 2.
——. *The Widows of Thornton*. New York : Harcourt, Brace and Company, 1954.
——. *A Woman of Means*. 1950. New York : Avon Books, 1983.
Paul Vanderwood. "Reelfoot's Night Riders." *The Southern Sportsman* May, July, August, October 1963 : 11, 12, 32 (May) ; 22, 23, 33 (July) ; 18, 33 August) ; 8, 23 (October). The Peter Taylor Papers. The University of Virginia Special Collections. Box 9 Accession #10265-b.
Robert Penn Warren. *"Introduction to A Long Fourth and Other Stories."* 1943. *Critical Essays on Peter Taylor*. Ed. Hubert H. McAlexander. New York : G. K. Hall & Co., 1993. 73-76.
——. "Father and Son (*Reveiw of A Woman of Means*)." *New York Times Book Review* 11 June 1950 : 8.
Philip M. Weinstein. *What Else But Love ? : The Ordeal of Race in Faulkner and Morrison*. New York : Columbia University Press, 1996.
Robert Wilson. "A Subversive Sympathy : The Stories of Peter Taylor and the Illusions They Bring to Life." *The Atlantic Monthly* September 1997 : 108-110, 112.
Richard Wright. *12 Million Black Voices*. [1941] New York : Thunder Mouth Press. 1988.
Stuart Wright. *Peter Taylor : A Descriptive Bibliography* 1938-87. Charlottesville : UP of Virginia, 1988.
Jonathan Yardley. "Taylor's South." *The New Republican* 22 November 1969 : 27-29.

（付記） 本稿のもとになった英語版の論文は、*Peter Taylor's South* というタイトルで、二〇〇四年二月にひつじ書房より刊行予定である。

ダイアローグ

カルチャーショックの向こうに

深田芳史

私は、広島市で生まれ、十八歳までずっとその土地から出ることなく平穏に暮らしてきた。しかしその後は、さまざまな地域に移り住み、なじみのない文化にも数多く遭遇することとなる。そして時には、カルチャーショックをも経験していくのである。

まず高校を卒業すると、大学進学のため大阪郊外の町に移り住む。その町は、大阪といってもお世辞にも都会とはいえないところであったが、私にとっては、そこで見るもの、聞くもの何もかもが新鮮であった。大阪ローカルのテレビ番組、漫才や吉本新喜劇でしか聞いたことのない大阪弁、関西人が二人集まれば一人はボケ役、もう一人はツッコミ役となり繰り広げられる独特の会話スタイル、大阪アメリカ村に集まる若者の派手な色使いの服装、そんな目新しいものに度肝を抜かれた。しかし、それと同時にちょっとしたショックな出来事もあった。それは私が今まで普通に家族、友達に対して使っていた広島弁が大阪の友人たちにからかいの対象とされてしまったことである。関西地方出身の友人たちは、よく私の言葉遣いを冗談で真似て見せた。友人の一人は真似し過ぎて、関西弁と広島弁の混じった妙な話し方になってしまったほどである。広島とは大きく異なるこの土地に引っ越してからは、驚きの連続で、私の四年間の大学生活はあっという間に過ぎていった。

大学卒業後は、大阪に残るでも、広島に帰るでもなく、大学院進学のため、アメリカのロスアンジェルスへと住む場所を移す。大学生時代からずっとアメリカに住むことを夢見ていただけに、最初にアメリカの地に降り立った時の感動は今でも忘れない。その感動は、私が広島から大阪に引越したときの数倍のものであった。

住み始め当初は、言語、文化的なことはもちろんだが、自分が住む寮近のスーパーへ行く途中で目に入る、何でもない外の景色にさえ新鮮味をおぼえた。アメリカの雄大さを初めて自分の身を持って感じ取ることができたのである。日本だと、横断歩道の無いところでも道路はヒョイと渡れてしまうのに、アメリカ、ロスアンジェルスの道路は、横断歩道の無いところを渡るのは命がけというほど、幅の広いものが多くある。スーパーマーケットでの買い物にしたってそうだ。客は、日本のものより二周りほど大きなカートを転がしながら、約3・8リットル入りの牛乳や、コーラ缶の一二本セット、そして大きな肉の塊などを当たり前のようにどんどん買い込んでいく。とにかくそんなアメリカの全てに驚嘆した。

ロスアンジェルスの生活にも慣れた三年後、私は大学院を修了したが、その直後、別の大学院に進学する為、居住場所をサンフランシスコへ移す。そこは、ロスアンジェルスとは全く違う雰囲気が漂う町であった。ロスアンジェルスは、各要所がそれぞれ離れており、それら全てが高速道路でつながれる大きな町だが、サンフランシスコは、ダウンタウン、そしてそのすぐ周辺に全てのものが一局集中するこじんまりとした街並みを持つ。気候もロスアンジェルスは、比較的年中暖かく冬でも半袖にジャケットを一枚はおれば十分なのに対し、サンフランシスコは、夏でもかなり涼しくTシャツだけでは肌寒いことが多い。こうした立地的、気候的な条件だけでなく、人的にも文化的にも、どことなくサンフランシスコはロスアンジェルスと違うことに、実際住んでみて気が付いた。ロスアンジェルス、そしてサンフランシスコに住む人々は、お互いの町や人々のことをあまりよく言わなかったり、サンフランシスコ・ジャイアンツ対ロスアンジェルス・ドジャースの試合では、他のチームとの試合に比べ、応援が妙に過激であったのを見聞きした時は、改めてその二つの都市、市民の相容れない相違性を確信した。

結局、アメリカでの生活はもう一つの大学院を修了するまで七年間にも及んだ。大学院修了後は、何かを終えるとすぐその地を離れるのが私の人生のパターンになってしまっているのか、就職のためすぐ日本に帰国する。まず静岡の御殿場に八ヶ月間滞在し、その後は、現職に就くためにここ東京、日野市に引っ越すこととなる。日本に帰国後は、初めて就職をしてからまだ三年にも満たないだけに、自分のこれまでの人生を冷静に振り返る暇さえなかったが、今振り返ると、これまでの時点で私の引越回数は合計五回にも及んでいることに改めて驚きを感じる。

私は、このような自分自身の引越経験、そしてそれぞれの土地での体験を思い出しながら、茅野佳子「「テネシー・キャラバン」の行方―ピーター・テイラーの「南部」と幼少年期の異文化体験」を読んだ。茅野はこの中で、アメリカ南部出身の作家ピーター・テイラーは、自身の人生経験を作品の中に色濃く反映させ、また作品作りにも大いに役立てることができたと論じている。ピーター・テイラー自身、私と同じように実に多くの引越しを経験している。八年間で、出生場所であるテネシー州、トレントンから同州のナッシュビル、そしてミズーリ州のセントルイス、さらにテネシー州のメンフィスと実に三度もの引越を経験している。そしてこの八年間というのが、七歳から一五歳までというとても多感な時期であったことから、これらの引越は彼に多大なる影響を与えたと予想することができる。

茅野は、このアメリカ合衆国南部、中西部の各町でのテイラーの体験を、異文化体験として位置づけている。この考え方に私はとても共感した。特に、カルフォルニア州内のロスアンジェルスとサンフランシスコの違いを身を持って感じた私は、テネシー州内にあるトレントン、ナッシュビル、メンフィスには、それぞれ異なる文化が存在するという捉え方をとても自然に受け入れることができた。通常、日本では、異文化体験と言うと、他の国々に旅行したり、住んだ際に得られた体験を指して用いられることが非常に多く、この表現のそういった使用方法は、一国内には、たった一つの文化しか存在しないというイメージを多くの日本人に強く植えつけているように思える。しかし、このようなイメージは、日本は単一民族国家であるという考え方と同じぐらい安直なものである。あくまでも政治的に一国家として仕切られただけの領域内の各地に住む全ての人々が、全く同一の文化を共有していると考えるのは非常に不自然である。

文化とは、人々によって構成される一グループ内で作り上げられた考え、習慣、技術、芸術、道具など様々なものを意味するとH. D. Brown (1994) は言う。もちろんそこには、住居、絵画、料理、言葉、コミュニケーションスタイル、ダンス、文学、音楽、職業観、マネージメントの方法、結婚についての概念、子育て方法、問題解決の方法、価値観、時間の感覚などすべてのものが含まれる。どの国にもある程度の広さの土地があり、ある程度の数の人間が暮らしているのだから、一国家内の各地域には、様々な人間グループが多く存在するのはもっともなことである。更に言えば、人々によって形成されるグループは、離れた各地域にだけでなく、例えば一つのビルディング内にだって多数存在する。そのビルの中でオフィスを構える各社会組織・グループ（企業、団体など）は、それぞれ独自の文化を所有しながら自分たちの組織・グループを運営、維持しているのである。

文化というものには、日常生活の何気ないさまざまな場面で触れ、感じ取ることができる。例えば、ピーター・テイラーがピューリツァ賞を受賞した作品、『メンフィスへ帰る』の登場人物の一人、少年アレックス（生まれも育ちもテネシー州、メンフィス）は、テネシー州、ナッシュビルからメンフィスに引っ越してきた主人公、少年フィリップの普段の服装、髪型、言葉遣い、しぐさなどといった日常生活の何気ないものから彼が異なる文化的背景を有していることを敏感に察知している。このように文化というものは、高尚でも、特別なものでもなく、日常生活場面のいたるところに存在しているのである。

文化は、日常生活の中に偏在しているだけに、自分が生まれ育つ過程の中で、最初に獲得した文化とは異なる文化を持つ生活空間に入っていくのはとても勇気のいることであり、時にはある種の思い切りさえも必要となってくる。異なる文化空間に入っていくことの困難さは、その文化が自身の持つ文化と異なれば異なるほど増したものになってくる。ましてやもう一方の文化に住む人々が、自身の持つ文化を否定しようものならなおさらである。例えば、私が広島から大阪に行った際、友人に自分が今まで普通に使っていた広島弁をからかわれたのも、冗談めいた形ではあるが自分自身の文化を否定されてしまったケースと言えるだろう。

これよりもひどいケースが、テイラーの作品の中には出てくる。例えば、テイラーの初期の作品、『資産家の婦人』では、幼い頃からテネシーの祖母のもとで育てられていた少年クイントが、ミズーリ州のセントルイスに引っ越した際、セントルイスで生まれ育ったクラスメイトたちに自分の南部訛りを大笑いされたり、南部では一般的なラテン語の響きをもつ長い名前をからかわれたり、さらには、祖父の形見として大事にしてきた大きな金の懐中時計もそのクラスメイトの一言でその価値を失ってしまう場面がある。これはあくまでも作品の中の出来事であって、テイラーがこれと全く同じ経験をしたとは断定できないが、テイラー自身の経験が作品の中に深く反映されているとすれば、彼もこれと似たような苦い経験を異なる文化空間の中で幾度となく味わったと推測することができる。異なる文化圏内で徐々に文化化が進む中で直面するこのような辛い体験は、茅野が述べているようにまさにカルチャーショック、その典型であると言えよう。

ここでカルチャーショックとは何かをはっきりさせておくために、Peter Adler（1972）によるカルチャーショックの定義を一つ紹介しておきたい。

カルチャーショックとは、社会的交流の中で共通して認識し、理解されるサインやシンボルの喪失により生まれる一種の不安であると考えられている。カルチャーショック状態にある人間は、文化的な相違に対する不安や苛立ちを、感情の抑制、後退、孤立、拒絶といった様々な防衛手段を用い和らげようと努力する。これらの守勢的態度は、孤独、怒り、落胆、自己能力の疑いといった根底に存在する不安感の表れである。

この定義を見ると、一人の人間がカルチャーショックにより、自分が今まで当然のように受け入れてきた文化を根底ごと覆され、その突然の出来事にとまどい、もがき苦しむ様が目に浮かぶ。

しかし、カルチャーショックというものは、異文化空間に入り込んでいきなり起こるものではなく、前後合わせて合計4つの段階から形成されるのだという一説をH. D. Brown（1994）は唱えている。第一の段階は、異なる文化の目新しさのみにとらわれてはしゃぎ、幸福感に浸っている時期である。これは、まさに私がアメリカに地に初めて降り立った時の状態だ。そして、第二段階として起こるのがカルチャーショックである。相手文化の異なる部分が自分自身、そして自分の所有する文化の中にどんどん入り込んできて、それに耐え切れなくなってしまった状態である。茅野が言うように、異文化に触れる時点では、自分自身のアイデンティティーには流動的な変化が生じたり、アイデンティティーの揺らぎなるものが起こるものだが、もし自身の所有する文化をあまりにも厳しく非難・否定されれば、カルチャーショックの度合いは一気に高まり、自分自身の存在意義をも見失ってしまうアイデンティティー・クライシス(危機)という状態にも陥りかねない。新しい生活環境、文化環境の中で自身の文化を理解してくれる者がいれば、自分の中に溜まった不満や不安を打ち明けることによりこういった最悪の事態は防ぐことができる。第三段階に入ると、カルチャーショックの最悪な状態は乗り越えられ、新しい文化の相違性を部分的にゆっくりではあるが確実に受け入れられるようになってくる。そして、最後の第四段階になると、新たな文化に(ほぼ)完全に適応できた状態となり、新しい生活・文化環境の中で自分に自信を取り戻すことができるようになる。これはあくまでも推測であるが、ピーター・テイラーも、完全に同じではないにしても、似たようなプロセスを経て彼が作品の中で描いているようなカルチャーショックを経験したのではないだろうか。

カルチャーショックというものは、非常に厄介なもので乗り越えるのに困難を強いられることもあるが、克服した時に見返りとして得られるものは非常に大きい。それは何かというと、自分自身が生まれ育った地域、そしてそこに存在する文化、慣習などを意識化して冷静に分析できる「新しい視点」である。テイラーの場合には、他の都市に引越しして、その新しい生活、文化環境の中でカルチャーショックを乗り越えていくことによって、はじめて自分が生まれ育ったアメリカ南部の今まで見えてこなかった部分を冷静に見つめることが可能となったのである。その一つの具体例として茅野は、テイラーが、他の地域で暮らすことによって、初めてアメリカ南部に存在する白人家族と黒人の使用人たちとの特異な関係を認識できたことを上げている。

カルチャーショックを乗り越えることによって新たな視点を獲得できるのは、新たな生活環境、文化、慣習というものが、自身の生まれ育った生活環境、文化、慣習を冷静に見つめ直すために必要となる比較対象の役目を果たしてくれるからである。テイラーの場合を例に取ると、生まれ育ったトレントンを出てナッシュビル、セントルイス、メンフィスに移り住むことによって、ナッシュビル、セントルイス、メンフィスの町、そしてそこに存在する文化、慣習が、トレントンという町、そしてその町の文化、慣習の本質を見つめ直すのに必要な比較対象となったわけである。比較対象なくして、自身の生まれ育った土地、文化、慣習を意識化していくのは実に困難なことである。何故なら、文化化というものは、殊に人が生まれて最初に経験する文化化というものは、その土地で暮らしていく中で、まるでスポンジがゆっくりと音もたてず水を吸い込んでいくかのように知らず知らずのうちに起こり、その生まれ育った土地の文化、慣習は潜在意識の中に深く閉ざされた状態になってしまっているからである。つまり茅野が述べているように当然のこととして受け入れられ、当事者には見えなくなっているのだ。これを意識化していくためには、比較対象の手助けがどうしても必要となってくる。

異なる文化へ飛び込んでいくのは非常に勇気のいることである。飛び込んでいって、時には辛い思いをすることもあるだろう。しかしそれを乗り切ることによって、新しい視点を獲得し、今まで見ることのできなかったものが見えてくるようになる。そして我々は、獲得された新しい視点を我々の人生の様々な場面で生かすことができる。ピーター・テイラーの場合には、その新しい視点が、彼の書く文章のさまざまな部分で生かされ、その結果、テイラーの作品は、他のアメリカ南部の文学作品と比較しても、より一層の輝きを放つことができている。

文化というものは、私がこのダイアローグの前半部分で述べたように、離れた各地域だけではなく、自分のすぐ身の周りのさまざまな場面にも存在する。私自身、今までに合計五回の引越を経験し、その中で数多くの文化に触れてきたわけだが、人生をより豊かなものにするために、これからも臆することなく勇気を持って様々な文化の中に飛び込んでいこうと、私は今回の茅野の論文を読んで改めて心に誓った。

［参考文献］

Adler, P. S. 1972. "Culture Shock and the Cross Cultural Learning Experience." *Reading in Intercultural Education*, Volume 2. Pittsburgh : Intercultural *Communication* Network.

Brown, H. D. 1994. *"Principles of Language Learning and Teaching."* Englewood Cliffs : Prentice Hall, Inc.

聞くということ——「わたし」とは何か——

林伸一郎

But quick-ey'd Love, (...)
Drew nearer to me, sweetly questioning,
If I lack'd any thing.
A guest, I answer'd, worthy to be here :
Love said, You shall be he.
George Herbert[1]

はじめに

聞くということ

「聞く」ということは日常的な経験である。しかしいつでも相手の言葉をきちんと聞いているか、といえば、そうでもないというのが実情ではなかろうか。例えば、食卓で、食事中に家

[1] George Herbert (1593-1633), "Love(III)" in Margaret Willy ed., *The Metaphysical poets*, University of South Carolina Press, 1971, p. 104.

人が目の前にいて話しかけているにもかかわらず、新聞やテレビに気がそぞろで、その語りかけをうわの空で聞いているということが、少なくともわたしにはよくある。ところでそのようなとき、わたしは必ず「ねえ、ちゃんと聞いているの？」と言われてしまう。もちろんそれはわたしがいい加減に聞いていることに対する非難であるわけだが、なぜ家人は「いい加減に聞く」ことに、それほど立腹するのであろうか。なぜうわの空で、いい加減に聞いてはならないのか。

もちろん彼女が語ろうとしている事柄が、是非とも伝えておかなくてはならない重要な事柄である場合もあるだろう。しかし多くの場合、彼女が語る事柄そのものより、むしろ「語りたい・伝えたい」という彼女のメッセージ、その気持ちを受け止めることが問題なのではないか、そのような気がする。そうであるなら、「聞く」ということは、語られる内容を受け止めることであるとともに、語るその人を受け止めることでもあるのではないか。それは、語るその人に答えること（répondre à）であると同時に、その存在を保証すること(répondre de）でもあるのではないだろうか。[2]

「聞く」ということに、単に耳を貸すという意味だけでなく、「理解する」「従う」「祈りを聞き届ける」というような意味があるのも、「聞く」という事柄のそのような深み、「信じる」ことや「応える」ことに通じるような広がりを示しているように思われる。[3]

だからこそ、いい加減に聞くということは、聞き届けられることを信じて話しかけた、その信頼を裏切ることであり、彼女の言葉だけでなく、その存在を迎え入れないこと、拒否していること、ないがしろにしていること、存在しないかのように扱っていることである。だからこそ、それを感受して、立腹したり、へそを曲げたり、あるいは落ち込んでしまいさえするのではなかろうか。

2▼ フランス語のrépondreという動詞は、その後に前置詞àを取るか、deを取るか、によってその意味を変える。àを取る場合、それは「〜に答える・応える」という意味になり、deを取る場合、それは「〜を保証する、〜を請け合う」という意味になる。

3▼ 例えば、ラテン語の「聞く(audire)」という言葉について、そのような意味の広がりが指摘されている。voir A. Ernout et A. Meillet, *Dictionnaire étymologique de la langue latine, Histoire des mots*, 4e édition, Paris, Klincksieck, 1994, art. "audio".

また同時にそれは、わたしが家人の前で、まさに彼女の呼びかけの対象であることを感受できないでいることを意味している。そのとき、わたしは、自分が彼女の呼びかけの対象としての、他の誰でもない、このわたしであるということを実感し損ねているのではないか。

いわば「呼びかけを聞く」ということは、「あなたにとって、呼びかけているこのわたしは何なのか」と問いかけに直面することであり、同時にそれに応えることによって「呼びかけるわたしにとってあなたは何なのか」という問いの答えを受け止めることであることになろう。そこでは、呼びかける我とそれに応答する汝、あるいは逆に、呼びかける汝とそれに応答する我として、我と汝が交錯する関係性の中で、わたしのわたしたる由縁、あなたのあなたたる由縁が問われ、同時にそれが受け止め直されているように思われる。呼びかけを聞き、応答を聞くことによって、まさに「そこにいるに値する（worthy to be here)」存在であることが確認されるのではないか。

ところで、「呼びかけを聞く」ということが決定的な意味を持つこととして理解されてきた経験がある。信仰を持たない者がそれを持つようになる経験は、回心《かいしん》とか廻心《えしん》と呼ばれてきたが、そのような経験は多く、「呼びかけを聞く」経験として自覚されているのである。

呼びかけを聞く経験

例えばキリスト教を異邦人へ宣教して、この教えをイスラエルの部族宗教から世界宗教へと広めることに貢献した使徒パウロ（?—六四頃）は、もともと厳格なユダヤ教徒であって、キリスト教徒を投獄、殺害さえしていた。ところが、ダマスコという町のキリスト者たちをエルサレムへ連行し処罰するために、その町へ出かけていく途上で、「サウル、サウル、なぜわたしを迫害するのか」というイエスの声を聞き、イエスの語りを聞き入れて、キリスト教へと回心し、以後キリストの奉仕者、その証人となったのだった。[4]

また古代教会最大の教父といわれるアウグスティヌス（三五四—四三〇）は、現世への欲望に囚われた自分とキリスト教へ信順したいと思う自分の間で苦悶していたとき、「とれ、よめ、とれ、よめ」という声を聞いた。彼はこの声を聞き入れて、それを「聖書を開いて、最初に目にとまった章を読めとの神の命令にちがいない」と考えて、つまりその声を神の声だと理解して、それに従い、使徒の書を開き、最初に目にふれた章を読んでみた。そこには「宴楽と泥酔、好色と淫乱、争いと嫉みとをすてよ。主イエス・キリストを着よ。」と記されていた。それを読んだアウグスティヌスは「安心の光とでもいったものが、心の中にそそぎこまれてきて、すべての疑いの闇が消え失せてしまった」と言っている。[5] アウグスティヌスは「とれ、よめ」の声を聞き入れ、それに従うことによって、キリスト教へと決定的に回心したのである。

回心の経験において「聞くこと」が重要な位置を占めるとされるのは何もキリスト教に限ったことではない。例えば「善人なおもて往生を遂ぐ、いわんや悪人をや」（善人でさえ往生を遂げるのだから、悪人が往生を遂げないことあろうか）という逆説的なことばを残した日本の宗教者親鸞（一一七三—一二六二）は、なぜ「悪人なお往生す、いかにいはんや善人をや」ではないのか、ということを説明して次のように言う。

確かにわれわれは通常、救われがたい悪人が往生を遂げるくらいなら善人が救われるのは当然だと考える。しかしそれは阿弥陀如来が示された誓いの本意ではない。自分で善を行うことができる人は自分の力を信じ、仏の誓いの力に頼む心が欠けている。彼はその間は阿弥陀仏の本願によって救われることはないのである。なぜなら阿弥陀仏は、煩悩に囚われているがゆえにどんな修行を行っても生死の世界を離れることができない衆生、つまり自力で往生を遂げることがかなわない衆生を憐れんで、そのような衆生を救おうという願を起こされたからであ

4 『使徒言行録』第九章一節—十九節、第二十二章六節—十六節、第二十六章十二節—十八節参照。

5 アウグスティヌス、『告白』、第八巻、第十二章参照（『世界の名著　アウグスティヌス』、山田晶訳、中央公論社、一九六八年、所収）。

る。だからそのような、自分に頼る心を廻《ひるがえ》して、仏の力だけを頼むとき、その力によって、本当の浄土への往生がかなうのである、と。（『歎異抄』三）

　ところでこの自分の力に頼る心（＝自力の心）からひとえに仏の願いの力に頼ろうとする心への転換は、親鸞にとって、「弥陀の誓願不思議にたすけられ参らせて往生をば遂ぐるなりと信じて、念仏申さんと思い立つ心の起こるとき」（『歎異抄』一）に生じる。この「念仏申さん」という一念の起こるときを、親鸞は彼にとって根本的な経典である『大無量寿経』のなかの次の一節に読み込んでいる。

　あらゆる衆生《諸有衆生》、その名号を聞き《聞其名号》て、信心歓喜《信心歓喜》せんこと、乃至一念《乃至一念》せん。至心に廻向《至心廻向》せしめたまへり。彼の国に生ぜんと願《願生彼国》ずれば、即ち往生を得《即得往生》、不退転に住《住不退転》せん。[6]

（あらゆる衆生は、阿弥陀仏の名号（南無阿弥陀仏）を聞いて、信心を得て喜び、少なくとも一度は仏を念じるだろう。それは阿弥陀仏が真実の心をもって廻向してくださっているのである。だから浄土に生まれたいと願うなら、そのときに往生は定まり、もはやその地位から退くことはない。）

　こうして南無阿弥陀仏という阿弥陀仏の名号を聞くときが念仏申さんという一念の起こるときである。名号を聞くということと仏を念じ称えるということは切り離すことができない。なぜなら名号を案出した阿弥陀如来は、「この名字を称へん者を迎へとらん」（『歎異抄』十一）と約束されたからである。

　以上の例からも、回心・廻心という宗教経験において「呼びかけを聞く」という契機が重要な意味をもつものとして理解されていることが推察されよう。そこでわれわれは、この「信じ

6▼ 親鸞、『教行信証』「信巻」、『真宗聖典』、法蔵館、昭和四九年、三五一頁。

る」経験に定位して、「呼びかけを聞く」ということがわれわれにとってどのような意味を持つことであるのか、確認していきたいと思う。以下でわれわれは、「信は聞くことによる」と言っている使徒パウロ、その言葉を解釈するアウグスティヌス(Ⅰ)、さらに親鸞(Ⅱ)が、「信じること」における「聞くこと」のありようをどのように理解していたのか、確認した上で、そもそもわれわれにとって「呼びかけを聞くこと」がどのような意味を持つことであるのか、考えてみることにしよう。(Ⅲ)

Ⅰ

パウロの場合

神の声を聞き、回心したパウロは、「信は聞くことによる[7]」と言う。一体彼は「聞くこと」と「信じること」の関係をどのように理解していたのだろうか。以下では彼の残した『ローマの信徒への手紙』の中の、この表現を中心とする箇所を検討し、パウロが「聞くこと」と「信じること」をどのように捉えていたか、確認することにする。

「異邦人のための使徒[8]」を自認していたパウロは「主の名を呼び求める者はだれでも救われる[9]」と言う。では「主の名を呼び求める」ようになるためには何が必要なのだろうか。「主を呼び求める」ためには、まず主を信じる必要がある。しかし「聞いたことのない方をどうして信じられよう。」それゆえ、まず主について聞かなければならない。しかし主について「聞く」ためには、主の言葉を「宣べ伝える人」がいなければならない。そして彼らは「遣わされないで、どうして宣べ伝えることができよう[10]。」

それゆえ、神が宣教者を遣わし、福音の宣教を聞くことによって、神を信じるようになる、

7 パウロ、『ローマの信徒への手紙』第十章十七節。
8 同手紙、第十一章十三節。
9 同手紙、第十章十三節。
10 同手紙、第十章十五節。

とパウロは言う。その限りで、「信は聞くことによる」と言うことができる。

しかし宣教を聞いたすべての人が主を信じたわけではない。宣教は「全地に響き渡り、その言葉は世界の果てにまで及ぶ」[11]と言われるのだから、キリスト教に改宗しないユダヤ人も福音は聞いている。彼らはそれでも信じることができなかったのである。それゆえ聞くことは信じることの十分な原因ではない。では「信じること」の原因は何か。

その原因をパウロは神の「選び」におく。彼らが信じることができないのは、救いの対象として選ばれていないからだと言うのである。パウロによれば、この「選び」は、人間の行いによるものではなく、純粋な「恵み」である。「恵み」とは一方的に与えられるものである。パウロはその意味で「もしそれが恵みによるとすれば、行いにはよりません。もしそうでなければ、恵みはもはや恵みではなくなります。」と言うのである。[12]

以上の確認によると、パウロにとって信仰はまったくの「恵み」である。そしてそれは神の「選び」にのみかかっている。「聞くこと」は、信仰をもつための助けとはなるが、そのための十分条件ではない。確かに神から遣わされた者の宣教を聞くことによって、とりわけキリストの言葉に触れることによって、信仰は始まるのだが、宣教を聞く人すべてが信仰を手に入れるわけではないからである。結局、信じるためには、神に選ばれて、その恵みが与えられなくてはならない。このように考えると、宣教を聞くことは信じることと本質的な繋がりを持っていないように思われる。

中世のスコラ神学の大成者であるトマス・アクィナス（一二二五―一二七四）も「聞く」ということを同様に理解している。トマスは、知性が与えられた対象に同意することが信じることであると考える。その上で、パウロと同様に、「聞くこと」によって知性に対して信ずべき対象が与えられても、それを聞いたすべての人が信じるわけではないということを理由とし

11▼ 同手紙、第十章十八節。
12▼ 同手紙、第十一章六節。

て、「聞くことは信の十分な原因ではない」と結論した。トマスにとって、「聞くこと」は、信の対象を受け取る感覚経験であるが、知性にはそれを信じなければならない理由が明確にならない経験なのである。だからそれを信じるためには、さらに神が直接に意志に働きかけ、信じたいと意志させ、知性を同意へと動かすことが必要であると考えた。つまり「聞く」という感覚経験とは別に、神が意志に恵みを与えることが必要だと考えたのだった。[13]

13 Voir, S. Thomas Aquinas, *De Veritate*, q. 27, art. 3, ad 12.

「呼びかけを聞く」ということ

しかし、そもそも「聞く」とはどのようなことなのだろうか。それは、トマスが考えているように、それを信じるか、信じないか、という信仰の決断のための材料や理由をただ知性に提示するだけの働きに過ぎないのであろうか。「聞く」とは何かを「聞く」ことであるのだから、まずその「何か」が与えられなくてはならない。つまり「聞く」ことが可能であるためには、まず呼びかけられるのでなければならない。そうであるなら、パウロの例でも、トマスの解釈でも、宣教を聞いて、信じることができなかった人は、その宣教を自らに対する「呼びかけ」として受け取ることができなかった人ではなかろうか。

このわたしの救いに関わることとして、福音を「聞く」ということは、実際に福音をまさにこの自分への「呼びかけ」として聞き、そのようなものとして受け止めるということに他ならない。「聞く」ということがそのような意味で理解されるなら、宣教を受け入れることができなかった彼らは「聞く」ことができなかった人であろう。「聞く」ということが、まさにこのわたしが呼びかけの対象であると感受すること、つまり呼びかけの主によって選ばれた汝として、その呼びかけを聞くことであるなら、それは、我と汝という人格と人格との関係の中で考えられるべき事柄であろう。

呼びかけは呼びかけである限り、否応なくわたしを捕らえ、その声の方へ振り向かざるを得ないようにする、そのような力を持つ。そのとき、「聞く」ということは自己においてのみ考えられる単なる感覚的経験に留まるものではないのであって、それは他者へと開かれる経験なのである。パウロがダマスコへ行く途中で聞いたイエスの「サウル、サウル」という呼び声、またアウグスティヌスが聞いた「とれ、よめ」の声はそのような呼びかけではなかっただろうか。

アウグスティヌスの場合

そのような立場から、アウグスティヌスの作品の一節を解釈してみることにしよう。問題の発端は、パウロの『ローマの信徒への手紙』の中にある「聞いたことのない方を、どうして信じられよう。また、宣べ伝える人がなければ、どうして聞くことができよう。[14]」という一節である。アウグスティヌスは「聞くこと」と「信じること」に関わるこのことばを受けて、次のように結論する。

それゆえ、誰も前もって呼ばれていなかったなら、信じることはできない。[15]

だがパウロも言っている通り、「前もって呼ばれること」は信じることの必要条件にすぎず、実際には呼ばれた人のすべてが信仰の立場に至るわけではない。聖書にも「呼ばれる人は多いが、選ばれる人は少ない[16]」という言葉がある。では「選ばれる人」とはどのような人なのであろうか。

アウグスティヌスはそのような人についてこう述べる。「[そのような人とは]彼らを呼んで

14▼
パウロ、前掲手紙、第十章十四節。

15▼
アウグスティヌス、『シンプリキアヌスへ』第一巻第二問(⑩)、『アウグスティヌス著作集』第四巻、教文館、百六〇頁。

16▼
『マタイによる福音書』、第二十二章十四節。

いる人を軽視しなかった人であり、その人を信頼して、その人に従った人のことである。欲した人は確かに信仰を持つようになったのである。」[17]

アウグスティヌスによれば、信じるためには前もって信仰するように呼びかけられていなければならない。しかし呼びかけられた人すべてが信仰を持つようになるのではない。つまりその呼びかけを聞いた人が皆、そのことによって信仰を持つわけではない。呼びかけの受けとめ方、聞き方が問題なのである。呼びかけられた人の中で信仰に至る「選ばれた」人はその呼びかけを自分への呼びかけとして聞き、それに応える人である。だからこそ彼らは自分たちを呼んでいる人を軽視できないのであって、それどころか彼を信頼して、その呼びかけに従ったのである。いわば彼らは呼びかけの対象である汝として「選ばれた」のだ。「呼びかけ」はそのような汝にこそ届いたのであるから、彼らこそ本当の意味で「呼びかけを聞いた」人であると言うことができよう。

パウロによれば、人は、信仰を得るためには、宣教を聞くだけでなく、神に選ばれなければならないのであった。そして神の選びとは、神から汝として呼びかけられることに他ならない。人は、信仰を得るためには、ただ宣教を聞くだけではなく、それを自分に対する呼びかけとして感受しなければならない。そのとき、神と人間の間には我と汝という関係が結ばれ、宣教を宣教者を介して自分に向けられた呼びかけとして、十全な意味で「聞くこと」が可能になる。「聞くこと」とは呼びかける者を「軽視」せず、信頼し、彼に従うこと、つまり彼を「信じること」なのである。

神との、我―汝の人格的呼応関係は、神が汝を選ぶこと、つまりその汝に信仰としての恵みを与えることによって成立する。そのときにこそ「呼びかけを聞く」ということが成就されるのだ。神の呼びかけに応じることは、呼びかける神を見いだし、信じることであり、その神を

17▼ アウグスティヌス、前掲箇所。

求めることである。神が人間を汝として選び、信を与えるとき、人間は神を汝として呼び求めることになる。

アウグスティヌスの「わたし」

こうしてわれわれは、神の「選び」を、神がその救いの対象を汝として選び、呼びかけること、と理解した。たとえ呼びかけられていても、それを自分に向けられたものとして体験しない（自分をその呼びかけの宛先である汝として感受しない）人は、その呼びかけを呼びかけとして、つまり応答すべきものとして受け取ってはいないのであり、従って真の意味で呼びかけられてはいないのである。それに対して、自らをそのような汝として感受する者は、自分に呼びかける人を「軽視」することはできない。つまり彼は呼びかけへの応答の義務を負う。そもそも呼びかけは、呼びかけである限り、応答を強いるものなのである。こうして、神から汝と呼びかけられたと自覚する者は、否応なく応答を強いられる。それゆえ彼は、少なくとも応答の宛先として神の存在を信じていることになろう。呼びかけに対して応答の義務を果たすこと、神と自分との間に我―汝としての関係を受け入れるということ、それが信じるということである。次のように言うアウグスティヌスは自分をまさしくそのような汝として、つまり神にとっての汝として自覚していたと言えるだろう。

主よ、わたしはあなたを呼び求めながら、探します。そしてあなたを信じて呼びかけるでしょう。実際、あなたは宣べ伝えられているのですから。主よ、私の信仰があなたを呼び求めます。信仰をくださったのはあなたです。あなたの御子〔イエス・キリスト〕の人性を通じ、あなたの宣教者の奉仕を介して、あなたはわたしにその信仰を吹き込んでくださったのでした。[18]

すでに宣教されている主を呼び求めることができるのは、宣教を聞くことができたからである。それゆえ、確かに「信は聞くことによる」。だが、宣教を聞くことができたのは神がわたしを汝として選び、信仰の恵みを与えてくださったからである。その意味では聞くことは信じることによるのである。アウグスティヌスの自覚においては、宣教を聞くことは自分に宛てられた神の呼びかけを聞くことであり、宣教を通して呼びかける神を信じることに等しい。呼びかけを自分の問題として、応えを迫られるような仕方で聞く、ということは、相手を汝として認め、信じることであると同時に、自らをその汝によって呼びかけられている者として自覚することである。

呼びかける汝を求めること

そのとき、なぜ、アウグスティヌスは自分にとっての汝である神を「呼び求めながら、探」さなければならないのであろうか。それは、アウグスティヌス自身の存在理由が、神の汝としてのみ、したがって汝としての神によってのみ、与えられ、充実させられるものだからではないか。事実、アウグスティヌスは次のように問いかけている。

あなたは私にとって、何者にましますか。どうぞわたしを憐れみ、語らしめたまえ。この私なる者は、あなたにとって何者であるかを。[19]

神との我―汝の関係において、わたしの存在意味は、汝にとってわたしが何者なのか、とい

18 アウグスティヌス、『告白』、第一巻第一章一、前掲書六〇頁。
19 同書、第一巻第五章五、六四頁。

う問いへの答えとして与えられる。さらにその意味は最初に呼びかけてくださった神がなぜこのわたしを汝として選び、呼びかけてくださったのか、ということにかかってくるであろう。それゆえアウグスティヌスは神にむかって、次のように呼びかけざるを得ない。

わたしの魂に、「我は汝の救いなり」と言ってください。[20]

なぜ、神は私に対して「汝」と呼びかけてくださったのか。それは、神が私を救うため、ではないか。アウグスティヌスの自覚において、わたしは「おのが死の性を身に負い、おのが罪のしるしと、「あなたが高ぶる者をしりぞけたもう」ことのしるしを身に負うてさまよう人間」[21]である。つまり自ら負っている罪のゆえに、神に見捨てられた者、したがって救いを展望しえない者である。そのようなわたしにとって、神が「救い」であるということは、一度は見捨てられたわたしという存在が、それにもかかわらず再び救いの対象として神によって肯定されるということに他ならない。神がわたしにとって「救い」であるなら、わたしは神によって「救われるべき者」であり、その限りで「存在を許されている者」であるだろう。こうして救いを望むことのできない人間に「我は汝の救いなり」と語りかける神は、そのことによって彼の存在根拠・存在理由を与えることになるであろう。

「主を呼び求める」ことは、それゆえ、最初に汝と呼びかけてくれた主に、呼びかけられたわたしの存在理由を問い求めることである。「呼びかけを（自分への呼びかけとして）聞く」という経験は、汝とは何か、わたしとは何か、という問いと切り離すことのできない経験なのである。

以上、パウロの「信は聞くことによる」という言葉から出発して、アウグスティヌスのパウ

20▼ 注19と同所。
21▼ 同書、第一巻第一章一、六〇頁。

ロ解釈の一節を、「呼びかけを聞く」という我と汝の人格的呼応関係の中で解釈してきた。その解釈はそもそも「信じる」という経験（回心の経験）が「呼びかけを聞く」経験であること、そして右に見たように、アウグスティヌス自身が、神から呼びかけを受け、神の汝として神との呼応関係を生きていたことに基づくものである。信仰の経験においては、「呼びかけを聞く」ことと我―汝という経験の枠組みの成立は一つのことである。それゆえ、その信仰の経験の現場においては信は聞による、と同時に、聞は信による、のであり、したがって聞は信であると言わなければならない。

「聞くこと」をより明確に「我―汝」という人格的呼応関係の中で捉え、「信じること」として語る思想家がいる。次にその思想家、すなわち親鸞にとって「聞く」とはいかなることであるのか、確認していくことにしよう。

II

親鸞における「聞」

既に指摘したように、親鸞において信心が開発される瞬間は「諸有衆生、聞其名号、信心歓喜、乃至一念」の瞬間である。名号を聞き、信心を得たことを喜び、少なくとも一度でも阿弥陀如来を念ずるこの時、である。親鸞はここで「聞く」ということをどのように理解しているのであろうか。この浄土真宗の開祖はまず「本当の意味での聞くことを欠いている（聞不具足）」ということを『涅槃経』の文章を引いて、明らかにしている。

如来の諸説は十二部経なり。ただ六部を信じていまだ六部を信ぜず。このゆえに名づけて聞不具足とす。

（如来の説かれた教えは十二種類の経典である。そのうちの半分だけを信じて、残りの六部を信じていない。それゆえこれを本当の聞き方を欠いていると言う。）[22]

このような聞き方が「本当の聞き方を欠いている」と言われるのは、それが如来の教えをすべて完全に信じていないからである。如来の教えのすべてをそのまま聞き入れるのでない、半信半疑の状態を「聞不具足」と言う。これを名号を聞くという事柄に適用すると、「名号を称えるものを救うという如来の約束、その約束を実現するために与えられたという名号の謂われを聞いても、半信半疑であるなら、本当の意味で聞いたとは言われない」ということになろう。その意味で「聞くといふはただおほやうに聞くに非ず」とも言われる。[23] したがって本当の意味での「聞」は「自分の計らいを離れて、すべてまるごと疑う心なく聞き入れること」と言うことができよう。事実、親鸞は、「聞其名号」の「聞」を次のように「疑心あることなし」ということとして理解している。

聞というは、衆生、仏願の生起本末を聞きて、疑心あることなし。これを聞といふなり。[24]

聞くことと信じること

ここでは親鸞のこの言葉にもう少しこだわり、「聞」の内容を、「仏願の生起本末」という観点から、さらに詳しく見ていくことにしよう。

阿弥陀仏は仏になる前の修行時代に法蔵菩薩と呼ばれる修行者だった。法蔵菩薩は、あらゆる衆生を浄土に導きたいという大悲大願を懐いたために「易くたもち称へ易き名号を案じ出し

22 親鸞、『教行信証』「信巻」、前掲『真宗聖典』、三五一頁。

23 蓮如、『御文』三帖目第六通、前掲『真宗聖典』、八二五頁。

24 親鸞、前掲『真宗聖典』、三五二頁。

たまひ」た（『歎異抄』十二）。そして「この名字を称へんものを迎へとらん」と誓われたのであった。しかしこの根本の誓いが実現されるためには、まず名号が衆生に与えられる必要があった。そのための誓いが、法蔵菩薩の建てた四十八願の中の第十七願であり、諸仏称名の願、諸仏咨嗟《ししゃ》の願と言われるものである。菩薩は「世界中の数知れない諸仏が、皆こぞって私の名を讃歎しなければ覚りを開くことはしまい」と誓われた。菩薩は宇宙に響き渡る諸仏の称名を通して、名号を衆生に与えようとしたのである。

法蔵菩薩は修行をして阿弥陀仏になったのであるから、この誓いは成就した。そのことは『大無量寿経』の中の願成就文と言われる文が示す通りである。そこには「世界中の数知れない諸仏が、一斉に、無量寿仏（＝阿弥陀如来）の衆生を救済する神力と名号の功徳の理解を超えた力を現に今、讃歎なされている」とある。[25] それゆえ、諸仏は名号を讃歎し、称えている。『大無量寿経』では、この第十七願成就文の直後に「諸有衆生、聞其名号……」と続いていくのであり、その文脈では、衆生が聞く名号とは世界中の無数の仏が称えている名号のことである。[26]

親鸞の信の世界には、このような諸仏による称名が響き渡っている。「世界中に阿弥陀仏を讃歎する声なき声がいっぱいである」[27] ということがリアリティをもって成立している。したがって「その名号を聞く」ということは、そのような宗教的世界をそのまま受け入れるということを意味するであろう。だが、人間の称名の足下に諸仏咨嗟・諸仏称名の世界が開かれるということ、それはどのようなことであろうか。

諸仏の称名は、われわれが感覚できる現実ではない。目に見え、実際に聞こえているのは隣の人の、あるいは門徒たち、あるいは自分を導く善知識の称える声であろう。それゆえ、それは、この称名の声を聞きながら、あるいは自分もともに称えながら、諸仏が阿弥陀仏を讃歎し

25▼ 原文を挙げておく。「十方恒沙の諸仏如来、皆共に無量寿仏の威神功徳の不可思議なるを讃嘆したまふ」（『大無量寿経』下、『真宗聖典』六三頁、『教行信証』「行巻」、同『真宗聖典』二七一頁参照。）

26▼ 前掲『真宗聖典』、六三―六四頁。

27▼ 石田慶和、『親鸞『教行信証』を読む』、筑摩書房、一九九〇年、一〇一頁。

ているという称名のリアリティを感受すること、それ自体は耳に聞こえないが、耳に聞こえている現実を支える根底、つまり自らの聞く称名の「象徴的根底」[28]を感受することに他ならない。

聞其名号の「聞」とはこの意味でもう一つの次元が開かれることであると言えるだろう。そしてそのような、感覚的に直接経験されない世界は信の対象となる信の世界であろう。それゆえ、親鸞において「聞」は「信」でもある。信の世界は聞として開かれるのである。

さらにこのような信の世界が開かれるということは、結局は、名号を案出された阿弥陀仏の根本意志を信じるということに他ならない。つまり修行に耐えられない者まで含めた、すべての衆生を、普《あまね》く、救いとろうという阿弥陀如来の「大慈大悲心」(『歎異抄』四)が信じられるということであり、それは「この名字を称へん者を迎へとらん」(『歎異抄』十一)という阿弥陀如来の呼びかけを聞き取ることなのである。

以上の検討から「名号を聞く」ということに込められている事態をまとめると次のようになるだろう。

名号を聞くということは、阿弥陀仏の誓いの通り、諸仏の讃歎としての称名によって名号が与えられているということ、さらに「名号を称える者すべてを救いとる」という名号の根底にある阿弥陀仏の願い、その根本意志を呼びかけとして聞き開くこと、そしてそれを疑わずに受け入れること、つまり信じることなのである。

「南無阿弥陀仏」の理解

名号の背後に阿弥陀仏の願いを呼びかけとして聞き取るということは、「南無阿弥陀仏」という名号それ自体の理解にはっきりとあらわれている。ここではその理解を見ておこう。親鸞

28▼
武内義範、『親鸞と現代』、中公新書、一九七四年、五四—五五、六三頁。

は「南無之言は帰命なり」と言う。[29]「南無」の二文字は「帰命」を意味している。それは通常、「阿弥陀仏に帰命します、よりかかります」という人間の側から仏への信順をあらわす言葉である。ところが親鸞はそれを「本願招喚之勅命」[30]であると解釈するのである。つまり「南無阿弥陀仏」という名号は何より「私によりかかれ」という阿弥陀仏の方からの絶対的な呼びかけであり、命令〔勅命〕である。それゆえ「南無阿弥陀仏」と称える称名は、阿弥陀如来の命令を聞き、それに従う、仏と人間との呼応であり、出会いなのである。

帰命と申すは如来の勅命に順《したが》ひたてまつるなり[31]

という理解が、彼の名号理解をよく示している。こうして親鸞は称えられる名号に、称える者を救うぞ、という阿弥陀仏の根本意志の表明を聞きとっているのであって、それはこの意志を信じることに他ならない。その意味で親鸞は

聞というは、如来のちかひの御名を信ずとまふすなり[32]

と言い、また

きくというは、本願を聞きてうたがうこころなきを聞というなり。またきくというは、信心をあらはすみのりなり[33]

とも言うのである。

29▼ 親鸞、『教行信証』「行巻」、前掲『真宗聖典』、二九一頁。
30▼ 同所。
31▼ 親鸞、『尊号真像銘文』、前掲『真宗聖典』、五九二頁。
32▼ 親鸞、同書、五八九頁。
33▼ 親鸞、『一念多念証文』、前掲『真宗聖典』、六〇一頁。

ところが、われわれは阿弥陀如来の仏願をにわかに信じることはできない。それが現実のありようであろう。われわれは、口には「[阿弥陀如来の]願力をたのみたてまつる」と言っても、心の中では「さこそ悪人をたすけんといふ願不思議にましますといふとも、さすが善からん者をこそたすけ給はんずれ」と思ってしまう、そのような存在だからである。(『歎異抄』十六)われわれは自業自得の論理、つまり善行は善果を、悪行は悪果をもたらすという道徳的因果律にそれほどまでに囚われている。だが、「善人なおもって往生を遂ぐ、いはんや悪人をや」と言わせる仏の願いはそのような因果律を超えるものである。だからこそそれは「弥陀の誓願不思議」(『歎異抄』一)と言われるのだ。したがって阿弥陀如来の約束を信じるということは、自らの善行によって救いに至るという考え方をひるがえすことに等しい。そのためには「自力の心を廻して他力をたのむ」(『歎異抄』三)という転換が生じなければならない。ではこの自力から他力(阿弥陀仏の願いの力)への転換はいかにして生じるのか。その廻心の経験はどのようなものとして理解されているのであろうか。

二河白道《にがびゃくどう》の譬え

親鸞は廻心の過程(あるいは信心開発の過程)を一つの譬えを用いて説明している。[34]それは親鸞が「独り仏の正意を明らかにせり」[35]と高く評価する中国の高僧善導(六一三―六八一)の書から抜き出したものである。ここではその譬えを検討して、親鸞の廻心の理解を確認することにしよう。

西方へ遙か遠くまで行こうとする旅人が、ずっと歩き続けてきて、展望の開けた場所に出た。そこには彼のほかに誰もいない。単独行の旅人を見つけた盗賊や悪獣が彼を餌食にしようと大挙して追ってきた。旅人が死の恐怖を感じ、西に向かって走り出すと、その眼前に突如と

34▼ 親鸞、『教行信証』「信巻」、前掲『真宗聖典』、三二九―三三一頁、参照。

35▼ 親鸞、『正信念仏偈』、前掲『真宗聖典』、二一三頁。

して二つの大河「南に火の河、北に水の河」が現れた。その深さは底なしであり、それぞれ南北にはてしなく広がっている。西岸まではわずかの距離であるが、そこへ通じているのは二つの大河に挟まれた極く細い道だけである。しかもその上には南からは炎が降りかかり、北からは波浪が押し寄せており、そこを歩んで行くことは容易ではない。旅人は「来た方へ戻ろうとしても、後ろから盗賊や猛獣が迫っている。それらを避けて南北へ走ろうとしても、猛獣や毒虫が競って向かってくる。この細い道を西方に向かって進もうとしても、それはとても細い道だ。きっと足を踏み外し、二つの大河に落ちてしまうに違いない」と考え、言いようもない恐怖に襲われた。そのとき、進退窮まった彼は、自分が「我今回《かへ》らば亦死せん。住《とど》まらば亦死せん。去《ゆ》かば亦死せん」と死を覚悟せざるを得ない、絶体絶命の状況にあることを自覚する。どうやっても死を逃れることができないのだから、目の前にある白道を進むしかないと思ったその瞬間、背中の東岸からは「この道を尋ねて行け」と勧める声が、眼前の西岸からは「汝一心正念にして直ちに来たれ、我よく汝を護らん」という呼びかけが聞こえた。旅人がこの発遣と招喚の声を全身で受け止め、信じ、決断して、この白道へ足を踏み出し、逡巡せず、一心不乱に進んでいくと、すぐに西岸に、つまり浄土に至ることができた。これが二河白道の譬えの大意である。

この譬えの中の、北の河はむさぼりの心、つまり貧愛《とんあい》の煩悩を、火の河は怒り（＝瞋恚《しんに》）の煩悩を表わしている。親鸞は、その中間にある細い白道を称名念仏（「選択摂取之白業、往相廻向之浄業」）の道（「本願一実之直道」）とする。[36] また同時に「清浄願心」とも理解している。それは「金剛の信心」、つまり阿弥陀如来によって廻向された信心、それゆえ「凡夫自力の心に非ず、大悲廻向の心」[37] である。親鸞にとって「白道」は阿弥陀如来の本願が与える、歩むべき道・行うべき業であると同時に、阿弥陀如来が施す信心なのである。白道とは、そこにおい

36▼ 親鸞、前掲書「信巻」、前掲『真宗聖典』、三四五頁。
37▼ 親鸞、『浄土文類聚鈔』、前掲『真宗聖典』、五二四頁。

て仏が呼びかけ、衆生が仏に信順する道、仏と人が出会い、呼応する、称名念仏の道に他ならない。

したがって、この譬え話は次のように理解できるだろう。

人生の中で何かを求めはじめるのだが、自分を導いてくれる人に出会うことができずにいるとき、人は二つの大河の存在に、つまり煩悩が燃えさかっている自分のあり方に気づく。かすかな白道の前での逡巡は、称名の道に歩み出すことのできない現世への執着の強さを表わしている。そこでこの人は進むことも、留まることも、戻ることもできないという、自力の徹底的な無力を自覚するのである。まさにその時、「一心にわが名を念じてこい。きっとお前を護ってやるぞ」という如来の呼びかけを聞く。それは「念仏申さんと思ひたつ心の発る」瞬間の出来事であって、如来から「清浄願心」が与えられる瞬間である。こうして、この白道を歩むことは、この人の中に如来の招喚、呼びかけに応え、如来に信順する気持ちが開かれたということに他ならない。この心は、人間が自力で開くことのできるものではない。それは衆生における如来の働きであるからこそ、「凡夫自力の心に非ず、大悲廻向の心」と言われるのである。こうして、人間は煩悩の燃えさかる無力な凡夫であるにもかかわらず、如来の呼びかけによって、自力の心を廻し、この呼びかけに応える汝となるのであり、そのような汝としてその存在が掬《すく》い取られるものなのである。親鸞は廻心を「自力の心をひるがへし棄つる」[38]こととして定義しているが、二河白道の譬えは、自力の行き詰まり・無力を覚悟した瞬間に如来からの呼びかけ＝名号を聞き、信順しようという心が開かれるという廻心の様相を譬えたものということができよう。

[38] 親鸞、『唯信鈔文意』、前掲『真宗聖典』、六一九頁。

親鸞の自覚…二種深信

ところでこのような廻心を経て、獲得された信心の内容はどのように自覚されているのであろうか。次に親鸞その人の自覚を見てみよう。

親鸞は信者の人々が念仏以外の極楽へ往生する方法を尋ねにきたときに次のように言っている。「親鸞におきては「ただ念仏して弥陀にたすけられまいらすべし」とよきひとの仰せを被りて信ずるほかに、別の子細なきなり。」と。親鸞は自分を導いてくださる「よきひと」、法然上人（一一三三―一二一二）の教えを信ずるだけだ、と言うのである。しかも法然上人にだまされて念仏をすることで地獄に堕ちたとしても決して後悔しない、とまで言い切る。親鸞はなぜこのように絶対の信順を吐露しえたのであろうか。彼は次のように説明している。

その故は、自余の行も励みて仏になるべかりける身が、念仏を申して地獄に堕ちて候はばこそ、「すかされたてまつりて」という後悔も候はめ。いづれの行も及び難き身なれば、とても地獄は一定すみかぞかし。（『歎異抄』二）

他の行に励んで仏になることができる人が、念仏をして地獄に落ちたら「だまされた」と思い、後悔するだろう。しかし私はどんな行も全うできないのであるから、いずれにせよ地獄に落ちるのは必定である。だから念仏して地獄に堕ちたとしても後悔することはないと言うのである。それゆえ親鸞が法然の教えに信順できるのは、彼自身に「いづれの行も及び難き身」であるという自覚があるからに他ならない。自分は何をしても救われることはない。「我今回らば亦死せん。住まらば亦死せん。去かば亦死せん」という絶体絶命の状況にある。しかしそれだからこそそのような自分を「たすけんと思し召したちける本願のかたじけなさ」（『歎異抄』後序）がいっそう身にしみてくる。そのような親鸞にとって、阿弥陀仏の本願への信は我が身の「罪悪の深さ」の自覚と表裏一体のものである。その自覚が深ければ深いほど、そのような罪深い人間を救いの対象とした「如来のご恩の高きこと」はますます高いものとして感受される。おのれの罪深さ、無力の徹底した自覚は、如来への徹底した信順となる。

「呼びかけを聞く」ことによって、つまり南無阿弥陀仏という名号を聞くことによって開かれる信の内容は次のようにまとめることができよう。「呼びかけを聞く」ということは、呼びかけている者の心を疑うことなく受け入れることである。本願の生起本末を聞くことは、その誓いを立てた阿弥陀如来の心を聞き開くことであり、その心を信じることである。そして名号を称える者を救おうという、その心を信じることは、自分が罪悪深重・煩悩熾盛の、救われがたい凡夫であると自覚することであるのと同時に、それにもかかわらず、そのようなわたしこそが阿弥陀仏の大慈大悲の対象であることを深く信じることである。親鸞においては、名号を聞くことによってそのような二重の自覚が開かれているのである。[39]

廻心における「呼びかけ」の必要性

以上の検討から明らかなように、親鸞の廻心理解の中心は、「如来の呼びかけを聞く」という出来事にある。親鸞にとって名号を聞くことは、単に「南無阿弥陀仏」と称える声を聞くことに留まるものではない。親鸞は、そこに、衆生を救うために誰もが称えることのできる名号を案出して、衆生に与えた阿弥陀如来の「大慈大悲」の心からの「呼びかけ」を聞き取っている。

しかし、なぜ呼びかけられる必要があるのだろうか。親鸞はその必要性を自らの人間理解に

39▼ 親鸞の、この二重の自覚は「二種深信」と呼ばれるものである。具体的には次のように言われている。「一つには、決定して深く、「自身は現に是れ罪悪生死の凡夫、曠劫よりこの来、常に没し常に流転して、出離の縁有ること無し」と信ず。二つには、決定して深く、「彼の阿弥陀仏の四十八願は衆生を摂受したまふ、疑無く慮無く彼の願力に乗ずれば、定んで往生をすることを得」と信ず。」親鸞、『教行信証』「信巻」、前掲『真宗聖典』、三二五頁参照。

基礎づけている。呼びかけを聞く者は、当然、呼びかける者に対して開かれていなければならない。ところが通常、われわれは

　我が身をたのみ、我が心をたのむ、我が力をはげみ、我がさまざまの善根をたのむ[40]

我《が》の立場に閉じこもっている。そのような自力の立場をひるがえすことが廻心である。ところで、自ら自力の立場をひるがえすということは、ひるがえす自分をさらにたのむということ、つまりますます自力をたのむことである。そのような仕方ではますます我《が》の立場に固着することはあっても、その立場をひるがえすことはできない。だからこそ「ひるがえされる」のでなければならない。つまりまず呼びかけられなければならないのである。既に確認したように、その時、自己は自らが徹底して罪悪深重・煩悩熾盛であることを自覚すると同時にそのような自己を救おうという阿弥陀如来の誓いの呼びかけを、つまり名号を聞く。親鸞にとって廻心とは、他者によって、他者へと開かれることである。

　そしてこの他者の「呼びかけ」は、わたしという存在にとって決定的な意味を持っている。なぜなら、それによって無力のわたしが、無力のままで、つまりありのままの姿で、阿弥陀如来の汝として、その呼びかけの対象として、救われるべき存在として肯定されるのだからである。そのような肯定の経験は、「いずれの行も及び難き身」であると自覚されたところでの肯定であるから、わたしの絶対的な肯定であるだろう。そして親鸞の教えによる絶対的な肯定の自覚とは次のようなものであろう。

　自己とは他なし。絶対無限の妙《みょうゆう》用に乗託して任運《にんうん》に法爾《ほうに》に、此の現前の境遇に落在せる

40▼ 親鸞、『一念多念証文』、前掲『真宗聖典』、六〇八頁。

もの、即ち是なり。只《ただ》夫《そ》れ絶対無限に乗託す。故に死生《しせい》の事、亦た憂ふるに足らず。死生尚ほ且つ憂ふるに足らず、如何に況んや之より而下《じか》なる事項においてをや。追放可なり。獄牢甘んずべし。誹謗擯斥《ひぼうしんせき》許多《きょた》の凌辱あに意に介すべきものあらんや。我等はむしろ、只《ひた》管《すら》絶対無限の我等に賦与《ふよ》せるものを楽しまんかな。[41]

これは、明治の頃、親鸞の教えを西洋哲学を用いて理解し、表現しようと努めた宗教哲学者清沢満之（一八六三―一九〇三）が残した言葉であり、彼の自覚の表現である。こうして絶対無限（＝阿弥陀如来）が働きかける自己を、他ではないこの自己（「自己とは他なし」）として感受した時、彼は自らのかけがえのなさを感受した、と言えるであろう。それゆえ、その自己は、死のうが生きようが、社会の中でどのように扱われようが、「意に介」さない。まさにこの自己が絶対無限によって肯定されているからである。わたしは社会から追放されようと、牢獄に入れられようと、誹謗され排斥され、どれほど凌辱されようとかまわない。それというのも、阿弥陀仏の誓いの対象として、確かに存在を許されているからである。

「如来の呼びかけを聞く」という廻心の経験は、したがって、自力の無効を自覚した時に、その絶望の中で汝としての他者からの呼びかけによって、その他者の前に呼びだされ、汝の汝として、つまり阿弥陀仏の救いの対象として自らの絶対的なかけがえのなさを感受する経験であると言えよう。それは如来の前で、如来にとっての汝として、他でもないこのわたしになる経験なのである。

41▼ 清沢満之、『絶対他力の大道』一、『清沢満之の精神主義』、東本願寺、一九九六、七頁。

III

わたしがわたしであるということ

以上、われわれは、神や仏を信じるという宗教的経験において、「聞く」ということが持つ意味を、宗教的経験の自覚の表現に沿って、確認してきた。そこに見いだされたのは、「呼びかけを聞く」という経験であった。呼びかけが聞き届けられるのは、汝に対して呼びかけるからであり、また呼びかけられた側も、他でもないこの自分に呼びかけられていると感受するからである。そこでは神や仏と人間が我―汝という関係に開かれており、その関係を成立させるものが神や仏から呼びかけとして与えられる信である。またそれが「呼びかけを聞く」ことが成就することでもあった。それゆえ、「呼びかけを聞く」という経験においては、聞くことは信じることである。

さらに、我―汝という関係が成立するということは、神や仏の呼びかけの対象である「汝」としてわたしの存在意味が感受され、自覚されることを意味する。「聞く」という経験はそれゆえ、自分自身の存在意味を確証する経験でもあったのである。そのとき、わたしという存在は、他者の汝として確証される。神に「我は汝の救いなり」と言うように呼びかけるアウグスティヌスの自覚において、わたしは神の前でおのれの罪のしるしを身に負いながら「救われるべき汝」として意味づけられることを求めているし、親鸞の自覚においては、わたしは罪悪深重・煩悩熾盛の救われがたい者でありながら、「我よく汝を護らん」と呼びかけられた「護られるべき汝」として意味づけられ、その存在が如来の汝として再び肯定されるのである。わたしは、呼びかける汝によって、汝の汝として、その存在が根拠づけられていたのである。

ところで、われわれはそもそも、自らの存在証明として他者を必要とする、と言うのは、哲学者の鷲田清一（一九四九―）である。

鷲田はわたしのアイデンティティ、かけがえのなさを、他者の呼びかけに応えるものであるという点に見いだしている。

「他者の他者」としてじぶんを体験するなかではじめて、その存在を与えられるような次元というものが、〈わたし〉にはある。〈わたし〉の固有性は、ここではみずからあたえうるものではなく、他者によって見いだされるものとしてある。「だれか」として他者によって呼びかけられるとき、それに応えるものとして〈わたし〉の特異性があたえられる。他者のはたらきの宛先として、ここに〈わたし〉が生れるのだ。[42]

わたしがわたしであるためには、他者を必要とする。だから、われわれは他者の他者としてのじぶんを経験できないとき、みずからの精神の平衡をくずしてまで、他者を求めるということがある。人は、妄想的他者を仮構してまでも、他者との関係を作り上げ、他者の他者としての自分の存在を確保しようとするのである。例えばそのような現象として被害妄想がある。被害妄想とは「じぶんを攻撃のターゲットとしている他者を仮構することで、そういう妄想的他者のその他者として自己を構築しようという無意識の要請[43]」である。われわれはそこまでしてなんとか他者の他者としての自分の存在を感じとろうとして、もがきあがく。それは他者こそがわたしをわたしたらしめるものであるということ、まさにこのわたしというわたしのかけがえのなさを感受させてくれるものであるからに他ならない。

42▼
鷲田清一、『「聴く」ことの力―臨床哲学試論』、TBSブリタニカ、二〇〇二年、一二九頁。

43▼
同書、一〇〇頁。

他者の他者としてのわたし

「他者の他者として、自分を感受する」端的な経験として、語りかけられ、呼びかけられること、呼びかける我によって「汝」と呼びかけられることがある。そのような呼びかけが、呼びかけの対象である他者をその他者性において尊重することであることは、フランスの哲学者E・レヴィナス（一九〇五―一九九五）の指摘するところである。レヴィナスにとって、二つの項が関係しながらも、その一方が他方に対して超越的であり続けるような関係を実現するものは言語である。[44] その上で彼は、言語の関係の本質的要素は召喚であり、呼格であると言う。それゆえ、召喚とはわたしが、わたしとは隔絶した超越的他者との関係を作り上げることを意味している。

語りかけることができないということを他人に語るにせよ、他人を病人として分類するにせよ、彼に死刑を宣告するにせよ、召喚された途端、他人は異質なものとして維持され、是認される。捕らえられ、傷つけられ、凌辱されると同時に他人は「尊重」される。召喚された者は私によって了解されるのではない。つまり「彼は範疇に組み込まれないのである。」召喚された者とは私が語りかける相手である。彼は自己にしか準拠しておらず、それゆえこれこれのものとして同定されることがない。[45]

このように述べるレヴィナスによれば、召喚された他者は、たとえ凌辱されるために召喚されたのであっても、召喚の対象として、他の誰でもないこの者が召喚されたということによって、召喚する者とは異なる者として認められている。それは召喚する者がこの他者を一方的に

44▼ E. Lévinas, *Totalité et infini*, Le livre de poche, 1990, pp. 28-29.

45▼ ibid., p. 65, 鷲田、前掲書、二三八頁に引用。

自分の理解の中に、何らかの意味づけとして組み入れることはできないということである。この他者は彼以外の何かに同定され、それに還元されることはない。もし彼以外の何かに同定されるのなら、それは彼を交換可能なもの、つまり別の他者によって代替可能なもの、したがって唯一ではない存在と見なすことになろう。しかし召喚において、召喚された他者は、代替不可能な、かけがえのない存在として、迎え入れられ、「尊重」されているのである。

召喚において、召喚する者は、汝と呼びかけることによって、自らに回収されない、かけがえのない汝の存在へと開かれ、その汝を他者として受け入れている。また他方で呼びかけを聞く汝はそのことによって、また呼びかける我に開かれ、その呼びかけに応える汝として、他が代わりえない意味を担うことになる。こうして、呼びかけを聞くことにおいて、わたしは呼びかけの宛先である汝として、自らの固有性を意識するのである。

呼びかけを呼びかけとして聞き入れることができるのは、わたしが呼びかける我の汝であることを自覚するからである。つまり、呼びかけを通して、自分に汝と呼びかける具体的な他者、もう一方のかけがえのない存在と出会うからである。そのような具体的他者の呼びかけを受取り、それに応えることでわたしはわたしとなる。一方、呼びかける我は応答を受けて、具体的他者と出会い、その応答の宛先として、自らの固有性を意識することになるであろう。だから、人は呼びかけても、応えがかえってこない時、ひどく落ち込んだり、腹を立てたりすることになるのであろう。

そしてわたしたちの生において、他者との出会いが偶然的なものである以上、偶然によって形成される「我―汝」関係の中で感受されるわたしの「固有性・かけがえのなさ」もまた関係と同様に偶然的なものであるはずだ。したがってわたしの特異性は、何かわたしが所有しているもののような固定的なものではないのであって、出会いに応じて、その都度、感受されるものであろう。

わたしの存在のかけがえのなさは、こうして呼びかけを聞くこと、呼びかけの対象であることによって、また応答を聞くこと、その対象であることによって、その都度、得られるものである。鷲田の言葉を借りて言えば、わたしとは、「じぶんの存在を他者に負う」受動的な存在[46]であり、要するに「自己充足しえない主体、じぶんを存在として閉じることのできない存在、じぶんにじぶんで根拠を与えることのできない存在[47]」なのである。

このような見方に立てば、人間にとって、我と汝という呼応関係は深い本質的な意味を持っている、と言うことができよう。わたしという存在のかけがえのなさは、まさにその関係の中で感受されるのであるからであるし、そもそも、汝なくして、他者なくして、わたしはわたしたりえないからである。

46 鷲田、同書、二四四頁。
47 鷲田、同書、二三五頁。

結びに代えて

われわれはいくつかの信仰の経験の自覚的表現に定位して、そこにおいて回心・廻心という宗教経験が「他者の呼びかけを聞く」経験として自覚されていることを確認した。一見するとわれわれにとって宗教経験は、日常の経験とはかけ離れた、無縁のもののように感じられる。だが、われわれが見てきたように、そもそもわたしがわたしであるということが、汝の呼びかけを聞くことによって、その汝の汝であるということとして感受されるのだとすると、われわれが検討してきた宗教経験は、「わたしとは何者か?」と問い、自らの存在意味を求めてやまない、われわれのあり方そのものに連なる経験であるように思われる。その意味で他者からの呼びかけを宗教経験の核とする宗教は、汝の汝として自らのアイデンティティを感受するわれわれにとって、構造的に必然的なものだ、と言えそうである。
古来、宗教は、人が、老い、病い、そして死といった限界状況に直面し、生の無根拠さ、無意味さがあらわになったときに、そのような生に再び、最終的な意味や根拠を与える働きとして理解されてきた。その意味でそれは、「意味世界の彼方との関わりで、意味世界に最終的根拠を与える営み」と定義されることがある。[48]
そのことをふまえて考えるなら、われわれが「呼びかけを聞く」ということを中心にして検討してきた回心・廻心の経験は、絶対的な汝との関わりで「わたし」という存在にその最終根拠を与える経験のことだと言えるかもしれない。先に見た清沢満之の自覚などはそのようなものとして理解できるであろう。
それに対して、われわれが常に求めている、今、ここに存在しているわたしの存在意味、そのかけがえのなさは、日常生活において、具体的な他者と出会う中で、その都度確証される、はかない意味であり、実感である。まさにこのアイデンティティの実感の「はかなさ」、いわばその「その都度性・暫定性」にこそ、われわれが検討してきた宗教的な出会いの経験とは異なる、日常的な出会いの特質を見ることができるのかもしれない。だが、わたしたちのアイデンティティの実感がそのようにはかないものであるからこそ、日常生活の中で、呼びかけ、応えることがかけがえのないこととしてある。そう考えると、食卓での「ねえ、ちゃんと聞いてるの？」という家人の問いかけも、汝の汝たろうとする自らのはかない、しかしかけがえのない、彼女の彼女たる由縁を賭けた切実な問いかけであったのだし、それはわたしに対して、「わたしにとってあなたは何？」という問いへの答えを差し出しつつ、「あなたにとってわたしは何？」という問いへの応えを求めることであったと言えるのではなかろうか。そして彼女の語りを聞くことができずにいるわたしは、その瞬間、彼女の彼女たる由縁を支える「汝」にな

48 芦名定道、小原克博、『キリスト教と現代』、世界思想社、二〇〇一年、一三頁。

り損ねているとともに、その語りかけの宛先として尊重されている自らのかけがえのなさを実感できずにいる。今まさに「ここにいるに値する（worthy to be here）」わたしであることを感受できずにいる。そして、その呼びかけに応じる、他に代わりのない「我」になり損ねているのである。

［参考文献］

『聖書』（新共同訳）日本聖書協会、一九九三年
『真宗聖典』東本願寺出版部、二〇〇二年
アウグスティヌス、『告白』（世界の名著14）中央公論社、一九六八年
アウグスティヌス、『アウグスティヌス著作集』第四巻、教文館、一九七九年
清沢満之、『清沢満之の精神主義』東本願寺出版部、一九九六年
清沢満之、『清沢満之語録』（今村仁司編訳）岩波現代文庫、岩波書店、二〇〇一年
親鸞、『歎異抄』岩波文庫、岩波書店、二〇〇三年
親鸞、『教行信証』岩波文庫、岩波書店、一九六八年
石田慶和、『親鸞『教行信証』を読む』筑摩書房、一九九〇年
武内義範、『親鸞と現代』中公新書、中央論社、一九七四年
鷲田清一、『「聴く」ことの力―臨床哲学試論』ＴＢＳブリタニカ、二〇〇二年
Emmanuel Lévinas, *Totalité et infini*, Le livre de poche, 1990（エマニュエル・レヴィナス、『全体性と無限』国文社、一九八九年）

ダイアローグ

話しかけること、読み聞かせること

◉宮川健郎

いまの勤務先の前のつとめ先である宮城教育大学で、つとめたばかりの一年七ヶ月のあいだ、演出家の竹内敏晴さんと同僚だった。一年七ヶ月というのは、いかにも切りの悪い期間だ。私は、大学院の博士前期課程を四年かかって修了し、その年の六月に専任講師として採用された。もっぱら小学校教員養成課程の学生の面倒を見る教員のチーム十人のひとりで、教授だった竹内さんも、同じチームのメンバーだった。だが、竹内さんは、やがて体調をくずされ、私がつとめた翌年の暮れには退職されてしまう。

竹内さんの研究室とそれに併設されたレッスン場は、私の研究室の真上にあり、竹内さんの指導でうごきまわる学生たちが、私の研究室の天井で時には激しい音をたてた。その音の正体を見極めるためにレッスン場をおとずれた私は、結局、竹内さんの授業「表現演習」の受講生になってしまった。一年七ヶ月のあいだ、私は、竹内敏晴先生の学生としてすごしたのである。

その授業のなかで、何回か「話しかけのレッスン」を経験した。竹内先生の著書『ことばが劈かれるとき』（思想の科学社、一九七五年八月）には、A・Bふたりによるレッスンが紹介されているが、私たちが授業で経験したのは、もっと多い人数、十人前後で行うものだった。私以外のみんなが、レッスン場の板ばりの床に、私に背中を見せるかっこうですわっている。私は、そのうちのだれかの背中に話しかける。「こんにちは」でも、「ねえ、あそびに行こうよ」でもいい、簡単なことばを投げかけるのだ。背中を見せている人たちのうち、だれかが、「あ、話しかけられたな」と思えたときには、手をあげてくれる。「話しかける」ということをひどく純粋なかたちで意識させられる瞬間で、私は緊張し、私の声は、みんながすわっているずっと向こうまでとんでいってしまったり、みんなの背中の手前で、すとんと落ちてしまったりするのだった。

竹内敏晴は、こんなふうに書いている。

〈話しかけるとは、B（のからだ）に話すこと、他のだれでもないまさにBに話すのだ。そしてBにとっては、まさに、私に、話しかけられているこえを聞くのである。それは名前によって判別したりするのでない、まさに自分のからだをめざし、ふれ、突き刺し、動かしてくる彼のからだを受けるのだ。〉（『ことばが劈かれるとき』前掲、カッコ内原文）

私がほんとうに「話しかけ」を経験したのは、レッスンの場ではなく、そのレッスンの帰結として行われる芝居の公演の場においてだった。私が竹内先生の授業に参加した二年めには、先生が退職することになり、いわば引退興行のようなつもりで大作にとりくんだ。竹内研究室の学生たちといっしょに、魔女狩りをあつかった、アーサー・ミラーの「るつぼ」（一九五三年初演）を上演したのである。私もヘイル牧師という役をもらった（一五〇以上もせりふがある！）。最初は魔法を突き止めようとしていたのだが、それに疑問をいだくようになり、しまいには民衆の側に立って祈る正義の牧師だ。この牧師を演じているとき、劇のなかで相対する者の体に自分の声を撃ちこんだと思った瞬間が何度かあった。そのときは、私の胸骨が音をたてて鳴り、私は、それまで聞いたことのなかったような自分自身の声を聞いた。芝居という非日常の物語の時間を生きるなかで、私の体が変わったのだろう。その意味で、物語は重要なのだ。逆に、日常の中にいるままで自分を変え、真の「話しかけ」をすることのむずかしさを思う。

私の専門は、日本の児童文学で、大学の「文学」や「国語科教育」といった授業でも、児童文学作品や絵本を教材にすることが多い。そして、とりあげる作品が短篇だったり、絵本だったりすると、学生たちに全篇を読み聞かせる。この読み聞かせを意識的にはじめたきっかけがある。これも、十年あまり前、やはり、まだ、前のつとめ先にいたころのことである。

前の大学では、毎年度前期に、全学の学生を対象とする一般教育科目「児童文学」を担当していた。児童文学とは何か。この講義の二回めか三回めには、それを絵本との対比で考える。それでは、絵本とは何か。児童文学とは、どうちがうのか。――絵本とは、まず、「絵」の本である。

レオ・レオーニ『あおくん　と　きいろちゃん』(一九五九年/藤田圭雄訳、至光社、一九六七年)は、色紙をちぎった、ちぎり絵の絵本だ。最初に出てくるのは、青いまるひとつ。――〈あおくんです〉あおくんは、街角で、さがしていた仲よしのきいろちゃんにばったり出くわす。――〈もう　うれしくて　うれしくて/とうとう　みどりに　なりました〉青いまるのあおくんと、黄色のまるのきいろちゃんは、二つかさなって、緑のまるになってしまう……。この作品をささえているのは絵、とりわけ、「色」の原理である。

絵本は、絵が中心だが、児童文学は、言語による芸術である。子ども読者の理解をたすけるために、ほとんどの児童文学書には、さし絵がつけられているが、本来、児童文学には、絵がなくてもよい。逆に、絵本には、文がなくてもよい。姉崎一馬の写真絵本『はるにれ』(福音館書店、一九七九年一月)には、まったく文字がないけれども、四季のうつりかわりと、そのなかで生きる木のすがたを描いた傑作である。

……こんなふうに、講義はすすむ。視覚文化としての可能性を追求してきた結果、ことばの芸術としての児童文学とはちがうところへ行ってしまった絵本の鑑賞の方法は、児童文学のそれとは別のものでなければならないだろう。私としては、これは、「児童文学」の講義なのだから、言語芸術である児童文学をあつかっていくことにする、絵本は子どものための大切な文化財ではあるけれども、ここでは、考察の対象からはずす、という断りのつもりなのである。

ところが、ある年度の学生たちは、それに納得しなかった。もっと絵本を見せてほしいという要望が、出席票と質問用紙とを兼ねる、わらばんし四分の一の紙によって、たくさん寄せられた。その年の「児童文学」の受講者は、三〇〇人をこえていた。絵本も、大教室に暗幕を引いて、「書画カメラ」と呼ばれる実物提示の装置で見せたのだった。いわば、しかたなしに、私は、そのつぎの講義のはじめにも、絵本を教室正面のスクリーンに映し出した。学生たちは、おもしろい、また見たいという。私は、そのつぎの講義にも、絵本をもって行った。そして、私は、講義のはじめに絵本を見せると、学生たちが集中し、そのあとの私の話もよく聞いてくれることに気がついた。結局、半期いっぱい、講義の冒頭で、私は、絵本の読み聞かせをしたのだった。仙台の大学の教室には冷房がなく、夏休みにちかい教室で暗幕を引けば、かなり蒸し暑いが、それでも、学生たちは、一生懸命に聞いた。

どうして、学生たちは、こんなにも絵本の読み聞かせをもとめたのかと考えていたら、松居直の『絵本・物語るよろこび』(福武文庫、一九九〇年九月)という本に出合った。長年、絵本の編集にたずさわってきた著者の、絵本に関する啓蒙書である。私は、絵本を視覚文化だとしたけれども、松居は、ことのほか絵本のことばを重要視しているようだ。彼が、絵本を、子どもに読ませるものではなくて、大人の声で読んであげるものととらえているせいだろう。この本では、就学前の一年間を〈子どもに絵本を読んでやるのにもっとも意味のある、実りの年〉としている。——〈なぜならこの一年間で、しっかりと耳で話を聞く力を子どもの身につけさせておくことが、小学校入学の準備として絶対に不可欠なことだからです。〉いささか「教育的」にすぎる発言のような気がするけれども、このくだりを読んで、私は、あっと思った。松居直は、絵本が、子どもが他者とのあいだに「話す—聞く」という関係を成立させるための重要な媒介になりうるということをいっている。それは、学校教育ということ以前に、人として生きていくことにとって、もっとも大切なことだろう。

半期の講義の最終回で、私は、たいへん失礼なことをいうが……と前置きして、学生たちに話した。みなさんは、いまになって、「話す—聞く」関係を成り立たせようとしているのではないか。だから、あんなにも熱心に絵本の読み聞かせをせがみ、子ども時代を生きなおそうとしたのではないか。これに関しては、相当な数の学生たちから反応があった。「そうかもしれない」、「先生に絵本を読んでもらうのは、とても幸福な体験だった。子どものころに、こういう思いをしたことがあまりなかった」——そんな「告白」をする学生も、何人かいた。

絵本の読み聞かせは、声によって行われる。絵本が語る、あるまとまりのある物語を声によってとどけていくのだ。声は、読み手の身体のつづき、いや、身体そのものである。声をなげかけられた聞き手も、みずからの身体性を立ちあげつつ聞くということをする。読み聞かせによって、身体と身体のなまなましい関係が生まれ、そのなかで物語が共有されていく。

「ちかごろの学生たちは、授業中の私語が多い」——大学の先生たちがこうおっしゃるようになって、もうずいぶんたつ。たしかにそうだ。だが、私たちの学生が、そういう学生なら、私は、やはり、大学という場でも、絵本の読み聞かせをしなければならないのではないか。（大学は、教育の「最後の砦」かもしれないのだ。）そのことによって、学生たちとのあいだに、「話す―聞く」関係をきずかなければならないのではないか。かつて、私は、そう思い、思いつづけている。だから、私は、しばしば絵本をもって教室に行く。

III

はじめての接続

First Contact

「英語ペラペラ」ってどういう意味？

言語によるコミュニケーションとは何か

深田芳史

1 あなたはペラペラですか？

はじめに

「英語ペラペラになった？」

「じゃ、もう英語ペラペラなの？」

わたしは、一九九四年から二〇〇一年までの約七年間アメリカ、カリフォルニア州のロスアンジェルスとサンフランシスコに留学していましたが、夏休みまたは冬休みなどの長期の休暇を利用して日本に戻った際には、必ずといっていいほどこのような質問を受けていました。親から、祖母から、親戚から、そして高校・大学時代の友人から。考えてみれば、「ペラペラ」という表現は、日本の社会の中で英語をはじめとする外国語（学習）について話す時にはひじょうに気軽に、そしてとても頻繁に使われているフレーズであるように思います。

わたしは冒頭のような質問を受けるたびに、どう返答してよいのか困っていました。その理由は二つあって、まず一つ目は、自分自身の英語力にまだまだ満足していなかったことです。自分の目指しているレベルは、こんなものではない、そう思いながら英語を学んでいました。この考えや姿勢は今も変わらず、英語を教えるかたわら、わたしの英語との格闘は今もずっと続いています。そして、もう一つの理由は何かと言いますと、それはわたしが、言語コミュニケーションに必要とされる能力を「ペラペラ」などというたった一言で片づけてしまうにはあまりにも無理があると強く感じていたことです。ペラペラという表現を聞くたびに、言語によるコミュニケーションってそんな簡単なものではないのにと思っていました。

言語によるコミュニケーションの複雑さ

みなさんは、言語によるコミュニケーションを行なう際に必要となってくる能力とはどのようなものであると思いますか。「ペラペラ」というと口頭で言語を話すということをまず連想されると思いますので、今回は主に口頭による言語コミュニケーション能力に焦点を当ててみましょうか。わたしは英語教員ですので、英語を主な題材としながらこのトピックについて考えていきたいと思います。

「口頭での言語コミュニケーションに必要な能力は、発音、文法、単語……」みなさんからは、このような答えがまず返ってきそうですね。確かにこれらはひじょうに大切な要素ですが、言語コミュニケーションで必要なもののほんの一部に過ぎません。実際のところ、口頭による言語コミュニケーションをうまく行うために必要な能力というのは、たくさんありすぎてすべてを完全にリストに挙げるなどということはひじょうに困難なことでしょう。コミュニケーションというものは、複雑極まりないものであり、とても多くの要素がうまく作用しあって初めて成立するものなのです。コミュニケーションに参加する人々は、同時にいつくもの能力を駆使して自分の意思を相手に伝え、そして相手が言おうとしていることを理解するわけです。

2 コミュニケーションと社会言語学

社会言語学との遭遇

では、言語コミュニケーションに必要とされる能力とは一体どういったものなのでしょうか。わたしの専門は、社会言語学ですので、社会言語学的視点からこの問題について考えていきたいと思います。

ところでみなさんは、社会言語学という名前の学問を聞いたことがあるでしょうか。「言語学という学問については聞いたことはあるが、それ自体どんなものかあまり知らないのに、社会言語学なんてどんなことをするのかまったく想像もつかない」といった答えが返ってきそうですが、でも心配しないで下さい。わたしも、今では専門は社会言語学ですなどと言っていますが、言語学についてかじり始めたのは大学に入学してからで、社会言語学という学問の存在について知ったのは大学院に入学して二年目、今からたったの七年前のことです。

みなさんが、社会言語学という名称を見てまず想像されるのは、それは社会と言語その二つの要素に焦点を当てた学問であるということではないでしょうか。実は、まさにその通りで社会言語学とは、言語というものを社会、社会の中に生きる人々、そしてさまざまな社会的要素に関連させて分析、議論していくという学問なのです。「学」という文字がその名称についているために、それは何か難しいものではないかと考えてしまわれるかもしれませんが、社会言語学という学問は実はとても楽しいものなのですよ（これは、他の学問についても言えることでしょうが）。

この文章で取り上げるトピックは、どれも社会言語学の中で主な研究トピックとして扱われるものばかりです。これを読み終えるころには、社会言語学とはどういうものなのか、実際にどのようなことを学んでいくのかおおよそ分かっていただけることと思います。

ノーム・チョムスキー vs デル・ハイムズ

少し話がそれましたが、本題に戻りましょう。一般的に「ペラペラになる」という表現を使って多くの日本人が表そうとする、スムーズな、口頭による言語コミュニケーションを行うために必要な能力とはどういったものなのでしょうか。この問題を社会言語学的観点から考察していくためには、まずデル・ハイムズの成し遂げたことに触れないわけにはいかないでしょう。デル・ハイムズは、社会言語学という学問を言語学の中の新しい一分野として確立することに大きく貢献した学者の一人です。彼は、一九六〇年代当時に隆盛を極めていたノーム・チョムスキーという言語学者の言語に関するある主張に強く異議を唱え、それが直接的なきっかけとなってこの新しい分野は確立されていきました。ハイムズは、チョムスキーの言語観に対して主に二つの点を強く反論しました。(Hymes, D. 1974.)

理想的な会話？

まず一つ目の批判は、チョムスキーが言語を研究する際に用いた言語、そしてその話者に対する認識方法に向けられました。チョムスキーは、「言語は一組の「理想化された」話し手と聞き手によって話され、言い間違えや、同じ表現の繰り返し、ポーズ、単語・表現のいい忘れなどは一切ないという仮定の下で、言語の研究・分析を行なっていく」(Chomsky, N. 1965.)という姿勢を示していました。一組の理想化された話し手と聞き手という表現は、もっと分かりやすく言えば、人々は社会の中で、いつもまったく同じように、完璧な文を使ってことばを話すと仮定していることを意味します。

みなさん、こんなことってありえるのでしょうか。日本語を例にとってみても、日本の各地域に住んでいる人々はみな同じように日本語を話しますか。人々は、社会の中に住むいろんなタイプの人、例えば自分の親、担任の先生、友だち、近所のおじさん・おばさんそしてまったく見知らぬ人と話をする時、まったく同じように日本語を話しますか。また、男性そして女性はそれぞれ同じように日本語を話すでしょうか。さらに人々は常に完璧な文で会話するでしょうか。そんなことってまずありえませんよね。実際の社会の中では、みんなそれぞれ多かれ少なかれ異なる語彙、表現、会話スタイルを用いて日本語を話しているはずです。英語をはじめ他の言語についてもまったく同様のことが言えます。

言語能力とパフォーマンス

ハイムズがチョムスキーの言説に対して唱えた二つ目の異議は、チョムスキーが提案した「言語の能力(competence)」、「パフォーマンス(performance)」という二つの概念に対するものでした。チョムスキーは、言語の能力(competence)とは、「人間の頭の中にある言語システム、つまりその言語のさまざまな語彙・表現に関する知識、文法ルール」であると定義し、そしてパフォーマンス(performance)を、「社会の中のさまざまな場面でその頭の中にある言語の知識、ルールをもとに実際にその言語を話したり、聞いたり、読んだり、書いたりする行為」であると位置づけ、この二つの概念をまったく区別して考えたわけです。ハイムズは、チョムスキーのこのような区別の仕方を強く批判したのですが、それがなぜだか分かりますか。

みなさん、言語能力とは一体何でしょうか。頭の中にその言語の知識、ルールが入っていれば、その人は高い言語能力を持っていると言えるのでしょうか。そうではありませんよね。頭の中に蓄えた知識、能力を利用してさまざまな場面で、そして先ほど述べたようにさまざまなタイプの人々に対して「適切（appropriate）」にその言語の語彙・表現を用いることができなければならないはずです。ハイムズはこの「適切（appropriate）」という表現を彼の主張の中でキーワードの如く強調しました。そして、本当の言語能力とは、チョムスキーの言う「言語能力」に「パフォーマンス」の要素を加えたものであると主張し、これを「コミュニケーション能力（communicative competence）」と呼んだのです。

こういったハイムズの唱えた二つの異議を見て分かることがあります。それは、彼が言語を、そして言語を使用するために必要な能力を、実際に言語が使用される社会、人々といったものと結びつけて考え、研究・分析していくべきだと考えているということです。チョムスキーを代表として、それまで多くの言語学者は、ことばというものを社会的な要素とはまったく切り離して研究・分析してきました。実際にそれが使われている場面、それを使用する人々とはまったく切り離して、一つの言語によって作り出された文が文法的に正しいか、正しくないかということを議論してきたわけです。ハイムズからすればそれは、何とも滑稽なものに見えたでしょう。それもそのはずです。いくら文法的には正しくても、実際にその文、表現が社会の中のある場面では、まったく「不適切」であるケースはいくらでもありうるのです。

つまり、ことばというものは、実際にそれが使用される社会・人々と完全に切り離して研究するなどということは、スープを抜きにしてそのラーメンがおいしいかどうかを議論するのと同じくらいあまり意味のないことなのです。ここまでの時点で、みなさんには、ハイムズの提案によって確立された新しい分野が、なぜ「社会言語学」と呼ばれるのかは理解していただけたでしょうか。

3 コミュニケーション・四つの能力

大事なのは文法だけ？

ハイムズが提案した「コミュニケーション能力」という概念は、後にカネールとスウェインによってさらに展開され、現在では次の四種類の能力によって構成されるものであると定義されています。(Canale, M. & Swain, M. 1980. Canale, M. 1983.)

文法能力（Grammatical Competence）
談話能力（Discourse Competence）
方略的能力（Strategic Competence）
社会言語能力（Sociolinguistic Competence）

まず、文法能力（Grammatical Competence）とは、一つ一つの文を作るために必要な語彙的、文法的知識、そしてその言語の発音とその方法に関する知識を指します。これらは、みなさんが英語をはじめ外国語を学ぶ際に最も重要視するものではないでしょうか。しかしながら、ことばを適切に話すためにはこういった知識・能力だけでは不十分なのです。

会話が意味を持つとき

コミュニケーションを適切に行うために必要な二つ目の能力、談話能力（Discourse Competence）とは、一つ目の文法能力によって作られた一つ一つの文・表現を、意味が通るよう首尾一貫してつなげる能力です。少し例を挙げてみましょうか。

例えば、大学のキャンパスで、その日たまたま腕時計を忘れたアメリカ人留学生ボブが、偶然前を通りかかった親切な日本人学生、よしひろに話しかけ、次のようなやりとりが行われたとします。

ボブ…"Excuse me. Do you have the time?"（すみません。今何時か教えてもらえますか。）

よしひろ…"I like playing baseball."（野球をするのが好きです。）

この二人のやりとりは、まったく会話としては成り立っておらず、文と文の一貫性がまるでありません。従ってこの場合日本人学生よしひろには、談話能力が欠落していると言うことができるでしょう。

では、次の例を見てみましょう。場面は、アメリカ人留学生ピーターが、授業終了後に前から気になっていたクラスメイト紀香を映画に誘うところです。

ピーター…"Do you want to go see a movie this weekend?"

（今週末、映画にでも見に行きませんか？）

紀香…"I have some books to read."

（読まなければならない本が何冊かあるんです。）

このやりとりを首尾一貫性がないと考える方もいるかもしれませんが、紀香の発言は、「読まなければならない本が何冊かあるから今晩は行くことができない」という遠まわしの断り表現だと捉えることができ、紀香は、きちんとした談話能力を持ち合わせているということができます。

では、最後にもう一つ例を挙げておきましょう。この会話場面は、外資系会社で働くアメリカ人社員ステファニーが、昼休み中に、会社の食堂で、仲の良い同僚奈美と好きなお菓子について話しているところです。

ステファニー…"Do you like chocolate?"（チョコレートは好き？）

奈美…"Is the Pope catholic?"（ローマ法王はカトリック教徒か？）

一見まったくつながりがないように思うかもしれませんが、やはりこれも首尾一貫したやり取りと言えます。つまり、奈美は英語を話す上で必要な談話能力をきちんと持っているということになります。なぜこのやり取りが首尾一貫しているのか分かりますか。奈美の発言の真意を理解するには、英語圏で多く人々によって信仰されているキリスト教に関する基礎的知識が必要です。英語の場合、キリスト教に関する知識がないと理解できない単語、表現が結構多いものなのです。ローマ法王とは、誰でしょうか。そうです、キリスト教（カトリック）のトップに立つ人物ですよね。すなわちローマ法王がカトリック教徒なのは当たり前なわけです。ですから奈美の発話は、「(チョコレートが好きなのは) 当たり前でしょ」という意味にとることができるわけです。

会話とやりくりの関係

三つ目に上げられた方略的能力(Strategic Competence)とは、言語に関する知識・能力の不足によって生じるコミュニケーション上の問題を修正していくために必要な能力、テクニックを指します。具体的には、次のようなものが挙げられます。

一、回避(avoidance)

a. トピック回避(topic avoidance)

特定の話題を完全に避けること。

例――昨日見たTV番組を聞かれ、大統領選の話をしようと思いつくが、語彙と内容が難しそうなので諦め、他のトピックを選ぶ。

b. メッセージ中断(message abandonment)

特定の話題を途中でやめてしまうこと。

例――大統領選のことを話し始めるが、難しいために途中でやめてしまう。

二、言い換え(paraphrase)

a. 近似表現(approximation)

知らない語句を類似・上位語などの近似表現で代用すること。

例――「水仙」(narcissus)が分からず、"a kind of flower."で済ます。

b.　造語（word coinage）

対応することばが分からず、新語を作ってしまうこと。

例――「歯医者」（dentist）がわからず、'teeth doctor' と言う。

c.　遠回し表現（circumlocution）

対応することばが分からず、それを詳しく描写・説明してわかってもらおうとすること。

例――「ヤカン」（kettle）を表現するために、"It's made of metal. It has a handle. We use it to boil water." と説明する。

三、意図的転移（conscious transfer）

a.　逐語訳（literal translation）

対応することばが分からず、とりあえず母語を一字一句そのまま訳してみること。

例――本来「彼らは同室だった」（"They shared the room."）と言いたいが 'share' がわからず、意図的に日本語をそのまま訳して "They were in the same room." で済ます。

b.　言語転換（language switch）

自分の母語を外国語に持ち込むこと。

例――カタカナ英語をそのまま使い、"My car had a flat tire."（車がパンクしちゃった）と言うところを、取りあえず "My car had a「パンク」" と言っておく。

四、助言要請（appeal for assistance）

わからない単語を相手（ネイティブスピーカー＝その言語を母語とする人）に質問し

て教えてもらうこと。
例――「獣医」（veterinarian）がわからず、“What do you call a doctor for animals?”とネイティブスピーカーに聞く。
五、物まね（mime）
ジェスチャーなど、非言語手段により描写をすること。
例――「まな板」（chopping board）を表現したくて、包丁で切るしぐさをする。
（久保田章、磐崎弘貞、卯城祐司『新学習指導要領にもとづく英語科教育法』二〇〇一年、大修館書店）

わたしたちのほとんどは、中学から英語を本格的に学び始め、外国語として話します。ですから、必ずといっていいほどその言語の知識・能力は英語のネイティブスピーカーより劣るわけです。しかしながら、そういった知識・能力の不足分を上記のようなストラテジー、技術を使えば、いくぶんか補うことはできます。一般的に日本人は英語を話す際、頭の中で練り上げた文法的にまったく間違いのない完璧な文を話そうとする傾向があり、わたしからみると、時折これがとても滑稽に見えてしまいます。

英語を外国語として話すわたしたちにとって、自然なコミュニケーションの中で常に完璧に英語を話すなんてことはほぼ不可能といってよいでしょう。ですから英語を話す際、特に英語のネイティブスピーカーや上級レベルの英語話者と話す際には、上記のような方法で、語彙、表現、文法に関するもの、英語圏の文化的知識なども含めて、相手から自分に不足している知識を引き出せばいいわけです。そうすればもっと気軽に英語を使ってコミュニケーションすることができるのではないでしょうか。

上に挙げたストラテジーを格好悪いと考える方もいるかもしれませんが、これらのストラテジーはすべて必要なものですし、特にその中のいくつかはとても積極的で、すばらしいコミュニケーション・ストラテジーと言えます。みなさんにも、こういったものをどんどん使ってもっと気軽に英語を話してもらえればと思います。これはすべての外国語学習者にわたしがぜひ伝えたいメッセージです。

相手と場所を考えて話せ！

コミュニケーション能力の四つ目の構成要素として挙げられているのが社会言語能力(Sociolinguistic Competence)、ハイムズが彼の主張の中で最も強調したかったものです。これは、わたしたちが、会話する相手や場面、具体的には自分自身と対話者の社会的地位、関係、会話の目的、ことばのやり取りの際に用いられる基準・慣行に合わせて「適切」なスタイルの語句・表現を選ぶために必要な能力を指しています。

例えば、"See you later alligator."（＝じゃあ、またな／またね）という表現があります。少し古い例かもしれませんが、これは、'alligator'（＝アリゲーター、わに）という単語が、'later'と一部分の発音が似ていることから語呂合わせで使用された、いわば遊び気分のくだけた口語表現です。こういった表現は、自分と同等の仲の良い友だちや知り合いに対して使用するのであれば「適切」な表現となり、まったく問題はないと言えるでしょう。しかし、もし生徒が、この表現を担任教師に対して使用したとしたらどうでしょうか。文法的にはまったく問題はありませんが、担任教師に対してこのような表現を用いるのは一般的には不適切であると言えるでしょう。

"See you later alligator."という英語表現を知らずあまりこの説明にピンとこないという人

は、日本語に置き換えて考えてみてはどうでしょうか。生徒が自分の担任教師に対して、「じゃあ、またな」と言ったとしたらどうでしょう。文法的にはこの表現に間違いはありませんが、教師に対して使用するには明らかに不適切な表現であると言えますよね。

社会言語能力の大切さ強く認識してもらうために、もう一つ例を挙げてみましょう。

これは、わたしがサンフランシスコで大学院に通っていた頃のエピソードです。わたしが通っていた大学院には、いくつか同じクラスを受講していた日本人留学生がいました。受講していたクラスにほとんど日本人学生がいなかったために、彼とは、クラスの内外でよく話すようになりました。彼との会話は、なぜかいつもすべて英語で、サンフランシスコ滞在中に日本語で会話をすることはほとんどありませんでした。

しばらくすると、わたしたちは、夜授業が終わると時々気晴らしにダウンタウンのバーにお酒を飲みにいくようになりました。それらのバーは、その友人の行きつけらしいのですが、お世辞にもきれいとは言えませんでした。どこも、薄暗くて汚く、ビールも一本二、三ドルで飲める安い場所でした。バーのある地域の治安もよくありません。当時わたしは貧乏学生('Starving Student')でしたので、そんなところでもあまり違和感なく、ふつうに飲みに行っていました。そういった場所でしたから、来る客もキャンパス内では会うことはない風貌の人たちがたくさんいました。わたしの友人は慣れたもので、そういった場所に行くといつも近くに座っている客と会話を楽しんでいました。彼は、これがいい英語の練習になるのだとよくわたしに言っていたものです。

その会話に耳を澄ましていると、友人が、学校のクラスメイトとの会話では決して口にすることのない表現を使っていることに気づいたのです。その表現とは、

"I ain't gonna…."

というものでした。'ain't' という表現は、'am not'、'isn't'、'doesn't'、'don't'、'won't' などすべての否定表現に代用され、通常は非標準的であると考えられています。しかしながら面白いことに、このようなバーでの会話場面においては、一般に非標準的とされるこの表現がとても「適切」に機能していたのです。その証拠に、友人はバーに来ていた客たちにすぐに快く受け入れられ、彼らと楽しく会話をすることができたのです。

大学院のクラスメイトとの会話、そしてこういったバーに来る客との会話など、それぞれの対話者、会話場面に合わせて、使用する英語表現をうまく切り替えることができていたわたしの友人は、まさに高い社会言語能力を持っているということができるでしょう。もちろん、この事例は決してみなさんに 'ain't' という英語表現の使用を勧めるためのものではありません。

しかし、彼のようなケースはまれです。ふつうに中学から英語を習い始めた日本人で、どういった英語表現がそれぞれの会話場面、それぞれのタイプの対話者に対して適切であるのかを正しく認識できる人は、それほど多くはいないと思います。

例えば、英語を母語とする友人たちとキャンパス内で談笑していて、英語で「虫」と言おうとして、学校の英語の授業で習った 'insect' という単語を使ったとします。そのとき、その友人に話し方が硬い感じがすると笑われても、何がおかしかったのか理解できる人はそれほど多くはいないのではないでしょうか。こんな時はふつう 'bug' を使います。'insect' という表現は 'bug' と同じ意味ですが、学術用語的な硬い表現なのです。

これについては日本語でも同様のことが言えます。例えば、わたしの大好きな空手の練習中、たまたま相手の突きが自分のみぞおちに入り、うずくまったとしましょう。心配して歩み寄ってきた師範にどこに突きが入ったのか聞かれて、わたしが、「みぞおちです」と言わず、医学用語を使って「太陽神経叢です」と言ったとしたら、師範はどう思うでしょうか。おそらく、「こいつにはもう一発突きを入れて目を覚ましてやろう」と思われるのがおちです。微妙なことかもしれませんが、ハイムズが強く主張してきたそれぞれの会話場面や対話者に合った単語・表現・会話スタイルを使用するということは、「適切」に言語を使用する上で必要不可欠なのです。

わたしが、どうして「ペラペラ」という表現に戸惑ってしまうのかここまで読んでいただいたみなさんには、分かっていただけたのではないかと思います。ペラペラなどという短い表現で収まってしまうほど、英語を含む言語によるコミュニケーションは簡単なものではありません。言語を適切に使うということは、ハイムズによって提案されたコミュニケーション能力、またカネールらによって挙げられたそのコミュニケーション能力を構成する四つの能力が充分に備わってはじめて可能となるのです。大学院生時代、クラスで言語や言語コミュニケーションの複雑性を学んでからというもの、わたしは英語がある程度話せるようになっても、気軽に「はい、ペラペラです」などとは口が裂けても言えないと考えるようになったのです。

4 言語は百面相

バリエーション

ここまで、わたしは言語でコミュニケーションをするためには、語彙、文法、発音などといった知識以外にもさまざまな能力が必要であるということ、そして実際の会話の中で適切に英語を話すためには、対話者、会話場面に合わせて、異なる「スタイル」のことば遣いに切り替えなくてはならないということを説明してきましたが、もう少しこのことに関連させて話を進めてみましょう。

もうよく分かっていただけたと思いますが、実際の社会で使用されている言語には、いろいろなバリエーションの話し方が存在します。こういった一つの言語内に存在するバリエーションを社会言語学では「変種」と呼んでいます。

先ほど紹介した変種は、それぞれの対話者、そして会話場面における、フォーマルで硬い喋り方やよりインフォーマルでくだけた喋り方など、さまざまなスタイルのことば遣いですが、これ以外にも一つの言語内にいくつもの変種が存在します。社会言語学ではこれらの変種を大きく二つに分類して地域方言、社会方言と呼んでいます。

次からは、このように分類される変種とは一体どのようなものなのかみなさんと一緒に見ていきたいと思います。引き続きわたしが最初に学び始めた外国語である英語に焦点を当てて議論を進めていくことにします。

地域方言（その1）――英語は一つじゃない

一言語内に存在する変種、バリエーションといってまずみなさんが頭に浮かべるのは、それぞれの地域に存在する、一般的に方言と呼ばれているものでしょう。社会言語学では、これらは地域方言という名称で呼ばれています。日本語に東北弁、東京弁、大阪弁、広島弁、博多弁などの地域方言があるように、英語にも多くの地域方言が存在します。

英語の場合は、日本語と違って世界中の多くの国々で公用語、準公用語として話されているわけですから、国によって、異なる英語の地域方言、変種が存在します。一般的によく知られているイギリス英語、アメリカ英語、オーストラリア英語、ニュージーランド英語以外にも、実際にはシンガポール英語、インド英語、フィリピン英語、ナイジェリア英語などの地域方言が存在するのです。

　変種は、発音、語彙、文の構造といったさまざまなレベルで確認することができます。英語を外国語として学ぶみなさんには、英語における地域方言に違いが見られるといわれてもあまりピンとこないでしょうから、ここではアメリカ英語、イギリス英語の二つの地域方言を例に挙げ、一番はっきりと違いが分かる発音、語彙レベルでその違いを少し確認しておきたいと思います。

　まず発音レベルで顕著に見られる相違として、アメリカ英語は、単語の中で使用される／r／の発音をすべてきちんと発音するが、イギリス英語は、母音の前にある／r／の音しか発音しないということが挙げられます。つまりイギリス英語の場合、‘parents’（＝親）、や‘road’（＝道）といった単語の／r／の音はきちんと発音するのですが、‘park’（＝公園）、‘bark’（＝吠える）などといった単語の／r／の音は省略するわけです。

次に語彙レベルで見られる相違点については、例えばアメリカ英語で、‘trucks’（＝トラック）、‘gas’（＝ガソリン）、‘elevators’（＝エレベーター）、‘subway’（＝地下鉄）と表現されるものが、イギリス英語ではそれぞれ‘lorries’、‘petrol’、‘lifts’、‘underground’とまったく異なる単語で表されます。（McConnell, J. 1995.）これはほんの一例で、これら二つの地域方言には、その他にも数多く語彙レベルの相違が見られます。

　この二つ地域方言の違いには、日本でも身近に触れることができます。例えば、若いみなさんの中で好む人は少ないかもしれませんが、テレビのドラマなどで会社重役の年配のおじさんが、風呂上りにワイン片手に着て出てくる服があります。あれは、日本では、「バスローブ＝

'bathrobe'」または「ガウン＝'(dressing) gown'」と呼ばれていますよね。バスローブという呼び名は、アメリカ英語、そしてガウンという呼び方はイギリス英語なのです。その他にも、日本でクッキーとかビスケットと呼ばれているお菓子もそうです。子供の頃二つの違いは何なのか友だちと議論したことがありますが、結局結論は出ずじまいでした。それもそのはずです。なぜなら、クッキー（cookie）もビスケット（biscuit）も基本的に同じものを指しているからです。前者はアメリカ英語、後者はイギリス英語に由来する呼び名です。

さらに、語彙レベルの相違に関連して、アメリカ英語とイギリス英語は単語のスペルや綴りにも違いが見られます。【表1】はその一例です。

地域方言（その2）――アメリカ英語もいろいろ

もちろん、それぞれの国で使用されている英語変種にも地域ごとに異なる地域方言、バリエーションは存在します。例えば、アメリカ英語の場合、便宜上アメリカ合衆国を北部、中部、南部に分けてみると、語彙レベルにおいては次のようなバリエーションが見られます。【表2】

こういった各地域に存在する地域方言は、地理的な距離、分断によって生じ、長い間その違いが保たれてきました。現代においては、マス・メディアの発達とともに、人々が、遠い地域で使用されるこのような地域方言を耳にする機会は格段に増えてきました。メディアで流れる地域方言には少しアレンジが加えられている場合もありますが、人々は、他の地域の方言を以前よりも幅広く認識し、理解するようになっています。中には以前よりも自分が使用しない地域方言に対しより親近感を抱くようになったという人も少なくないはずです。

しかしそれと同時に、マス・メディアから流れてくる一般に標準語といわれる言語変種が、各地域の視聴者の特徴ある話し方に多大なる影響を与えていることも一つの事実として認識し

表1　アメリカ英語・イギリス英語における綴りの違い

アメリカ英語のスペル	イギリス英語のスペル	単語の意味
theater	theatre	劇場、映画館
color	colour	色
labor	labour	（つらい）労働、仕事
skillful	skilful	熟練した、上手な
defense	defence	防御、守り
realize	realise	悟る、はっきり理解する

Azer, B. S. 1998. による

表2　語彙レベルで確認できるアメリカ英語内のバリエーション

	北部	中部	南部
フライパン	spider	skillet	skillet
紙袋	bag	sack	sack
スカンク（動物）	skunk	skunk	polecat

Shuy, R. 1985. による

ておく必要があるでしょう。標準語と大きく異なる地域方言に嫌悪感を覚えるようになったり、自分自身が話す地域方言をマイナス要因として捉えるようになったりするのが、その一例です。

5 ぼくらはことばの探偵団――社会の中の言語を尋ねて

社会方言

地域方言に比べて、自身の生活の中で潜在的にしか意識することのない変種、バリエーションも存在します。社会方言がそれに当たります。つまり社会的階級、性別、世代、民族などといったさまざまな社会的要素に影響を受けて形成される言語変種、バリエーションのことです。それでは英語においては、このような社会的要素によってどのような変種、バリエーションが存在するのか一緒に見ていきましょう。

言語と社会的階級

教育、職業、収入などによって形成される社会的階級内では、それぞれ異なる変種の英語が使用されていると言われています。他の言語においても同様のことが言えるでしょう。これを証明したのが社会言語学の父と呼ばれているウィリアム・ラバブです。

英語という言語と社会的階級の関係を証明するために、彼は、文章レベルでもなく、そして文、単語レベルでもない／r／という英語の「音素」（一つの言語の中で区別できる、最も小さい音の単位）に注目したのです。

ラバブが彼の研究で使用したデータ収集方法は、とてもユニークなものでした。まず、ニューヨーク市内にある上、中、下、三つの社会的階級のデパートを選び、事前にそのデパートの四階にある商品は何かを調べた上で、そこで働く複数の店員にわざとその商品が売られている場所を尋ねました。その店員の回答の中には"fourth floor"（＝四階）ということばが入っています。ラバブがどうしてこのことばにこだわったのかはもうお分かりですよね。

そう、彼は、それぞれの社会的階級のデパートで働く店員が、このことばの二つの／r／の音をどのように発音するのかを調査したかったわけです。このようなデータ収集方法によって集められたデータを分析してみると、とてもおもしろい結果が出ました。なんと、社会的階級が上のデパート店員ほど、／r／の音をよりきちんと明確に発音し、社会的階級が下のデパート店員ほど／r／の音を不明瞭に発音したり、省略したりする傾向が見られたのです。ラバブは／r／以外にも、いくつかの音素に焦点を当てて同じような研究を行いましたが、そこでも同様のパターンが結果として現れています。(Labov, W. 1966.)

英語でこのような社会的階級間に存在することば遣いの差異を理解するのは難しいかもしれませんので、日本語の例で考えてみましょう。例えば、テレビドラマに出てくるお金持ちの中年女性役と一般庶民の中年女性役の場合だとどうでしょう。ドラマでは、その違いが誇張され過ぎている場合もありますが、明らかに話し方やことば遣いが異なりますよね。

例えば、お金持ちの中年女性役は「今晩のおかずは特上のサーロインステーキですのよ」とか「あーら、このエルメスの新作バッグ、お洒落ですわね」というふうに、「〜ですのよ」、「〜ですわね」という語尾をよく使用しますが、一般庶民の中年女性役は、見栄をはってお金持ちを装う時以外、このようなことば遣いをしないものです。

言語と性別（ジェンダー）

性別がどうして社会的要素なのかと思われた読者も多いかと思いますが、実は性別には二種類あります。

一つは、男性、女性それぞれの身体的な違いから生まれる性別です。この種の性別は、英語で'sex'という単語で表現されます。飛行機の国際線に乗る際に記入する書類では、性別の欄にこの単語が使われていますよね。

もう一つの性別は、一つの社会的要素であり、英語で'gender'と呼ばれているものです。これは分かり易く言えば、それぞれの社会・文化の中で作られた男性、女性それぞれの社会的イメージや役割のことです。

例えば、日本では、「男のくせにめそめそするな」という言い方を時々耳にしますが、「めそめそする」という表現は、日本人によって作られた理想的な男性イメージに反していることを暗に意味しています。また、以前よく言われた「嫁は家庭に入って夫を支えるべきだ」という主張も、日本人によって作られた日本人女性の社会的役割を反映していると言えます。

このよう、男性らしさや女性らしさ、男性や女性の理想的イメージ・社会的役割というものは、すべて一つの社会・文化の中で暮らす人々によって作られたものなのです。社会的要素の一つであるジェンダーは、人々の服装、髪型、振る舞い、価値観、さらにはことば遣いといったものにまで、多かれ少なかれ影響を及ぼします。

男性・女性の英語の使用方法に関する研究はひじょうに盛んで、それぞれの性別グループが使用する英語変種の特徴はこれまで数多く明らかにされています。その一つとして、一般的に男性は、th.を／θ／ではなく／t／と発音したり、'damn'（ちくしょう）といったののしりことばを多用したりするなど、女性よりも非標準的な英語の発音や英語表現をより多く使用する傾向にあるということが挙げられます。(Labov, W. 1966. Trudgill, P. 1997, 1998. Klerk, V. D. 1997.)

このような傾向は日本語にも確認することができるでしょう。例えば、あくまでも一般的に）日本人の男性は、女性に比べ「お前は~しないのかよ」、「おめえが~しろよ」などといった乱暴で汚い（?）表現を、談笑する際も、頻繁に使用しているように思います。

このように男女によって違いが見られる理由は二つあると言われています。まず一つ目は、男性グループは、非標準的な表現を故意に使用することによって「男らしさ」だとか「タフなイメージ」を出そうとしているというものです。そしてもう一つの理由として挙げられているのが、現代において女性たちが置かれる不安定な社会的状況です。一般的に女性は、社会の中で男性よりも不等に扱われ、自分の職場を含むさまざまな社会的状況で確固たる地位を築き、維持していくことがひじょうに困難な状況に置かれています。女性は、こういった現状を少しでもカバーしようと、社会的に高く評価されることば遣いを意識して使用していると言われています。(Eisikovits, E. 1998. Trudgill, P. 1997, 1998.) これは許しがたい現実であり、これからわたしたちがもっと意識的に取り組むべき問題でしょう。

男性・女性の英語コミュニケーションスタイルについては、この他にも、一般的に男性は、人とのコミュニケーションを「自分が持っている情報や知識を相手に伝える（report）」ための場として捉える傾向が強いのに対し、女性の場合は、コミュニケーションというものを「話し相手と経験や情報を共有し親密感を高める（rapport）」ための場と捉える傾向が強いと言われています。このことから、英語における男ことば・女ことばの研究で有名な社会言語学者デボラ・タネンは、男性のコミュニケーションスタイルをリポートトーク（report talk）そして女性のコミュニケーションスタイルをラポートトーク（rapport　talk）と呼んでいます。(Tannen, D. 1990.)

タネンのこういった主張をサポートするような結果は、他の研究でも多く示されています。例えば、ハーバートは、女性が男性と比較してより多くほめことばを用いることを発見し、その理由を、男性は単に相手を賞賛するためにほめことばを使用するのに対し、女性はそれに加えて、会話の相手との団結を強めるためにほめことばを使用するからと結論づけています。そして、メインホフは、女性は会話の中で、男性に比べ自分のつらい経験やプライベートな情報をより相手と共有しようする傾向にあることを発見しています。タネンは、このような男女のコミュニケーションスタイルの違いは、男性、女性グループがそれぞれ異なる文化を所有するために生じるものであると述べています。先に述べた、男性が「男らしさ」や「タフなイメージ」を出すために非標準的なことばを使うという現象も、男性がそのような文化、価値観を持っているからだと結論づけることができるでしょう。(Herbert, R. K. 1998. Meinhof, U. H. 1997. Tannen, D. 1998.)

男性と女性は同じ家に住んでいても、親たちに違うふうに扱われ、違ったことば遣いで話しかけられて育っていく中で、まったく異なる文化を形成していくとタネンは主張しています。男性と女性は、一般的におよそ五歳から十五歳までの間に、異なるコミュニケーションスタイルを身につけていくと言われています。

言語と年齢

社会の中には、さまざまな世代の人たちが暮らしていて、それぞれ異なることば遣いでコミュニケーションを行います。若い世代のことば遣いについては、ここ数年日本でもコギャル語などと呼ばれマスコミでもよく話題になっていますよね。どうしてあれほどマスコミに取り上げられ話題になるのかといえば、十代、二十代のことば遣いが、彼らよりも上の世代の人たちと大きく異なり、上の世代の人たちには若い人たちのことば遣いがとても奇妙なものに聞こえてしまうからなのです。

多くの場合、若者が話すことば（'youth language'）は、日本でもスラング（俗語）、つまり非標準的で低俗なことばとして扱われる傾向にありますが、本来は若者が話すことばも立派な一つの言語変種、バリエーションなのです。

ここで、英語における若者語としての表現を一つ紹介しておきましょう。それは、ここ数年よく若者の会話の中で耳にするようになった'like'の多用です。'like'という単語には「好きだ」とか「〜のような」などいろいろな意味がありますが、今回紹介するのは、「まあ」とか「その」などといったつなぎことばで、ほとんど意味を持たない'like'です。次のようにためらいの気持ちを表したり、陳述を和らげたりするのに使用されます。

"I mean like you had better go." （まあ行ったらどうだね。）

この表現は、若者の世代以外でもときおり使用しますが、最近の若者ほど多用するようなことはありません。わたしが住んでいたのはアメリカ西海岸ですので、その地域以外の英語圏で同様のことが言えるのかは分かりませんが、大学院生時代の指導教授は、当時大学四年生だった娘さんが'like'をあまりにも多く使うので、すごく耳につくのだとおっしゃっていたものです。

わたし自身も、アメリカ人の若者がこの表現を多用しているのを実際に耳にしたことがあります。自宅近くにあるカフェで本を読んでいた時のことですが、'like'がやけに頻繁に使用される会話が隣のテーブルで行われているのに気づきました。そのテーブルの方を振り向くと、大学三、四年生ぐらいの二人の白人女性でした。話の内容まではハッキリと聞こえてきませんでしたが、一人の女性が特にこの表現を多用するので、本を読むふりをして一体この女性が一分間にどのくらい'like'を使うのか数えてみました。"I'm like…you know, like, like I…"驚いたことに、彼女は一分間に十五回近く'like'を使用していました。あまりにも多く'like'を使うので馬鹿馬鹿しくなり途中で数えるのをやめてしまったほどです。

日本語でも若者の間でよく用いられる特徴的な表現が数多くあります。「まじきもい」「微妙ー」「超かっこいい」「ってゆうかー」「テンパってる」「イケ面」「かーわーいーいー」などなど。日本の若者ことばにはユニークな表現が実にたくさんありますよね。

言語と民族

生活する人々の多くが「単一民族」で占められている（と信じられている）日本のような国で暮らすわたしたちには、どのようなものであるか想像することができないかもしれませんが、世界には、複数の民族グループが共に暮らしている国が数多く存在します。

多民族国家としてまずみなさんが思いつくのは、よく「人種のるつぼ」と形容されるアメリカ合衆国でしょうか。アメリカ合衆国は、経済的な成功を目指したり、政治的・宗教的な圧力から逃れたり、また強制的に奴隷として連れてこられるたり、理由はさまざまですが、アジア、アフリカ、ヨーロッパの多くの国々からやってきた移民たちで形成されています。

この国が公用語としてコミュニケーションの媒体に用いているのは英語です。もちろんまったく異なる言語を母語とする移民たちが同じ言語でコミュニケーションを行なうわけですから、さまざまな変種、バリエーションの英語が生まれます。つまり、母語が多かれ少なかれ彼らの話す英語に影響を及ぼすわけです。これを専門用語で「言語転移＝'language transfer'」（久保田、磐崎、卯城、二〇〇一）と言います。彼らの母語の英語コミュニケーションへの影響は、移民たちの中でも、まだアメリカにやってきたばかりの第一世代のグループに、特に強く表れるということができるでしょう。

それではそれぞれの民族グループの話す英語に見られる特徴をいくつか紹介しましょう。

まずインド人の話す英語は、彼らの母語であるヒンディー語、ウルドゥー語、プンジャビ語、グジャラティ語、マラティー語などの声の抑揚パターンが、とても顕著に現れます。こういった発音的特徴以外に特に強調したい単語を文頭に持って来る傾向も特徴の一つとして挙げることができます。これも、口語の場合、ある程度語順を自由に変えることができる彼らの母語が強く影響して起こることです。しかし、英語は、彼らの母語に比べて語順の制限が厳しく、英文法においては間違っていることもあるのです。(Gumperz, J.J., Aulakh, G., & Kaltman, H. 1982.)

中国人の話す英語についても、いくつかの特徴が研究によって明らかにされています。その一つに、自分が伝えるメッセージの中で一番重要なポイントを一番後に述べる傾向が挙げられます。白人をはじめとする西洋の英語話者の多くは、一番大切なポイントを最初に述べるという会話スタイルに慣れているため、中国人と英語で会話をすると、何を言おうとしているかなかなか把握できず苛立ってしまうということもめずらしくありません。(Young, L.W. 1982.) これは、「起承転結」という形式に慣れた日本人が英語を話す場合にも、起こりうる問題であるかもしれません。

最後に、アフリカ系アメリカ人の英語、すなわちアフリカン・アメリカン・イングリッシュ、通称エボニックス（Ebonics）について取り上げたいと思います。彼らの話す英語は、標準英語と呼ばれるものとはっきりと異なるいくつかの特徴を持っています。その起源については、彼らの祖先が奴隷としてアメリカ合衆国に連れてこられる以前にアフリカ大陸で使用していた母語と、白人の話す英語が混ざり合ってできたという説があります。（Stewart, W. A. 1967. Dillard, J. L. 1972.）もちろんこれは一つの仮説に過ぎず、彼らの話す英語は、単に英語の一方言に過ぎないという説もあります。（Kurath, H. 1949. McDavid, R. I. 1965.）

いずれの説が正しいにせよ、白人たちが使用する英語とは異なる黒人英語という英語変種が存在するということは明白な事実です。黒人英語には発音、語彙、文レベルでさまざまな特徴が見られますが、今回はその内二つの特徴を紹介したいと思います。

一つは彼らの多重否定表現の使用です。これは、一つの文の中に否定形がいくつも使用されるというものです。例えば、

"She didn't give me no advice."
（彼女は、まったくわたしにアドバイスをくれなかった。）

みなさんが、中学、高校で習う英語では、この文の意味は、否定と否定が打ち消しあって「彼女は、まったくアドバイスをくれないということはなかった＝彼女はアドバイスをくれた」となるでしょう。また「彼女は、まったくわたしにアドバイスをくれなかった」という意味であれば、"She gave me no advice."、または "She didn't give me any advice." といった文になると習ったことでしょう。しかしながら、黒人英語の場合は、「まったくアドバイスをくれなかった」というように否定の部分を強調するために、否定形を多用するという方法を取りま

す。

二つ目によく黒人英語の特徴として挙げられるのが、ｂｅ動詞の独特な使用方法です。黒人英語では、ｂｅ動詞が〈例1〉のように原型のままで使用されることがあります。またその一方で、〈例2〉のように、ｂｅ動詞が原型ではなく、標準英語と同様に主語に合わせ活用された形で用いられる場合もあります。

〈例1〉 "That's the way it be here."
〈例2〉 "That's the way it is here."

標準英語で "That's the way it is here." と言えば、「ここではそうなんだよ」と日本語に訳すことができるでしょう。しかしながら、黒人英語では、ｂｅ動詞の原型が用いられる場合と、主語に合わせ適切に活用された形が用いられる場合とでは、意味が少し異なってきます。つまりアフリカ系アメリカ人たちは、適当にｂｅ動詞の原型を使ったり、活用された形を使ったりしているのではないということです。彼らは、独自の文法ルールにのっとって彼らの英語変種、アフリカン・アメリカン・イングリッシュを使用しているわけです。

上記の二つの文を使って説明すると、〈例1〉の文の場合は、厳密には「ここでは、いつもそうなんだよ」という意味になり、〈例2〉の場合は、「ここでは、今日はたまたまそうなんだよ」という意味になります。この二つを見比べて、違いは大体分かっていただけたでしょうか。

つまり、ｂｅ動詞の原型が使用される場合には、習慣的な状態を表し、活用された形が使用される場合には、習慣的ではなく、一時的な状態を表しているのです。アフリカン・アメリカンの使用する英語は、このように一般的に標準英語と言われているものとは、少し異なる文法ルールにのっとって使用されるために「間違った英語」とか、「非標準的な英語」というふうに捉えられがちですが、言語学的には、標準英語とまったく同等な一つの英語変種なのです。

ガンパーツ&クック・ガンパーツは、このようにいろいろな民族グループによって使用される言語変種が存在する多民族社会では、コミュニカティブ・フレキシビリティー（communicative flexibility）と呼ばれる能力が必要となってくると主張しています。(Gumperz, J. J., & Cook-Gumperz, J.)

つまり自分以外の民族が話す言語変種にも柔軟に適応できる能力のことです。こういった能力を持っていれば、自分の話す英語と多少異なる英語でも、相手の言うことを間違って解釈したり、相手が使用する異なる英語変種に対して不快感を抱いたりすることは防げるでしょう。もちろん、こういった能力を身につけるにはまず、さまざまな英語変種を知ろうとする姿勢が必要なのは言うまでもありません。

6 コミュニケーションへの道

ここまで「ペラペラ」などと一言で片づけてしまうほど、言語そして言語によるコミュニケーションは単純なものではないということを社会言語学的見地から述べてきました。

言語でコミュニケーションするのに必要な能力というのは、単に語彙、発音、文法に関する能力（=文法能力）だけではありません。それは、コミュニケーション能力のほんの一部です。実際に言語を社会の中で使用していくには、文と文のつながりや首尾一貫性を正しく判断できる能力（=談話能力）、自分の言語能力不足からコミュニケーションに問題が起きてもそれを修復できる能力（＝方略的能力）、さらに、それぞれの会話場面や相手によって、適切な語彙・表現・ことば遣いに切り替えて会話できる能力（＝社会言語能力）が必要なのです。

最後に挙げた社会言語能力については、つまりそれぞれの会話場面に適した幾通りものスタイルの話し方ができ、様々なバリエーションの言語が話せなければならないということなのです。

言語のバリエーションに関しては、これ以外にも異なる地域には地域方言と呼ばれるさまざまな言語変種が存在し、社会階級、性別（ジェンダー）、年齢、民族などといったさまざまな社会的要素によって社会方言と呼ばれる数多くの言語変種が生み出されていることを述べてきました。これらはどれも、社会言語学という学問で主に取り扱われる研究トピックです。

本当に英語をはじめとする外国語がペラペラになるということは、こういったことをきちんと把握し、そして社会に実在するさまざまな言語変種にも迅速に対応できるようになるということなのです。こういったことすべてを考慮すると、言語によるコミュニケーションは「ペラペラ」という単純な一言では収まりきらない、ひじょうに複雑なものであるということがみなさんにも理解していただけると思います。

このことについてずっと議論してきたのは、みなさんに英語など、外国語に対する恐怖心を植えつけたいからでも、みなさんの外国語を勉強しようという気持ちを失せさせたかったからでもありません。逆に、言語というものは実に奥深いもので、それを練習すれば練習するほど、そしてそれについて学べば学ぶほど、また新しいものが見えてくる、実に追求しがいのあるものだということを知って欲しかったのです。

言語は、一つのコミュニケーション手段として学ぶだけでなく、学問・研究の対象としてその仕組みや、それがどのように実際使用されているのかを調べてみてもたいへん面白いものだと思います。わたしの場合も、外国語の一つである英語の魅力にとりつかれ、中学一年から今日まで約二十年間真剣に学び、そして研究の対象としてもずっとその言語と向き合ってきました。こんなにも長い間英語と接してきましたが、いまだに興味が薄れることはありません。それどころか、英語への興味は増すばかりです。みなさんにも、これを機会に少しでも外国語に興味を持ち、それらについてもっと勉強してみようという気になってもらえれば幸いです。

さあ、みなさんもぜひ言語の楽しさ、奥深さをぞんぶんに味わってみてください。

［参考文献］

久保田章、磐崎弘貞、卯城祐司『新学習指導要領にもとづく英語科教育法』大修館書店、二〇〇一年

B. S. Azer. *Fundamentals of English Grammar*. Tokyo : Pearson Education Japan. 1998.

Michael Canale. 1983. "From communicative competence to communicative language pedagody," *Language and communication*. Ed. J. C. Richards. & R. W. Schmidt. London : Longman., 1983, 3-27.

M. Canale. & M. Swain. "Theoretical bases of communicative approaches to second language teaching and testing," *Applied Linguistics* 1, 1980, 1-47.

Noam Chomsky. *Aspects of the theory of syntax*. Cambridge, Mass. : MIT Press, 1965.

J. L. Dillard. *Black English : Its history and usage in the United States*. New York : Random House, 1972.

Edina Eisikovits. 1998. "Girl-talk/boy-talk : Sex differences in adolescent speech," *Language and gender*. Ed. Jennifer Coates. Oxford : Blackwell Publishers Ltd., 1998, 42-54.

John J. Gumperz., Gurinder Aulakh, & Hannah Kaltman. "Thematic structure and progression in discourse," Ed. John J. Gumperz. *Language and social identity*,. Cambridge : Cambridge University Press, 1982, 22-56.

John J. Gumperz., & Jenny Cook-Gumperz. "Introduction : Language and the communication of social identity," *Language and social identity*. Ed. John J. Gumperz. Cambridge : Cambridge University Press, 1982, 1-21.

Robert K. Herbert. "Sex-based differences in compliment behavior," *The sociolinguistic reader ; Volume 2 gender and discourse*. Ed. Jenny Cheshire, & Peter Trudgill. London : Arnold, A member of the Hodder Headline Group, 1998, 53-75.

Dell Hymes. *Foundations in Sociolinguistics.* Philadelphia : University of Pennsylvania Press, 1974.

V. D. Klerk. "The role of expletives in the construction of masculinity," *Language and gender.* Ed. S. Johnson, & U. H. Meinhof. Oxford : Blackwell Publishers Lid., 1997, 285-293.

H. Kurath. *A word geography of the eastern United States.* Ann Arbor : University of Michigan Press, 1949.

William Labov. *The social stratification of English in New York City.* Washington : Center for Applied-Linguistics, 1966.

William Labov. *Sociolinguistic patterns.* Philadelphia : University of Pennsylvania Press, 1972.

Joan McConnell. *English and many cultures.* Tokyo : Seibido, 1995.

R. I. McDavid. "American social dialects," *College English,* 26, 1965, 254-269.

U. H. Meinhof "The most important event of my life !A comparison of male and female written narratives," *Language and masculinity.* Ed. S. Johnson, & U. H. Meinhof. Oxford : Blackwell Publishers Ltd., 1997, 208-228.

R. Shuy. "Dialects : how they differ," *Language : Introductory readings.* Ed. V. Clark., P. Eschholz, & A. Rosa. New York : St. Martin's Press, 1985.

W. A. Stewart. *"Sociolinguistic factors in the history of American negro dialects,"* Florida FL Reporter, 5 (2) : 11ff, 1967.

Deborah Tannen. "Talk in the intimate relationship : His and hers," *Language and gender.* Ed. Jennifer Coates. Oxford : Blackwell Publishers Ltd., 1998, 435-445.

Deborah Tannen. *You just don't understand : Women and men in conversation.* New York : William Morrow, 1990.

Peter Trudgill. "Sex and convert prestige," *Language and gender.* Ed. Jennifer Coates. Oxford : Blackwell Publishers Ltd., 1998, 21-28.

Peter Trudgill. "The social differentiation of English in Norwich," *Sociolinguistics.* Ed. N. Coupland, & A. Jaworiski. New York : St. Martin' s Press, 1997, 179-184.

Linda Wai Ling Young. "Inscrutability revisited," *Langauge and social identity.* Ed. John J. Gumperz. Cambridge : Cambridge University Press, 1982, 72-84.

渡戸一郎（わたど・いちろう）
東京都出身、都市社会学専攻。主な仕事として、『自治体の外国人政策』（駒井洋との共編著、明石書房、一九九七年）、「グローバル化による新たなローカル化の位相と意味――都市コミュニティ論からの中間総括の試み――」『シティズンシップと再生する地域社会』地域社会学会年報第一〇集、（ハーベスト社、一九九八年）など。

菊地滋夫（きくち・しげお）
岩手県出身、社会人類学専攻。主な仕事として、「ケニヤ海岸地方後背地における緩やかなイスラーム化――改宗の社会・文化的諸条件をめぐって――」『民族學研究』第六四巻三号（日本民族学会、一九九九年）、「インド洋沿岸のスワヒリ都市」『アフリカの都市的世界』（嶋田義仁・松田素二・和崎春日編、世界思想社、二〇〇一年）など。

王暁明（Wang Xiaoming）
上海市出身、二十世紀中国文学、中国近現代思想、当代中国都市文化研究専攻。主な仕事として、『無法直面的人生――魯迅伝』（上海文芸出版社、一九九三）、『潜流与旋渦――論二十世紀中国小説家的創作心理障碍』（中国社会科学出版社、一九九〇）など。

千野拓政（せんの・たくまさ）
大阪府出身、中国文学専攻。主な仕事として、李輝『囚われた文学者たち』（共訳、岩波書店、一九九六年）、「文学に近代を感じるとき――魯迅『狂人日記』と『語り』のリアリティー」『接続２００１』（ひつじ書房、二〇〇一年）など。

中村みどり（なかむら・みどり）
東京都出身、中国文学専攻。主な仕事として、「廬隠の描いた日本女性像――凌叔華との視点比較から――」（『野草』第六九号、中国文芸研究会、二〇〇二年）、「浪漫空間日本――陶晶孫「独歩」と「水葬」を読む――」（『言語文化論叢』第十一号、千葉大学外国語センター、二〇〇二年）など。

王宏志（Laurence Wong Wangchi）
香港出身、二十世紀中国文学、十九世紀・二十世紀中国翻訳史、香港文学・文化専攻。主な仕事として、『歴史的沈重：従香港看中国大陸的香港史論述』（香港：牛津大學出版社，二〇〇〇）、"Politics and Literature in Shanghai: The Chinese League of Left-wing Writers, 1930-36" (Manchester: Manchester University Press, 1991) など。

細谷等（ほそや・ひとし）
東京都出身、アメリカ文学専攻。主な仕事として、トマス・カラー『セックスの発明――性差の観念史と解剖学のアポリア』（共訳、工作舎、一九九八年）、「退化せるヒステリー――Charlotte Perkins Gilman の「這う女」」『東北アメリカ文学研究』第二四号（二〇〇一年）など。

洪郁如（こう・いくじょ）
台湾・彰化県出身、台湾史専攻。主な仕事として、「明治・大正期植民地台湾における女子教育観の展開」（中国女性史研究会編『論集中国女性史』吉川弘文館、一九九九年）、『近代台湾女性史』（勁草書房、二〇〇一年）など。

小林一岳（こばやし・かずたけ）
東京都出身、日本史学専攻。主な仕事として、『展望日本歴史一〇　南北朝内乱』（共著編、東京堂出版、二〇〇〇年）、『日本中世の一揆と戦争』（校倉書房、二〇〇一年）など。

毛利聡子（もうり・さとこ）
東京都出身、国際関係論専攻。主な仕事として、『ＮＧＯと地球環境ガバナンス』（築地書館、一九九九年）、「地球環境問題とＮＧＯのネットワーク」『地球環境レジームの形成と発展』（信夫隆司編、国際書院、二〇〇〇年）など。

茅野佳子（かやの・よしこ）
東京都出身、アメリカ文学・英語教育（ＴＥＳＯＬ）専攻。主な仕事として、"Restored Childhood Memories in Peter Taylor's Fiction: Social Learning and Its Consequences"『アメリカ文学』第六一号（日本アメリカ文学会東京支部、二〇〇〇年）、「ウィラ・キャザー『大司教に死は来る』の自然を読む」『文学と環境』第5号（文学・環境学会、二〇〇二年）など。

深田芳史（ふかだ・よしふみ）
広島県出身、国際／多文化教育（第二言語習得）・英語教育（ＴＥＳＯＬ）専攻。主な仕事として、"Japanese Adolescent Speech Styles in Hiroshima City: An Ethnographic Study" Dissertation,(2001), "Student Self-Analysis of Conversational Styles in Videotaped Interactions" TESOL Journal, Vol.11, No.4 (Winter 2002) など。

林伸一郎（はやし・しんいちろう）
東京都出身、宗教学専攻。主な仕事として、「意志について――「本性としての意志」と「理性としての意志」」『欲望・身体・生命――人間とは何か』（藤田正勝編、昭和堂、一九九八年）、「近世スコラ神学に対する批判的立場―C.ジャンセニウス（1585―1638）の場合」『明星大学研究紀要――人文学部』第三九号（二〇〇三年）など。

宮川健郎（みやかわ・たけお）
東京都出身、日本児童文学・国語科教育専攻。主な仕事として、『国語教育と現代児童文学のあいだ』（日本書籍、一九九三年）、『現代児童文学の語るもの』（ＮＨＫブックス、一九九六年）など。

編集後記

人も、物も、カネも境界を越えるグローバリゼーションの時代に、都市はどんな顔を見せはじめているだろう。『接続２００３』はそんな関心から始まった。議論の過程で見えてきたのは、都市そのものが境界を越えることで成り立っている、ということだった。複雑な様相を見せるさまざまな越境の一つひとつに光を当てていかなければならないだろう。わたしたちも境界を越えて、読者と一つひとつ「接続」してゆきたいと思う。変わらぬご支援を願う。

（千野）

特集のタイトルは「越境する都市」となったが、その意味の重層的な広がりを把握することは予想以上に難しい作業となった。痛感させられたのは、現実の社会変動がますます加速しており、学問的なフォローが追いついていないこと、そしてそのなかで目指すべき新たな都市（社会）像が成熟していないことだ。多様な人びとの生活実践が行き交う、「場所」の意味を読み解くことから都市像を編み上げていく方向を大切にしたい。

（渡戸）

様々なボーダーを「越境する」暗いニュースの多い一年だったと思う。同時多発テロ以後の不穏な世界情勢、止められなかったイラク戦争、不況に伴う高い失業率、異常気象や自然災害、少年犯罪の多発等。今回のテーマが、広義での「越境」という現象を、多面的にとらえ考えていくきっかけになるといいと思っている。私的なことだが、『接続』創刊号からの愛読者だった父が他界してちょうど一年になる。今日のように猛暑の日だった。

（茅野）

今年は編集委員でしたが、名前だけであまり実務に参加できず申しわけなく思っております。『接続』もいよいよ三号目にたどり着きました。富士登山でいえばようやく三合目といったところです。一〇合（号）つまり山頂を目指して、頑張っていきましょう。

（小林）

接続 2003 vol.3

発行 二〇〇三年十一月十三日　定価 一九〇五円＋税

著者▼
『接続』刊行会

発行者▼
松本 功

発行所▼
有限会社ひつじ書房
112-0002　東京都文京区小石川5-21-5
電話番号03・5684・6871　ファックス番号03・5684・6872
郵便振替00120-8-142852

印刷所・製本所▼
三美印刷株式会社

装丁者▼
中山銀士（協力＝葛城眞砂子＋佐藤睦美）

setsuzoku@hituzi.co.jp
http://www.hituzi.co.jp/setsuzoku/

ISBN 4-89476-196-3 C-1081 Printed in Japan